Günther Zäuner

UNTERÖSTERREICH

Günther Zäuner

UNTER-ÖSTERREICH

Alles über Österreichs Unterwelt

ecowin

Günther Zäuner
Unterösterreich
Alles über Österreichs Unterwelt
Salzburg: Ecowin Verlag GmbH, 2009
ISBN: 978-3-902404-70-1

Unsere Web-Adresse:
www.ecowin.at

1 2 3 4 5 6 7 8 / 11 10 09

Lektorat: Arnold Klaffenböck
Cover: www.kratkys.net

Gesamtherstellung: Druckerei Theiss GmbH, A-9431 St. Stefan, www.theiss.at
Gesetzt in der Schrift „Sabon“
In Österreich gedruckt

Inhaltsverzeichnis

Das Böse lebt nicht in der Welt der Dinge.
Es lebt allein im Menschen.

Aus China

Man nennt aber einen Menschen böse, nicht darum
weil er Handlungen ausübt, welche böse (gesetzwidrig) sind;
sondern weil diese so beschaffen sind,
dass sie auf böse Maximen in ihm schließen lassen.

Immanuel Kant, „Religion innerhalb
der Grenzen der bloßen Vernunft"

Keine Gewalt hat Dauer.

Leonardo da Vinci

Das Recht ist nichts anderes als die in der staatlichen
Gemeinschaft herrschende Ordnung, und eben dieses Recht ist
es auch, das darüber entscheidet, was gerecht ist.

Aristoteles

Vorwort

Unterösterreich ist das fiktive zehnte österreichische Bundesland, das auf keiner Landkarte verzeichnet ist. Schwer zu schätzen, wie viele Bewohner tatsächlich in Unterösterreich leben. Sicher ist, es erstreckt sich vom Neusiedler bis zum Bodensee, mit eigener Schattenwirtschaft, einer absolutistischen Regierung, eigenen Gesetzen und Ehrenkodizes, einer strengen hierarchischen Strukturierung, eigener Gerichtsbarkeit, die auch nicht die Todesstrafe abgeschafft hat, polizeifeindlich und ein Patriarchat.

Die Emanzipation der Frau ist bekannt, Tendenzen werden tunlichst sofort mit dem nötigen Durchsetzungsvermögen, auch gewaltsam, unterdrückt. Frauen sind hübsch anzusehendes Beiwerk, gelten vielfach als Ware und müssen mit ihren Körpern Geld verdienen.

Die österreichische Unterwelt war bis zum Fall des Eisernen Vorhangs, dem Beitritt Österreichs zur EU und den freien Grenzen ein nach außen abgeschottetes Konglomerat von unterschiedlichen Gruppen mit verschiedenen Interessen, deren Durchsetzung und der Anspruch auf die Führung oft in blutigen, tödlichen Auseinandersetzungen endeten. Trotzdem ist die lange Geschichte der alpenländischen Unterwelt nicht mit den kriminellen Szenen in Europa vergleichbar, da wir, unserer Mentalität entsprechend, dennoch, trotz aller Gewalt, bemüht sind, einen Konsens und den goldenen Mittelweg zu finden.

Vorbei sind die Zeiten, wo in schummrigen Spelunken und düsteren Kaschemmen dunkle Gestalten herumlungerten, in schmuddeligen Separees mit abgewetztem Samt und Plüsch sich angesäuselte Freier mit leicht geschürzten Mädchen vergnügten. Klischees, die sicherlich bei der einen oder anderen „Blashütte" –

Unterweltjargon für ein qualitativ minderes Bordell – in der Gegenwart zutreffen.

Obwohl in sich geschlossen und nach außen intransparent, muss die Unterwelt den modernen Strömungen und Entwicklungen Tribut zollen. Heute ist es ein Schattenkonzern, diktatorisch geführt, der sich an Markterfordernissen und -strategien orientiert, politische und wirtschaftliche Tendenzen analysiert, mit dem Ziel der Profitmaximierung.

Das Geschäft mit der Lust und begleitenden, größtenteils illegalen Geschäftsfeldern braucht keine brutalen Schläger und Rabauken, sondern clevere Manager, die anstelle von Fäusten und Waffen ihre Intelligenz einsetzen und über die nötige kriminelle Energie verfügen, wodurch sie ihren Kollegen in der legalen Wirtschaft kaum um etwas nachstehen. Vielmehr ist die Verfilzung inzwischen so weit fortgeschritten, dass es für Außenstehende äußerst schwierig geworden ist, noch klare Trennstriche ziehen zu können.

Der weiße Hemdkragen und der korrekt gebundene Krawattenknoten sagen nichts über den Charakter aus. Im Unterschied zur legalen Politik und Wirtschaft, wo Moral und Sitte inzwischen immer tiefer sinken, besitzt die Unterwelt noch einen Ehrenkodex mit einer für Außenstehende nicht leicht verständlichen eigenen Moral, wo Handschlagqualität, Loyalität und ein gegebenes Wort (noch) nicht zu leeren Hülsen verkommen sind.

Mitten im Zentrum Europas und der EU ist die österreichische Unterwelt für die internationale Organisierte Kriminalität ein wichtiger Partner geworden, wenn auch in keiner Schlüsselposition. Österreich ist für viele Kriminalitätsbereiche wie Menschen- und Frauenhandel oder Drogen ein Transitland, wird gerne für Geldwäsche benutzt und von der Organisierten Kriminalität (OK) als Ruhepol angesehen, wo man sich ansiedeln kann, ungeniert seinen illegalen Geschäften nachgeht und unbehelligt bleibt, weil die Verstrickungen mit der Politik, zum Nachteil der Polizei, bereits zu weit fortgeschritten sind.

Nach 9/11 richtete sich der internationale Fokus ausschließlich auf islamistischen Terror. Das schleichende, jedoch beständige Anwachsen und die Unterwanderung durch die OK in Politik und Wirtschaft rückten aus dem Blickfeld. Nun rächt sich diese einseitige Sicht durch die Politik. Polizei und Justiz haben das Nachsehen, beide können nur immer so stark sein, wie es ihnen die Politik erlaubt.

Selbstverständlich ist die heimische Unterwelt, nicht immer freiwillig, genötigt, mit ausländischen, vorwiegend osteuropäischen Syndikaten zu kooperieren, will sie nicht eines Tages von der OK geschluckt und zum reinen Befehlsempfänger degradiert werden.

Noch ist die österreichische Unterwelt stark genug, um sich zu behaupten, selbst nachdem der Zusammenbruch des Kommunismus mit seinen nachhaltigen Auswirkungen, besonders in der Kriminalität, von der alten Garde zu spät erkannt und regelrecht verschlafen wurde. Doch in diesem Punkt ist die Unterwelt nicht allein, auch die österreichische Exekutive reagierte sehr spät, nachdem ihr die Politik immer vorgegaukelt hatte, die Befürchtungen wären grundlos.

Unterwelt als Thema ist tabu. Man weiß, dass sie existiert, doch am besten streift man nicht an und weicht ihr in großem Bogen aus. Trotzdem darf nicht übersehen werden, die Unterwelt ist Arbeitgeber und sichert Arbeitsplätze sowohl im Illegalen wie im Legalen. Ohne Kriminalität keine Unterwelt. Der bekannte Soziologe und Universitätsprofessor Roland Girtler sagte einmal während einer Veranstaltung vor Kriminalbeamten: „Ohne ‚Pülcher' wärt ihr alle arbeitslos."

Unterwelt und Polizei sind unfreiwillige Partner in einer ungeliebten Zweckgemeinschaft. Der eine verschafft dem anderen durch kriminelle und illegale Handlungen Arbeit, der andere versucht dessen Tätigkeiten zu unterbinden, zu verhindern und empfindlich zu stören. Manchmal verschwimmen die Grenzen in dieser Symbiose.

Dieses Buch reicht weit zurück und versucht bis an die historischen Wurzeln der Unterwelt in Österreich zu gelangen. Das vorliegende Werk über dieses brisante und heikle Thema wäre ungleich schwieriger ohne vorherige publizistische Pionierleistungen zu schreiben gewesen.

Daher ist zu danken Max Edelbacher, Harald Seyrl, meinem leider viel zu früh verstorbenen Freund Robert Geher, Roland Girtler, Susanne Mauthner-Weber, Reinhard Pohanka, Michael Sika, den mutigen Autorinnen Mary Kreutzer, Corinna Milborn, Carolin Tener und Tina Ring für ihre Bücher über die Prostitution der Gegenwart.

Ebenso Heinz Sobota und Heinz Karasek, Aussteiger des Rotlichts, die mit ihren Lebensbeichten „Der Minus-Mann“ und „Der Gauner“ in den 1980er Jahren erstmals einer breiteren Öffentlichkeit das wahre Leben eines Strizzis drastisch vor Augen geführt haben.

Mein persönlicher Dank gilt einigen alten „Kieberern“, Kriminalbeamten, wie Maximilian „Edelmax“ Edelbacher, Johann Schaffer, Johann Böhm, Leo Szorger, Ali Fiala und vielen anderen, die aus bestimmten und verständlichen Gründen anonym bleiben müssen, weil sie aktiv im Geschehen stehen. Ihre Kenntnisse, ihr Wissen, ihre Erfahrungen und ihre Offenheit trugen viel zur Lebendigkeit dieses Buches bei.

Einen wichtigen und entscheidenden Beitrag leistete das Rotlicht in der höchsten Instanz für das Zustandekommen dieses Werkes. Daher danke ich besonders dem Paten Österreichs, Richard Steiner, für seine gerade und offene Art und die Einblicke in das Milieu, die nicht jedem gewährt werden. Viele andere versorgten mich ebenfalls mit Informationen, wollen aber aus nachvollziehbaren Gründen nicht namentlich erwähnt werden.

Mein besonderes Dankeschön richte ich an meinen Freund, Kollegen und langjährigen Weggefährten durch dick und dünn, Karo Wolm, für seine Hilfe, seine Unterstützung und Freundschaft.

Danke an Jack Fronczek, Manfred Burger, Werner Krones und viele andere, die immer zu mir stehen und an mich sowie meine Arbeit glauben.

Meiner Frau, meinen Angehörigen, die mir in Vielem den Rücken freihalten.

Von der Idee zum fertigen Buch ist es ein weiter Weg. Eine Idee muss einen Verleger begeistern und den fand ich in Hannes Steiner, der von Beginn an überzeugt war. Dem gesamten Verlagsteam, besonders Sophia Puttinger, meinem Lektor Arnold Klaffenböck sei gedankt für die Begleitung und Unterstützung während des gesamten Projektes, obwohl sie es nicht immer leicht mit mir hatten.

Günther Zäuner — Wien, im März 2009

Prolog
Der Kanarienvogel oder Die große Märchenstunde

Am 17. Juni 2008, gegen 13 Uhr, wird ein Ermittler im oberösterreichischen Landeskriminalamt (LKA) von einem Mann angerufen. Der Anrufer ist nervös. Er sagt dem Beamten, am nächsten Tag werde er in Linz sein und auspacken. Außerdem glaube er, observiert zu werden. Zwei Männer aus dem Wiener Rotlichtmilieu, die ihm von den Gesichtern her bekannt sind, sitzen ihm im Genick. Andauernd läute sein Handy. Am Display erscheine nur „unbekannter Teilnehmer“. Er vermutet, dass er bereits einen Monat vorher, am 16. Mai 2008, beobachtet worden sei, als er zum ersten Mal das Linzer LKA betreten und sich als Informant über die Machenschaften im Wiener Rotlichtmilieu angeboten habe.

Der gebürtige Salzburger Jürgen D., der heute in Oberösterreich lebt, bezeichnet sich als selbstständigen Kaufmann. Anscheinend sieht D. keine andere Möglichkeit mehr, als sich den „Kieberern“ anzuvertrauen, da ihm das Wasser bis zum Hals steht. Oder er spielt ein falsches Spiel, das für ihn äußerst gefährlich werden könnte. Im Milieu werden Leute wie er „Wams“ oder „Wamser“ genannt: Wer mit der Polizei schmust, wie es heißt, ist eine Persona non grata. Dies stellt ein schweres Vergehen gegen den Ehrenkodex dar und ist in der Unterwelt verpönt.

Hochverschuldet, möchte er längere Zeit auf Tauchstation gehen. Untertauchen ist teuer und Jürgen D. pleite. Sein Wissen über die Unterwelt will er nur gegen eine schriftliche Garantieerklärung verbunden mit angemessener Barzahlung preisgeben.

Fahnder verfügen über ein gewisses Budget, das sogenannte „Zundgeld“ (Zund = Tipp). Der Ermittler erklärt D., darüber könne jetzt keine Entscheidung getroffen werden.

Er setzt einen Kollegen, der auf das Rotlichtmilieu spezialisiert ist, von dem Telefonat in Kenntnis. D. besitze anscheinend Informationen über Helmut S. und Andreas B. Der Kaufmann betreibe in Wien das Bordell „Flamingo“ am Lerchenfelder Gürtel. S. und B. sollen D. um 200.000 Euro betrogen haben. Jürgen D. habe Angst, dass ihm etwas zustoßen könnte, wenn er mit der Polizei rede. Außerdem wisse der Salzburger einiges über eine polnische Tätergruppe, die organisierte Einbruchsserien verübe. Der Ermittler rät, D. als Verbindungsperson (VP) zu führen, doch das muss höheren Orts entschieden werden. Die ersten vagen Informationen seien bereits sehr brisant, es könne sich tatsächlich um die Organisation von Richard Steiner und E. H. handeln, beide absolute Autoritäten in der österreichischen Unterwelt.

„Diese Gruppierung soll seit Jahren führend im Bereich des Wiener Gürtels, in Niederösterreich sowie in Oberösterreich für Schutzgeldzahlungen, damit verbundenen Gewalttaten etc. verantwortlich sein. Auch die Vorgangsweise über Errichtung von Rotlichtstrukturen mit Strohleuten oder auch nicht dem Milieu zurechenbaren Personen (Einsetzung als Geschäftsführer, Verantwortliche etc.) konnte bereits wiederholt festgestellt werden. In diesen Fällen wurde schlussendlich der Geschäftsführer gerichtlich verurteilt, finanziell total ausgebeutet und sofort wieder durch neue Personen ersetzt. (Operation ‚Seecorso‘...) Im Bereich des LPK Wien wurden bereits zahlreiche Ermittlungen gegen die Tätergruppe geführt, jedoch führten diese Ermittlungen nicht zur Zerschlagung der Organisation“, heißt es in einem Aktenvermerk des Bundeskriminalamtes (BK) vom 19. Juni 2008.[1]

---

1 GZ: 2 200 105/1-II/BK31o60; nachfolgender Inhalt entstammt diesem Akt.

Im gleichen Aktenvermerk steht wörtlich: „Da im LKA Oberösterreich Detailkenntnisse über die Wr. Szene nicht oder nur lückenhaft vorhanden sind, ersuchte N.N. um Teilnahme eines Kontaktgesprächs mit D. Eine Einschaltung der ‚Wr. Polizei' wurde [war] ausdrücklich nicht erwünscht [gewünscht]."

Eine sonderbare Formulierung: Bedeutet das, die oberösterreichischen Beamten wollen mit den Wiener Kollegen nichts zu tun haben? Oder steckt Kompetenzgerangel dahinter? Die alte Leier vom Wasserkopf Wien?

Am 23. Juni 2008 mutiert Jürgen D. vor den Fahndern in Linz zum sangesfreudigen Kanarienvogel. Er legt los und die Ermittler kommen aus dem Staunen nicht mehr heraus.

Im Jänner 2004 gründete D. eine Firma für Computerteile in A. in Oberösterreich, die sehr gut lief. Während einer Veranstaltung in Ried im Innkreis, ungefähr im Herbst des gleichen Jahres, lernte D. über einen Bekannten Andreas B., den damaligen Betreiber des Bordells „La Hacienda" in Schärding, kennen.

Im Verlauf der Unterhaltung erzählte B. dem Salzburger, dass er genug vom Milieu hätte, aussteigen wollte und seine Tätigkeit als Puff-Geschäftsführer beendet wäre. Andreas B. gelang es, Jürgen D. für eine Geschäftsidee zu begeistern, nämlich eine weitere Handelsfirma in Rumänien zu gründen. Genauer in Timişoara, weil Andreas B.s Ehefrau, eine gebürtige Rumänin, dort über beste Kontakte verfügte. D. gefiel der Vorschlag, witterte er doch ein Bombengeschäft, da zu diesem Zeitpunkt der rumänische Computermarkt erst langsam in die Gänge kam.

Wer lässt sich nach kurzer Bekanntschaft und ohne Genaueres über die Personen zu wissen auf eine Geschäftsbeziehung ein? Das klingt sehr unglaubwürdig. War D. tatsächlich nur gierig auf das künftige „Bombengeschäft"? Oder steckte eine völlig andere Absicht dahinter?

B.s Ehefrau Carmen und D. riefen in Timişoara die Firma „IDA-Technologie Slr." ins Leben. Der Geschäftszweck der Firma war im Prinzip Müllverwertung, indem leere Druckerpatronen in

Rumänien angekauft wurden. Das Leergut wurde nach Österreich gebracht und an Wiederbefüller in Europa sowie Übersee weiterverkauft. Eine seltene und merkwürdige Art, um Geld zu verdienen, doch nach D.s Angaben lief das Geschäft hervorragend. Carmen und Andreas B. siedelten sich in Timişoara an und eröffneten dort ein Firmenbüro.

Doch schnell verflog die anfängliche Euphorie. Nach ein paar Wochen merkte D., dass die Gewinne aus Rumänien ausblieben. Er schob die Schuld auf das Ehepaar B., das sich nicht um die Firma gekümmert hätte.

Anfang des Jahres 2005 reichte es Jürgen D., er liquidierte die rumänische Firma, die ihm inzwischen zu einem Klotz am Bein geworden war.

Die heimische Firma in A., Oberösterreich, florierte, behauptete Jürgen D. Weshalb machte er trotzdem bei diesem Vabanquespiel in Timişoara mit? Von der Logik her waren doch mehrere Unsicherheitsfaktoren gegeben: Seine Geschäftspartner waren D. nahezu unbekannt und von Österreich aus konnte er sich doch nur schwer darüber ein Bild machen, was tatsächlich in der rumänischen Stadt vor sich ging.

Neuerlich versuchte Andreas B., den Kaufmann um den Finger zu wickeln. Er schlug ihm vor, in Wien ein Bordell zu übernehmen. D. wäre mit 50 Prozent mit an Bord. Dafür müsste Jürgen D. nur eine neue Firma auf seinen Namen, einen Gastronomiebetrieb, gründen. B. schwärmte D. vor, ein Bordell würde immer genug abwerfen. Tatsächlich ließ sich D. ein zweites Mal breitschlagen und B. erklärte, sich um alles kümmern zu wollen.

D. überlegte nicht mehr länger und willigte ein. Zu diesem Zeitpunkt stand er bereits mit dem Rücken zur Wand. Die rumänische Firmengründung hatte ihn eine Stange Geld gekostet. Außerdem hatte er, so seine Behauptung, zu dieser Zeit den Lebensunterhalt von Carmen und Andreas B. finanziert. Er sah nun eine günstige Chance, seine Investitionen wiederzuerlangen. Noch dazu bekam seine Rieder Hausbank Wind davon, dass er im Rotlichtgeschäft tätig werden wollte, und forderte die laufenden Kredite, die er für die Firmengründung in Rumänien aufgenommen hatte, zurück.

Nach Jürgen D.s Angabe war seine oberösterreichische Firma in den schwarzen Zahlen. Dadurch wären doch die rumänischen Verluste abzufangen gewesen. Aber er musste, wie er zu Protokoll gab, Kredite für das geplatzte Rumäniengeschäft aufnehmen. Gerichtlich seine Forderungen einzuklagen ist ihm nicht in den Sinn gekommen? Dafür steigt er als unbedarfter Quereinsteiger, in der Szene völlig unbekannt, ins Rotlichtmilieu ein.

Das österreichische, insbesondere Wiener Rotlichtmilieu ist eine über Jahrzehnte gewachsene, homogene und in sich abgeschottete Gesellschaft, an deren Spitze Profis stehen, die nach eigenen Gesetzen und Kodizes handeln. Ein Außenstehender, der meint, aufs Geratewohl mal ein Bordell unter Missachtung sämtlicher Spielregeln eröffnen zu können, muss unweigerlich Schiffbruch erleiden. Außenstehende sind nur als Freier willkommen.

Doch Jürgen D. blieb anscheinend unbelehrbar. In Wien, anlässlich der neuen Geschäftsführung, kam nun ein weiterer Mann, Helmut S., ins Spiel. Das Treffen arrangierte Andreas B. im Café „Segafredo" in der Favoritenstraße im 10. Bezirk. Er stellte S. als Musikproduzenten vor, der ebenfalls ins Rotlichtmilieu investieren würde. Mehr erfuhr D. über S. nicht. Dafür erzählte ihm S., er wäre der Besitzer der florierenden „Flamingo Bar", leider fehlte ihm die Zeit, sich selbst darum zu kümmern. Daher benötigte er einen Geschäftsführer.

Man fragte D., was er mit dem Milieu am Hut hätte. Gutgläubig legte D. seine Karten offen auf den Tisch. Er gab zu, weder ein Bordell als Freier besucht noch jemals die Absicht gehegt zu haben, in dieses Geschäft einzusteigen.

Er war ängstlich, wollte wissen, ob nicht Probleme mit der Konkurrenz auftauchen. Schließlich hört und liest man doch immer wieder, dass das Milieu kein ungefährliches Pflaster ist. Trotz mulmigem Gefühl machte Jürgen D. weiter – und die Vernehmungsbeamten wurden nicht stutzig? Der klare Menschenverstand hätte doch aufschreien müssen, dass hier etwas nur faul sein kann.

Seine zukünftigen neuen und alten Partner versicherten Jürgen D., alles wäre paletti, er müsste sich keine Sorgen machen. Es reichte, einmal im Monat in der „Flamingo" aufzukreuzen und sich den Gewinn abzuholen. Auch die fehlende Gastgewerbekonzession war kein Problem. Da sprang Markus S., der Sohn von Helmut S., ein, der eine besaß. Um den Deal perfekt zu machen, musste D. allerdings zwei Wohnungen, die wiederum Helmut S. gehörten, in einem Haus in der Erlachgasse im 10. Bezirk von ihm mieten.

Wieder ein Punkt, worüber Jürgen D. nicht nachdachte. Wollte er nun ein Bordell betreiben oder Wohnungsmieter sein? Nach seiner Version war es offensichtlich, dass er über den Tisch gezogen werden sollte. Spätestens zu diesem Zeitpunkt hätten bei D. die Alarmglocken läuten müssen.

Eine Wohnung würde das Ehepaar B. bewohnen, die andere wäre für die Mädchen, die in der „Flamingo" arbeiten, als Unterkunft gedacht. Beide Wohnungen kosteten 2400 Euro pro Monat. D. mokierte sich über den hohen Preis, doch S. erklärte ihm lapidar, dies wären die üblichen Wiener Mietpreise.

Für die Lokaleinrichtung der „Flamingo" waren weitere 20.000 Euro fällig, ein Betrag, der die Ablöse für den Getränkestand und drei Monatsmieten für die beiden Wohnungen als weitere Kaution enthielt. Die Monatsmiete für das Bordell betrug nochmals 2500 Euro.

Unabhängig von den Mietpreisen entsprechen die geforderten Preise durchaus den gängigen Milieuregeln. S. versuchte, Jürgen D. den Mund wässrig zu machen, indem er ihm erzählte, er hätte monatlich aus der „Flamingo" 15.000 Euro Reingewinn herausgeholt. Diesbezügliche Unterlagen, die D. verlangte, verweigerte S. ohne Begründung. Wieder verabsäumte der Kaufmann, die Notbremse zu ziehen.

D. wollte unbedingt das Minus durch den Reinfall in Rumänien ausgleichen. Nach kurzer Bedenkzeit ließ er sich auf diese Bedingungen ein. Warum holte sich Jürgen D. nicht vorher anwaltlichen Rat ein?

Die drei Männer fuhren in die geschlossene „Flamingo", wo Carmen B. zu ihnen stieß.

Im Bordell unterzeichnete D. einen bereits vorgefertigten Mietvertrag und las in dem Papier, dass eine Firma AIT Handels GesmbH sowohl als offizieller Vermieter des Bordells als auch der beiden Wohnungen aufscheint. Daran schien sich Jürgen D. nicht zu stoßen.

Der nächste Schritt war die Gründung der Gastgewerbefirma „Jürgen D.". Vielleicht um zu vermeiden, dass es sich D. noch im letzten Moment überlegen könnte, begleiteten ihn Markus S. und Andreas B. zur Behörde. Nach dem Abschluss der Formalitäten war Markus S. in der neuen Firma zum gewerberechtlichen, D. zum handelsrechtlichen Geschäftsführer bestellt worden.

Danach eröffnete der frischgebackene Bordellbetreiber ein Firmenkonto in einer Bank-Austria-Filiale in der Nähe der Thaliastraße im 16. Bezirk. D. ist bis heute schleierhaft, so seine Aussage, wer damals die Versorgung der Objekte mit Strom, Gas und Wasser veranlasst hat. Von ihm habe es niemals diesbezügliche Vollmachten gegeben.

Für die steuerlichen und buchhalterischen Belange wollte Jürgen D. mit seinem eigenen Steuerberater zusammenarbeiten. Das löste den ersten Streit mit Helmut S. aus. D. verlangte von ihm die nötigen Geschäftsunterlagen, damit er diese an seinen Steuerberater weitergeben könne. Helmut S. und Andreas B. lehnten das Ansinnen kategorisch ab. D. wandte sich daher an die „Belvedere Wirtschaftstreuhand GesmbH" in Wien, die für ihn diese Angelegenheiten bearbeitete. Seinem Steuerberater erschien es suspekt, dass auch dieser Treuhänder mehrmals angeforderte Unterlagen nicht herausrücken wollte.

Im Vernehmungsprotokoll geht mit keinem Wort hervor, woher Jürgen D. diese Wirtschaftstreuhandfirma kannte. War sie ihm tatsächlich bekannt oder wurde sie ihm empfohlen?

Andreas B. übernahm die ordnungsgemäße Anmeldung der Prostituierten beim Magistrat der Stadt Wien für die „Flamingo Bar". Dem offiziellen Bordellbetrieb stand nun nichts mehr im Weg.

Offenbar gelang es Jürgen D. immer dann, wenn es brenzlig wurde, Personen aus dem Milieu kennenzulernen. 2006 traf er zufällig in Ried eine gewisse Olivia, eine gebürtige Osttirolerin, die im Innviertel lebte. Beide stellten bald fest, dass sie gemeinsame Bekannte hatten, da ihr Exfreund im Wiener Rotlichtmilieu verstrickt war und im Dunstkreis des „Roten Heinzi" alias Heinz B. verkehrte. Helmut S. war ihr nicht unbekannt, sie riet D., schnell aus der gesamten Geschichte auszusteigen, da sie angeblich aus eigener Erfahrung wüsste, wozu diese Leute fähig sein sollten.

Auch diese Bedenken ignoriert Jürgen D. Das Argument seiner finanziellen Notlage, im Rotlicht weitermachen zu müssen, sofern es tatsächlich stimmt, ist sehr dünn und wirkt fadenscheinig.

Den Nächsten, den Jürgen D. in der Vernehmung anzunageln versuchte, war Peter A., ein weiteres großes Szene-Kaliber. Nach den Angaben des glücklosen Kaufmanns hätte ihn A. mit der Forderung eines monatlichen „Mitgliedsbeitrages" in der Höhe von 1400 Euro angesprochen. Dieser Betrag war in bar an A. zu bezahlen, was, so Jürgen D., zwischen Peter A. und Andreas B. abgesprochen worden wäre. Bei Nichtbezahlung wären gewisse Probleme nicht ausgeschlossen, jeder Bordellbetreiber würde diesen Obolus berappen. Eine unverfängliche Umschreibung für Schutzgeld. Andreas B. wäre bei dieser Unterredung anwesend gewesen, so D. den Ermittlern gegenüber.

Dieser Mitgliedsbeitrag gewährleistete als Gegenleistung generellen Schutz, falls in einem Lokal Schwierigkeiten entstehen sollten. Die Codewörter lauteten „kleines“ und „großes Taxi“, für ein geringes oder gröberes Problem. Meist holte Peter A. das Geld und übergab es Andreas B. Manchmal übernahm Helmut S. die „Mitgliedsbeiträge“.

D. erzählt den Ermittlern auch von einem „Nokia-Club“, an den die Gelder flossen. Der Name leitete sich von dem Umstand ab, dass sich die Mitglieder über Handys dieser Marke verständigen sollten. Im „Nokia-Club“ war Peter A. erster Ansprechpartner, die Hand darauf sollte Richard Steiner halten, gibt Jürgen D. zu Protokoll.

Außerdem würden Polizeikontrollen im Milieu keine Schwierigkeiten verursachen, da rechtzeitig die Informationen durchsickerten. Somit könnten Vorkehrungen und Gegenmaßnahmen getroffen werden, wie beispielsweise Lokale zu schließen und illegale Mädchen zu verstecken. Im weiteren Verlauf des Gesprächs zwischen Andreas B. und Peter A. wäre es um eine Neuordnung des Rotlichtmilieus am Wiener Gürtel gegangen.

Jürgen D. fährt weitere schwere Geschütze vor den Vernehmungsbeamten auf: „Zusätzlich zu den bereits gemachten Angaben möchte ich angeben, dass B. mir erzählte, dass das erpresste Geld an den ‚Nokia-Club‘ geht, von dort werden die Geldeintreiber bezahlt und der größere Teil wandere weiter. Ein Teil dieses Geldes lande auch bei Polizeibeamten, die dafür Infos über bevorstehende Kontrollen geben. Die ‚Kieberer‘ würden auch für Konsumationen in den Lokalen und auch für Dienstleistungen der Prostituierten nichts bezahlen müssen. Auch vor den Kontrollen der KIAB [Kontrolle Illegaler Ausländerbeschäftigung; Anm. d. A.] würden die ‚Kieberer‘ warnen. Namen sind dabei allerdings nicht gefallen.

B. sagte weiters, dass der ‚Nokia-Club‘ aus zahlreichen Mitgliedern bestehe und auch der Rockerclub ‚Hells Angels‘ für etwaige Dienste herangezogen werden würde. Der Organisator für diese Angelegenheiten sei jedoch Richard Steiner, der mir persönlich von B. im Jahr 2005 im Vorbeifahren gezeigt worden war.“

D. kramt vor den Vernehmungsbeamten munter weiter in seinem Erinnerungsschatz. Seite um Seite wächst das Vernehmungsprotokoll. Er erinnert sich an die Jahre 2005 und 2006, wo am Wiener Gürtel, dem Rotlichtviertel, ständig Polizeirazzien waren.

Eines Tages wollte Jürgen D. in die „Flamingo", das Bordell war jedoch geschlossen. Sofort rief er Andreas B. an, um den Grund dafür zu erfahren, doch B. wimmelte ihn ab und erklärte ihm, das wäre eben so. Später erst erfuhr D. in der Zeitung von einer Großrazzia.

Während der Vernehmung geht Jürgen D. noch einen Schritt weiter, indem er sich indirekt mit Richard Steiner und E. H. anlegt. Im Vernehmungsprotokoll (GZ: B5/29957/2008 und 2 200 105/1-II/BK 31060) ist, auf die erwähnte Großrazzia bezogen, zu lesen: „Das war der Tag, an dem es Steiner mit 15 Frauen erwischt hatte. Ich hörte damals, wie er zu B. sagte, dass er von diesen Kontrollen durch ‚Kieberer' erfahren würde."

In den Zeiten, wo D. in der „Flamingo" war, führt er weiters an, hätte es keine einzige Kontrolle gegeben, weder uniformierte noch zivile Beamte wären aufgetaucht.

Es war die Zeit, als der Wiener Polizeiskandal, die Vorgänge rund um den ehemaligen Wiener Landespolizeikommandanten nicht nur medial hohe Wellen schlugen. Beinahe täglich übertrafen sich die Printmedien mit neuen Schlagzeilen und Spekulationen.

D. gibt zu, Richard Steiner nie persönlich getroffen zu haben, er wollte ihn nur ein einziges Mal, aus dem fahrenden Auto heraus, vor seinem Hauptquartier stehend, am Wiener Gürtel gesehen haben.

Noch einmal zusammengefasst: Jürgen D. konnte ein Gespräch zwischen Richard Steiner und Andreas B. belauschen, obwohl er Steiner nur ein einziges Mal kurz aus dem Auto heraus gesehen hatte. Ein mögliches Telefonat zwischen Steiner und B. in diesem Zusammenhang ist im Vernehmungsprotokoll mit keiner Silbe erwähnt. Wurde das Polizeiprotokoll schlecht beziehungsweise irreführend verfasst? Der offenkundige Widerspruch scheint den Vernehmungsbeamten nicht aufgefallen zu sein.

Zwangsläufig drängt sich die Frage auf, ob es schlichtweg nur darum geht, Steiner und seine Leute mit allen Mitteln aus dem Verkehr zu ziehen. Deshalb quetscht man einen mehr als fragwürdigen „Zund“ wie Jürgen D. aus, ohne dessen Aussagen zu überprüfen und zu verifizieren? Der Eindruck lässt sich nicht verleugnen, endlich wagt es einer, gegen Steiner anzutreten, und packt aus. Die Polizei übernimmt unwidersprochen und dankbar Jürgen D.s fragwürdige Informationen.

Am Ende des ersten Monats nach der Lokalübernahme wollte D. die Buchhaltung sehen, sich einen Überblick über zu erwartende Gewinne verschaffen. Andreas B. verweigerte D. den Zugriff auf die Unterlagen. Daraufhin sagte D., er werde den Steuerberater einschalten. B. soll ihm daraufhin gedroht haben, er würde ihm in diesem Fall die Hand abhacken.

Nun schien Jürgen D. endlich begriffen zu haben, einmal mehr aufgesessen zu sein, und beschloss auszusteigen. Einige Tage später läutete D.s Handy, Andreas B. bestellte ihn in die „Flamingo“. D. fuhr nach Wien und traf neben B. auch auf Peter A.

D. behauptet gegenüber den Vernehmungsbeamten, der monatliche Mitgliedsbeitrag habe sich nunmehr auf 4000 Euro erhöht. Der Grund: Er wolle aussteigen und wisse zu viel. Nach D.s Aussage soll ihn A. unter Druck gesetzt haben. Man wisse, wo D. und seine Eltern wohnen. Nicht ausgeschlossen, dass den dreien etwas zustößt.

D. nahm diese dunklen Andeutungen sehr ernst. Im Protokoll gibt er an, bis Ende April 2008 diesen geforderten Betrag monatlich bezahlt zu haben. Manchen Monat schaffte er die volle Summe nicht. A. und B. nahmen auch weniger, jedoch wurde nichts gestundet, die fehlenden Beträge mussten nachgezahlt werden. Weder Andreas B. noch Peter A. interessierten sich dafür, woher D. das Geld auftrieb, und sie wiesen angeblich immer darauf hin, die Raten zu zahlen, sonst könnte etwas passieren.

Wenn die beiden Herren wirklich so unnachgiebig gewesen sein sollten, warum akzeptierten sie ohne jegliche Sanktionen gegenüber D. und seinen Eltern, dass er mit Ende April 2008 die Zahlungen einstellte? Darüber findet sich im Vernehmungsprotokoll kein Sterbenswörtchen.

D. suchte Hilfe bei seinen Eltern, die ihm 30.000 Euro liehen, wofür sie selbst einen Privatkredit in der Höhe von 15.000 Euro aufnehmen mussten. Die andere Hälfte stammte aus Ersparnissen. Die Eltern unterzeichneten in der Raika Ried einen Wechsel von 35.000 Euro, der ihrem Sohn einen Überziehungsrahmen von 75.000 Euro gewährte.

Infolge der permanenten Geldnot konnte D. seine weiterhin bestehende Firma nicht mehr ordnungsgemäß führen.

Warf die Firma bis zu diesem Zeitpunkt noch Gewinne ab oder nicht? Man weiß es nicht, denn Jürgen D. hüllt sich darüber in Schweigen.

Er hinterlegte in der Bank eine Pfandurkunde im Wert von 50.000 Euro, wofür seine Eltern mit ihrem Privathaus und dem Wechsel bürgten. Im Gegenzug erhöhte die Bank D.s Überziehungsrahmen auf 100.000 Euro, der später nochmals um weitere 40.000 Euro aufgestockt wurde.

D. blieb weiterhin naiv und glaubte, seine finanziellen Probleme irgendwie noch in den Griff zu bekommen. Um wenigstens seine Firma zu retten, bat er seine Eltern um eine Bürgschaft für den Betrieb und weihte sie in die wahren Hintergründe ein. Doch daraus wurde nichts, die Bank drehte nun endgültig den Geldhahn zu. Die Eltern wurden schlussendlich für die grenzenlose Naivität ihres Sohnes haftbar gemacht, sie standen mit 100.000 Euro in der Kreide und D. musste auch seine Lebensversicherungen der Bank übergeben.

Nach der Aussage D.s bekam er nie Gewinne aus der „Flamingo" ausbezahlt und musste auch weiterhin für den Lebensunterhalt von Andreas B. und dessen Frau aufkommen. D. bezifferte seine Verluste mit 200.000 bis 250.000 Euro.

Die Drohungen hätten, so Jürgen D., bis Ende Mai 2008 angehalten. Merkwürdig, dass danach nichts mehr kam. Das ist eigentlich völlig untypisch für das Milieu. Wer gegen die Regeln verstößt, wird nicht einfach in Frieden gelassen. Jürgen D. verstieß gleich mehrmals gegen den Ehrenkodex. Eine mögliche Erklärung wäre, sofern seine Aussagen tatsächlich der Wahrheit entsprachen, dass Jürgen D. finanziell erledigt war und es bei ihm nichts mehr zu holen gab.

Die „Flamingo" selbst wurde 2007 von einem neuen Betreiber übernommen. Laut Jürgen D. wären die Verträge anscheinend nie geändert worden, da er weiterhin Rechnungen auf seinen Namen erhalten hätte.

Seite um Seite rattert das Vernehmungsprotokoll aus dem Drucker. Die Ermittler haken nach, sie wollen mehr Einzelheiten wissen. D. gibt bereitwillig Auskunft und erzählt von einer Finanzprüfung, die Ende 2006 ins Haus stand.

Mit einer Mitarbeiterin der „Belvedere Wirtschaftstreuhand GmbH" traf er sich in der Autobahnraststätte Haag am Hausruck. Erstere erklärte ihm, dass es keine Probleme mit dem Finanzamt geben würde, da die Buchhaltung inzwischen angepasst, also frisiert worden war.

K., die Mitarbeiterin der Kanzlei, erläuterte Jürgen D., dass die Einnahmen aus Getränkeverkäufen und Table Dance umgebucht und dementsprechend getürkt worden waren. Auch die Stricherlisten (Freierfrequenz) und Auszahlungslisten an die Mädchen sind nicht im Steuerakt. Nach D.s Aussage wurden Auszahlungslisten an die Mädchen später geschrieben und rückdatiert, damit sie in die Buchhaltung passten. Dieses System soll Helmut S. zusammen mit einem Steuerberater ausgeklügelt haben und im Rotlicht gängige Praxis sein.

Jürgen D. fährt den Ermittlern gegenüber weitere Breitseiten auf. Rumänische Prostituierte sollten am Wiener Gürtel von Landsleuten, vorwiegend Roma, zum Preis von 300 bis 400 Euro pro Frau an die unterschiedlichen Sexclubs verschachert werden.

Eine Zeit lang arbeiteten die Frauen illegal, bis sie angeblich über Rechtsanwälte falsche Reisepässe erhielten. Andreas B. würde über einen Rechtsanwalt mit exzellenten Kontakten zur ungarischen Botschaft verfügen. Angeblich wurden Mädchen, die in den Bordellen, die Helmut S. und Richard Steiner zugerechnet werden, ständig zwischen den Etablissements, die bis ins Innviertel zu finden sind, ausgetauscht.

Diese rumänischen Menschenhändler wären auch im Zigarettenschmuggel tätig und versorgten die Bordelle mit den Glimmstängeln.

Seit längerer Zeit soll Andreas B. die rechte Hand von Helmut S. sein. „La Hacienda", deren Geschäftsführer B. war, und die „Oase Bar" in Traiskirchen wären im Besitz von Helmut S. Nach Aussage Jürgen D.s erledigte B. die Drecksarbeit für S.

Der Kanarienvogel berichtet von einem Vorfall, der sich während der Eröffnung einer Go-Go-Bar in Pocking, Deutschland, ereignet hatte. Ein Schlägertrupp zerlegte das Lokal. B.s Kommentar: Das passiert, wenn nicht bezahlt wird. D. nannte einen gewissen „Rolli", der inzwischen inhaftiert und einer von Helmut S.s Männern fürs Grobe sein soll, er wäre an der Aktion beteiligt gewesen.

Ein weiterer Vorfall betraf den „Napoleonhof" im oberösterreichischen Ansfelden. Eine ausländische Gang suchte Streit. Daraufhin rückte ein Rollkommando aus Wien an, um die Ruhe wiederherzustellen. Diesbezüglich soll B. zu Jürgen D. gemeint haben, jedem ergehe es so, wenn er meine, Schutzgeld erpressen zu können, obwohl der Betrieb bereits unter Schutz steht.

Jürgen D. weiß aber noch mehr zu erzählen. Im Jahre 2004 wollte Josef G. mit seiner Frau in Aurolzmünster ein Erotik-Massagestudio inklusive Go-Go-Bar eröffnen. D. beschuldigte Richard Steiner, seine Leute hätten das Ehepaar krankenhausreif zusammengeschlagen, weil es nicht um Erlaubnis angefragt hätte, ob es aufsperren durfte. Diese Informationen wollte D. von B. erhalten haben. Andreas B. soll Jürgen D. auch gesagt haben: Wer in Österreich ein Bordell eröffnen will, muss sich an Helmut S. wenden, der über die nötigen Verbindungen verfügt, um die Angelegenheit zu regeln.

Nach B.s Angaben, die D. vor den Ermittlern ausplaudert, gab es auch im „Royal“ in Traun Probleme. Heli F., der auch die „Bergbar“ in Ried betreiben soll, hätte Mädchen vom „Royal“ abgezogen und in seinen Betrieb integriert. Auch der Betreiber der „BB-Bar“ in St. Florian am Inn bekam gröbere Schwierigkeiten mit Helmut S. und Andreas B. Beide Angelegenheiten soll B. selbst in die Hand genommen und geregelt haben. Auf welche Art und Weise, ist Jürgen D. unbekannt.

Jürgen D. versucht auch Helmut S. hineinzureiten, er spricht von einer Baufirma, die S. betreiben soll und in der polnische Schwarzarbeiter beschäftigt würden. Wo der Firmensitz sein soll, geht aus dem Vernehmungsprotokoll nicht hervor. Andreas B. bot D. an, jederzeit einen Arbeiter bekommen zu können, falls er einen benötigte. Nach Aussage D.s soll S. am Wiener Gürtel das sogenannte „5er“-Haus in ein Laufhaus umbauen lassen.

Darunter versteht man ein Bordell, bestehend aus aneinanderliegenden Zimmern, wo die Prostituierten vor den Zimmern warten und die Freier über die Gänge flanieren, um sich ein Mädchen auszuwählen. Im Frankfurter Bahnhofsviertel, dem Sitz der dortigen Rotlichtszene, sind beispielsweise reihenweise Häuser nach dem gleichen Prinzip untereinander verbunden, sodass der Freier ein Laufhaus betritt und gleichsam die gesamte Straße innerhalb der Häuser abgehen kann.

Jürgen D. sagt aus, dass er selbst das Wiener „5er“-Haus in Augenschein genommen hat. Warum? Was hatte er dort zu suchen, wenn er doch bereits durch das Milieu derartigen Schaden erlitten haben will? Warum trieb er sich dennoch dort herum? Aus purer Neugier? Keiner der vernehmenden Beamten fragt ihn danach. Zumindest steht davon nichts im Vernehmungsprotokoll.

Ende Mai 2008 fuhr Jürgen D. wieder nach Wien, weil er einen Elektronikhandel in der Thaliastraße aufsuchen wollte. Es ging wieder einmal um leere Druckerpatronen, die diese Firma zurücknimmt. Er spazierte am „5er"-Haus vorbei und sah einen Mann davor stehen. D. erkannte ihn, es war ein Pole, der für Helmut S. angeblich als Bauarbeiter arbeitete. Woher kannte er den Polen?

Jürgen D. versuchte das nächste windige Geschäft anzubahnen, indem er den Polen ansprach, ob der in seiner Heimat über entsprechende Kontakte verfügte, damit er – D. – günstig leere Druckerpatronen ankaufen könnte. Der unbekannte Pole, dessen Namen D. nie erfahren haben wollte, sagte ihm, er hätte vielleicht etwas an der Hand, er müsste sich nur mit jemandem treffen. Dann verlangte er D.s Handynummer. Ein paar Tage später erhielt D. einen Anruf des Polen und man traf sich auf der Baustelle des „5er"-Hauses. Der Pole sagte D., er hätte Neuware, die nicht legal wäre – gleichsam von einem Lkw heruntergefallen.

D. wollte sich darauf nicht einlassen. Der Pole teilte ihm klipp und klar mit, dass eine Stornierung nicht mehr möglich wäre, da alles längst organisiert wäre. Die Polen, die in Hallstatt wären und alles in die Wege geleitet hätten, müssten bezahlt werden, sonst legten sie Jürgen D. um. Der unbekannte Pole meinte, es wäre ernst, seine Landsleute täten für Geld alles. Jürgen D. musste für die Übernahme der Waren, die er noch nicht einmal begutachten konnte, 20.000 Euro blechen und sagte dem Polen, dass er das Geld nicht aufbringen könnte. Darauf erwiderte der Pole: Geld oder D. würde es nicht überleben.

Jürgen D. vertröstete ihn um ein paar Tage. Anzeige erstatten wollte D. nicht – aus Angst und um sich nicht selbst bei diesem illegalen Deal zu belasten. Am 9. Juni 2008 meldete sich der Pole bei D. und wollte endlich Kohle sehen. Jürgen D. suchte das „5er"-Haus auf und übergab ihm dort 20.000 Euro, ohne jegliche Absicherung zu verlangen oder sich über die Gegenleistung zu vergewissern. Einen Teil des Geldes besorgte sich

D. durch Überziehung seines Geschäftskontos, die restlichen 7000 Euro lieh ihm ein Bekannter aus der Steiermark. Während der Übergabe wollte D. auch Andreas B. auf der Baustelle gesehen haben. Wieder spitzte D. die Ohren. Angeblich konnte er ein Gespräch zwischen B. und dem Polen mit anhören. B. hätte den Bauarbeiter gefragt, was mit dem Lkw geschieht, der aus Wien wäre.

„Ob dieses Gespräch in direktem Zusammenhang mit der ‚Warenlieferung' steht, kann ich nicht angeben", heißt es im Vernehmungsprotokoll. „Ich möchte erwähnen, dass ich [D.] genau in dieser Woche glaublich in der deutschen BILD-Zeitung gelesen habe, ein Bericht war, der von einem Großeinbruch in Deutschland gehandelt hat. Es ging damals um den Diebstahl von EDV-Zubehör in großem Umfang, wo auch Druckerpatronen erbeutet wurden. Seit diesem Zeitpunkt hatte ich keinen Kontakt mehr zu dem Polen."

Schmierenkomödie oder Wahrheit?

Ob D. jemals die Ware gesehen hat, darüber findet sich keine Zeile im Protokoll.

Summa summarum eine mehr als verworrene, mysteriöse Geschichte, in die sich Jürgen D. selbst hineingeritten hat und in zahlreichen Punkten mehr als unglaubwürdig erscheint. Dennoch scheint ihm die Polizei zu glauben. Diesen gordischen Knoten kann nur einer lösen, und das ist Richard Steiner selbst. Natürlich ruft man Österreichs Unterweltkönig nicht einfach an und sagt ihm, man benötige ein paar Informationen, was wirklich Sache ist. Das bedarf einiger Verbindungen und Kanäle, um an ihn heranzukommen. Steiner spricht nicht mit jedem Journalisten oder Buchautor. Verständlich, warum sollte er auch?

Nachdem ich ihm avisiert worden war, er sicherlich auch seine Erkundigungen über mich eingezogen hatte, kam es zu einem ersten Treffen, dem inzwischen weitere gefolgt sind. Zu Beginn checkt man sich vorsichtig gegenseitig ab, versucht einzuschätzen, ob man dem Gegenüber trauen kann, baut langsam gegenseitiges Vertrauen auf. Selbstverständlich spielen Achtung und Respekt voreinander eine große Rolle. Gewisse Spielregeln sind von beiden Seiten einzuhalten.

Steiner hat sich im Verlauf seiner Karriere längst einen Status erworben, der ihm den Nimbus eines Unantastbaren verleiht. Natürlich ist vieles im Milieu nicht astrein, vieles jenseits der Legalität in dieser Schattenwirtschaft. Wer jedoch meint, den Moralisten und Gutmenschen herauskehren zu müssen, soll sich überlegen, welche Gaunereien täglich in der legalen Wirtschaft ablaufen, worüber sich keiner zu mokieren getraut. Viele, die gegen die Unterwelt öffentlich auftreten und scheinheilig, besonders in der Politik und mit Kalkül, dagegen anzukämpfen vorgeben, findet man genau in diesen Etablissements wieder, wo sie sich dementsprechend ungehemmt amüsieren. Natürlich mit käuflichen Mädchen, warum sollten sie sonst hineingehen? Je jünger, umso besser. Die Rechnungen werden vielfach unter Repräsentationsspesen dem Steuerzahler untergejubelt.

Hier geht es nicht um eine Verteidigung Richard Steiners und seiner Geschäfte. Das ist nicht meine Aufgabe. Die sogenannte Unterwelt hat es stets gegeben und wird es immer geben, sie ist ein wesentlicher Bestandteil unserer Sozial- und Kulturgeschichte mit allen negativen Begleiterscheinungen. Es liegt in der Natur der Sache, dass Polizei und Unterwelt niemals Freunde werden können. Das sind zwei verschiedene Paar Schuhe, die nicht zusammenpassen können und dürfen.

Vor dem Zusammenbruch des Kommunismus war die österreichische Unterwelt ein eigener Kosmos. Nach dem Fall der Berliner Mauer und durch die Öffnung der Grenzen änderte sich dieses kleine Paralleluniversum schlagartig. Die Karten wurden neu gemischt, selbstverständlich auch in Unterweltkreisen. Zu Zeiten des Eisernen Vorhangs war die Welt für viele österreichische Strizzis noch in Ordnung. An späterer Stelle wird davon noch ausführlich die Rede sein.

Die Affäre Horngacher und der damit verbundene Polizeiskandal, die offensichtliche und bekannte Vermanschung von Blau- mit Rotlicht rissen auf beiden Seiten Gräben auf, die schwer wieder zuzuschütten sind. Das Vertrauen der Öffentlichkeit gegenüber der Polizei ist schwer angeschlagen und bis wieder ein sauberes Image hergestellt sein wird, ist es noch ein langer Weg. Der Unterwelt bescherten diese unerfreulichen Vorgänge ungewollte Publicity, auf die gerne verzichtet worden wäre und die von einigen Kreisen benutzt wurde, um sich selbst ins Rampenlicht zu drängen, weil ihnen Steiner zu rasch groß geworden und ihnen in Vielem turmhoch überlegen ist.

Früher galt die Devise „Leben und leben lassen“. Heute ist das nicht mehr der Fall, jetzt heißt es „jeder gegen jeden“. In der Polizei gärt es, vieles, was durch die Polizeiaffäre aufbrach, ist längst nicht bereinigt. In der Unterwelt brodelt es, Leute wie Harald H. sinnen auf Rache und Vergeltung, wollen nicht akzeptieren, dass Steiner und E. H. das Zepter übernommen haben.

Natürlich hatte H. auch die Gelegenheit, seine Sichtweise in diesem Buch darzustellen, doch er nutzte nicht die Möglichkeit.

Selbsternannte Informanten wie Jürgen D., der aus eigenem Verschulden in die Bredouille geraten ist, schüren bloß einen Schwelbrand, der jederzeit zu einem Großbrand geraten kann. Selbstverständlich ist die Polizei auf Tipps aus der Szene angewiesen. Was ist bisher herausgekommen? Nichts.

Anscheinend lautet die Parole, Richard Steiner muss fallen, egal wie und mit welchen Mitteln auch immer. So gesehen scheinen zwei Lager innerhalb der Exekutive zu existieren. Eines, das Steiners Geschäfte schon aus gesetzlicher Sicht und im Auftrag des Staates nicht gutheißen kann, ihn aber trotzdem achtet und respektiert, während ihn das andere unbedingt weg vom Fenster haben will. Umgekehrt bedeutet das, wie ich aus zahlreichen Gesprächen mit Richard Steiner in Erfahrung bringen konnte, dass er ebenfalls die Polizei akzeptieren muss, auch wenn seine Welt anders aussieht, und er dennoch nicht „mit den Bullen schmust", wie ihm seine Gegner unterstellen.

Natürlich ist das bereits erwähnte Schutzgeld ein Thema. Steiner nennt es Dienstleistungen und Nachbarschaftshilfe, mit denen sich Leute aus dem Milieu an einer sportlichen Vereinigung, die Kampfsportarten fördert, beteiligen. Den Gegenbeweis bleiben die Ermittler bis heute schuldig.

Schmieren, also Bestechen und in diesem Falle Polizeibeamte, wischt Steiner vom Tisch und bezeichnet Bestechung als ein Zeichen von Schwäche. Er zitiert einen höherrangigen Wiener Kriminalbeamten, der ihm einmal sagte: „Wenn du ein einziges Mal versuchen solltest, mich zu schmieren, lege ich dir persönlich den Achter [Handschellen] an." Diese Aussage bestätigte mir auch dieser „Kieberer", der aus bestimmten Gründen anonym bleiben muss.

Welchen Zweck Jürgen D. mit seiner Aussage verfolgt, ist über weite Strecken mehr als unklar und dubios. Richard Steiner versicherte mir, mit diesem Mann, der in der Szene völlig unbekannt sei, nie ein Wort gewechselt zu haben und ihn persönlich nicht zu kennen. Jürgen D. tauchte aus dem Nichts auf und dachte, er könnte sich aufs Geratewohl im Rotlicht sanieren. Doch diese Schattenwirtschaft funktioniert nach eigenen Regeln und Gesetzen.

Das hatte der Kanarienvogel in seiner Märchenstunde wohl nicht überlegt. Vielleicht dachte D. auch, die Polizei würde ihn für seine Informationen fürstlich entlohnen? Dem ist anscheinend nicht so. Warum plauderte der dennoch weiter? Steht er möglicherweise auf einer bestimmten Lohnliste?

In einem weiteren persönlichen Gespräch erzählte mir Richard Steiner, dass er über seine Kanäle und Verbindungen keine zehn Minuten brauchte, um herauszufinden, welch Geisteskind Jürgen D. anscheinend ist. Dennoch kommt die Polizei, so Steiner, seit Monaten auf keinen grünen Zweig.

„In Wahrheit hat Jürgen D. in Rumänien sein ganzes Geld verjuxt“, sagt Steiner, „und auch noch seine Eltern finanziell hineingerissen.“ Wie ihm seine Auguren berichteten, lebte Jürgen D. in einem Luxusapartment, ausgestattet mit Designermöbeln, und die Prostituierten, die sich in den Räumlichkeiten herumtrieben, waren gar nicht mehr zu zählen.

Peter A., Steiners Mitarbeiter und von Jürgen D. schwer belastet, hat nie mit D. gesprochen. Deshalb reicht A. auch über seinen Anwalt eine Verleumdungsklage ein.

Zu jenem Zeitpunkt, als Jürgen D. den Unterweltkönig aus einem Auto heraus am Wiener Gürtel gesehen haben will, befand sich Steiner nachweislich in der Dominikanischen Republik. Im Gespräch erzählte mir Steiner, dass Jürgen D. insgesamt fünfmal in Wien in der „Flamingo“ gewesen war, in einem Separee gesessen und sich vergnügt hatte, ohne sich, wie es im Vernehmungsprotokoll nachzulesen ist, tatsächlich um die Geschäfte gekümmert zu haben.

Ein weiteres Faktum: Sämtliche Prozesse, die gegen Steiner und seine Leute bisher angestrengt worden waren, endeten mit Freisprüchen und kosteten Österreich bisher 12.000 Euro an Wiedergutmachung. 30.000 Euro mussten österreichische Medien bisher für unwahre Berichterstattung bezahlen.

Helmut S. ist erfolgreicher Musikproduzent, arbeitete mit Falco, den Gypsy Kings und José Feliciano zusammen, war dreimal für den Grammy nominiert und gewann zweimal diesen wichtigsten internationalen Musikpreis. Schwer vorstellbar, wenn jemand erfolgreich im Musikbusiness tätig ist, sich auch noch mit den zweifelsohne vorhandenen Belastungen im Milieu herumzuschlagen. S. sah Jürgen D. insgesamt zweimal.

Richard Steiner fährt im Gespräch schwere Geschütze auf. In einem Etablissement in Ried im Innkreis in der Bahnhofstraße kam es im Zusammenhang mit Jürgen D.s Aussagen zu vier Razzien durch das BK und das Büro für Interne Angelegenheiten im Innenministerium (BIA), wobei, so Steiner, die Betreiber des

Lokals von der BIA unter Druck gesetzt worden waren, gegen den Unterweltboss auszusagen.

Woher stammen Jürgen D.s Informationen? Wurden sie ihm in den Mund gelegt? Ist tatsächlich alles nur auf seinem Mist gewachsen? Warum spielt ein im Milieu gänzlich unbekannter Nobody plötzlich den großen Aufdecker? An welchen Fäden hängt die Marionette Jürgen D.? Wer steuert ihn? Was versprechen sich die Ermittler davon?

Fragen, auf die auch Richard Steiner keine schlüssigen Antworten weiß. Jedenfalls herrscht gewaltiger Aufklärungsbedarf. Es ist wohl sonnenklar, dass sich ein Mann seines Formats zusammen mit seinem Partner mit diesem Einfluss und dieser Macht wohl kaum so weit aus dem Fenster lehnen würde, könnte er nicht Punkt für Punkt Jürgen D.s Aussagen widerlegen.

Seit sechs Jahren steht Richard Steiner mit seinen Leuten im Visier der Fahnder und herausgekommen ist bis dato nichts. Längst machen Witze im Milieu die Runde. Wann wird wohl Steiner den Wiener Polizeipräsidenten durch die berühmten grünen kleinen Männchen in einem UFO ins All entführen lassen? Man ist sich sicher, dass auch dazu Jürgen D. seinen Senf beisteuern wird.

Österreichs „Don Corleone“ wünscht sich, dass die zuständige Staatsanwältin die Angelegenheit aufgrund der Faktenlage mit der nötigen Skepsis behandelt, der Polizei möchte er ein Zitat von Dostojewski ins Stammbuch schreiben: „Der Mensch hat solche Vorliebe für das Systematisieren und die abstrakten Schlussfolgerungen, dass er bereit ist, die Wahrheit absichtlich umzustellen, bereit, mit den Augen nicht zu sehen, mit den Ohren nicht zu hören, nur damit seine Logik Recht behalte.“

Vom Faustkeil zur Maschinenpistole

Unterwelt und Kriminalität sind untrennbar wie siamesische Zwillinge miteinander verbunden.

Eines gäbe es ohne das andere nicht. Ihnen stehen zwei Todfeinde gegenüber – Polizei und Justiz –, mit denen sie andauernd in Fehde liegen. Seit Menschen die Erde bevölkern, existiert Kriminalität in trauter Harmonie mit dem Verbrechen.

Der erste Mörder der noch jungen Menschheitsgeschichte war Kain, der seinen jüngeren Bruder Abel aus niederen Motiven erschlug. Beide waren die Söhne von Adam und Eva, die leider auch ein besonderes Früchtchen in die Welt setzten. Sowohl in der Bibel (Genesis 4,1–16) als auch im Koran ist dieser erste Mordfall dokumentiert.

Warum wir von unserem angeblichen Schöpfer mit krimineller Energie versehen wurden, weiß wohl nur er selbst. Das herauszufinden, ist Aufgabe der Wissenschaften, angefangen von der Theologie bis hin zur Psychiatrie und Psychologie, es scheiterte jedoch bisher. Wäre der Mensch nur mit edlen Tugenden und Charaktereigenschaften ausgestattet, wären viele Berufe überflüssig, da sie nicht notwendig sind.

Kein Polizist patrouillierte durch die Straßen, es gäbe keine Festnahmen und Verhaftungen, kein Kriminalbeamter ermittelte an Tatorten, kein Pathologe obduzierte Verbrechensopfer. Es gäbe keine Einvernahmen und Verhöre, niemand stünde vor Gericht; keine Urteile, keine Strafen, keine Gefängnisse. Überall offene Türen, Schlösser und Schlüssel würden nicht gebraucht. Eigentum bliebe unangetastet, Menschenleben wären tatsächlich heilig.

Eine endlose Auflistung, die nichts bringt, da es sich nur um eine Utopie handelt. Wir wissen, die Realität sieht anders aus. Der

Mensch als angeblich intelligentestes Lebewesen auf diesem Planeten ist zugleich das dümmste, äußerst hinterhältig und verschlagen, es trachtet nach seinem eigenen Vorteil, will den Mitmenschen ständig über den Tisch ziehen, und wenn es sich nicht vermeiden lässt, scheut es vor Gewalt nicht zurück.

Ohne Verbrechen und Kriminalität würden komplette Wirtschaftszweige wie Waffen- und Rüstungsindustrie überflüssig sein. Mehr als uns lieb ist, profitieren Politik und Wirtschaft sowohl von Verbrechen als auch Kriminalität, die Grenzen sind oft fließend.

In den Zeiten, als Sprache und Schrift noch unbekannt waren, sind wir auf Spekulationen, Vermutungen und Theorien angewiesen, wie die Urmenschen miteinander umgegangen sein mögen. Mit hoher Wahrscheinlichkeit im Prinzip nicht anders als wir heute.

In der ereignisreichen Menschheitsgeschichte findet sich keine einzige Ära oder Epoche ohne Verbrechen und Kriminalität. Immer wieder fanden und finden sich Menschen, die erkennen: Warum schuften und rackern, wenn es einfacher und vor allem schneller gehen kann, sich zu bereichern und für eine kürzere oder längere Zeitspanne ein angenehmeres Leben, verbunden mit Reichtum, Einfluss und Macht, zu genießen?

Doch beschränken wir uns auf Österreich – schließlich ist es der Inhalt dieses Buches. Wir werden uns eingestehen müssen, dass nur wenige Quadratmeter unserer kleinen Alpenrepublik im Verlauf der Geschichte nicht blutgetränkt worden sind. Vom Neusiedler bis zum Bodensee ziehen sich, quer durch alle historischen Zeiten, blutige Spuren der Unterwelt.

Was bedeutet Kriminalität?

Criminalis aus dem Lateinischen, *ein Verbrechen betreffend* – die Kriminalität ist die Zusammenfassung sämtlicher Taten, die gegen die staatliche, rechtsstaatliche und gesellschaftliche Ordnung eines Staatsgefüges verstoßen. Die Kriminalität ist ständig im Umbruch, passt sich dem Wandel, den Strömungen und den Trends an, daraus resultierend ebenso das Strafrecht. War bis vor einigen Jahren beispielsweise Homosexualität noch ein schweres Verbrechen, ist es heute glücklicherweise aus dem Strafgesetzbuch verschwunden. Kriminalität kennt viele Facetten, Unterscheidungen und Unterteilungen, unabhängig von der Schwere einer Tat. Jugend-, Wirtschafts- oder Organisierte Kriminalität sind dafür ausgewählte Beispiele. Zu- und abnehmende Kriminalität in den unterschiedlichsten Bereichen ist ein Spiegel der Gesellschaft und der Politik. Selbstverständlich sanken Kriminalität und Verbrechensraten während diktatorischer Regime, wie in unserem Land während des Austrofaschismus und des Nationalsozialismus, beinahe, zumindest offiziell, gegen null, da man mit Verbrechern und Kriminellen kurzen Prozess machte.

„An den Anfang gehört klar der Reiz aller Reize: Geld und alles, was man damit machen kann“, schreibt Valentin N. J. Landmann, Lehrbeauftragter für Privat-, Handels- und Versicherungsrecht an den Universitäten St. Gallen und Zürich. „Geld ist fester Bestandteil der meisten Zielanreize und damit eine Art Grundanreiz. Geld soll bei fast jeder Aktivität in Unterwelt und Halbwelt herausschauen. Da gilt letztlich nichts anderes als in der Oberwelt ...“.[1]

Seit die Phönizier das Geld erfunden haben, ist Geld Motor und Antriebskraft für im Grunde alles, was unser Tun ausmacht, egal ob im legalen oder illegalen Sinne. Es hat seine Richtigkeit, dass Geld den Charakter verdirbt, ebenso wie der alte Kieberer[2]-Spruch: „Die mit dem weißen Kragen musst du jagen.“ Mit anderen Worten: Nicht der kleine Hühnerdieb, obwohl kriminell, ist der Gefährliche, sondern der mit weißem Hemdkragen, der sich selbst nicht mehr die Hände schmutzig machen muss und die Drecksarbeit von seinen Leuten erledigen lässt.

Kriminalpsychologe und Profiler Thomas Müller stellt klar: „Verhalten und Entscheidungen einer Person kann man nicht mit einem Metermaß messen. Es existiert auch keine Waage, mit deren Hilfe man feststellen könnte: Eine Person ist zu dreieinhalb Kilogramm gefährlich oder nicht. Das einzig adäquate Mittel, um in der Beurteilung ein Verhalten messen zu können, bietet der Vergleich. Das Verhalten einer Person ist am Verhalten vieler anderer Personen unter ähnlich gelagerten Umständen zu vergleichen."[3]

Das heißt mit anderen Worten: Niemand wird als Krimineller geboren, keiner ist mit seinem ersten Schrei im Leben bereits mit krimineller Energie ausgestattet und keinem Menschen ist in späteren Jahren der Verbrecher anzusehen. Niemand trägt ein imaginäres V, K oder U auf der Stirn, ist sofort als Verbrecher, Krimineller und Unterweltler zu stigmatisieren. Dafür ist die persönliche Entwicklung, deren Grundvoraussetzungen mitunter schon in der Kindheit und Jugend gelegt werden, prägend, ob in der Zukunft der legale oder illegale Weg eingeschlagen werden wird, sind die sozialen, gesellschaftlichen Strukturen und die Lebensumstände, unter denen ein Mensch heranwächst, ausschlaggebend. Abhängig vom persönlichen Willen und der Kraft, sich trotz aller Widrigkeiten und Probleme dennoch durchzukämpfen, ohne ein künftiges Leben jenseits der staatlichen Gesetze zu führen, weil man eben nicht das Glück hatte, mit dem goldenen Löffel im Mund geboren zu werden. Der viel zitierte, sprichwörtliche Löffel ist kein Garant, trotzdem eines Tages in die Illegalität abzudriften. Niemand ist davor gefeit und die Gründe dafür sind mannigfaltig.

Jeden kann es erwischen, ob er nun von Sozialhilfe leben muss oder sich an wohlgefüllten Konten erfreuen darf. Besonders bei den Privilegierten ist die Gefahr sehr groß. Ein wesentliches Kriterium dafür ist maßlose Gier, nicht den Hals voll genug bekommen zu können. Wirtschaftskriminalität ist eng mit Politik und in weiterer Folge mit Unterwelt in der obersten Liga, der Organisierten Kriminalität, verbunden. Es bedarf schützender Hände sowohl auf der „guten" als auch auf der „bösen" Seite, damit die Geldflüsse aus dunklen Quellen nicht versiegen, die Schattenwirtschaft floriert. So funktionieren die Mafia in Italien und die Cosa Nostra in den USA, russische Syndikate, Drogenkartelle, die Yakuza in Japan und die Triaden in China.

Unterwelt und Polizei, als ausführendes Organ der Staatsmacht, müssen in einer zwangsläufigen Symbiose leben. In Österreich ist diese Tatsache mit dem aufgeflogenen Polizeiskandal für die Öffentlichkeit erstmals richtig bewusst geworden. Die verschwimmenden Grenzen zwischen Blau- und Rotlicht, die es in Österreich immer gegeben hat und von denen beide Seiten profitierten, wobei ausdrücklich nicht Bestechung und andere Dienstleistungen gemeint sind, waren im Zuge des Polizeiskandals nicht mehr länger unter der Decke zu halten, weil am Beginn ein Politikum stand. Darüber wird im Verlauf dieses Buches noch ausführlich die Rede sein.

Die Straftat ist eine gegen die bestehende Rechtsordnung und Gesetzeslage gerichtete schuldhafte, rechtswidrige Handlung, die einen strafgesetzlichen Tatbestand erfüllt, der in der Regel bei erwiesener Schuld eine Haft- und im günstigeren Fall eine Geldstrafe mit sich bringt. „Strafbare Handlung" und „strafrechtliches Delikt" sind in der Rechtsprechung weitere Bezeichnungen für eine Straftat, wobei das Strafgesetzbuch penibel zwischen Verbrechen, Vergehen und Ordnungswidrigkeit unterscheidet.[4]

Der klassische Verbrecher übt seit jeher eine bestimmte Faszination auf den Normalbürger aus. Obwohl er grundsätzlich seine Taten verurteilt, hegt er dennoch eine gewisse Bewunderung für dessen Wagemut, sich außerhalb des Gesetzes zu stellen, gesellschaftliche Normen und Werte zu ignorieren, für das Risiko, sein Ding durchzuziehen, sich von nichts und niemandem etwas vorschreiben zu lassen. Auch mit sämtlichen Konsequenzen, wenn es schiefläuft, hinter Gittern zu landen oder im schlimmsten Fall den eigenen Tod in Kauf zu nehmen.

Jack Unterweger wurde bewundert, herumgereicht und gehätschelt. Frauen der gehobenen Gesellschaft rissen sich um seine Gunst, ein über und über tätowierter Körper, ein lebendes Gemälde, Männlichkeit pur. Ebenso Tibor Foco, der sich bei seiner Flucht auf Hilfe von außen verlassen konnte.

Historische Kriminelle wie Robin Hood, Frank und Jesse James, Billy the Kid, Al Capone, Sam Giancana und wie sie alle hießen waren Volkshelden, wurden mystifiziert und glorifiziert, verloren bis heute nichts von ihrer Heldenverehrung. Wäre der Mensch von Natur aus gut, gäbe es kein Hollywood. Nach wie vor lässt das Böse unangefochten die Kinokassen klingeln und Produzenten, Schauspieler und Regisseure ein sorgenfreies Leben genießen.

John Gabree, der sich ausführlich mit dem klassischen Gangsterfilm auseinandersetzte, schrieb: „Politisch gesehen, ist der Gangster ein Anarchist, wenn auch seine eigene Einrichtung, die Clique, streng autoritär funktioniert. Wann immer er gegen die Gesellschaft vorgeht, schwächt er sie, zerstört er ihre Selbstachtung und hinterlässt sie nur mehr wenig funktions- und lebensfähig. Die Stellung, die der Verbrecher gegenüber der Gesellschaft hat, spiegelt sich wider in der Umklammerung, in der er sich befindet. Er lebt in einer Welt, die aus Polizeisirenen und Gewehrkugeln besteht, aus bedrohlichen Gassen und Schatten.“[5]

Bosse der Gegenwart genossen und genießen den Status ungekrönter Häupter. In der Hochblüte des Medellín-Kartells in Kolumbien in den 1990er Jahren war Pablo Escobar gottgleich und er wusste diese Stellung auch geschickt für sich zu nutzen, indem er für die arme Bevölkerung in den Barrios, in den Armenvierteln, Schulen oder Sportplätze errichten ließ und für sehr gut bezahlte Arbeitsplätze sorgte. So sicherte er sich die Anerkennung. Niemand beißt die Hand, die ihn füttert. Ähnlich die Situation im traditionellen Mafia-Staat Italien. Toto Riina und Bernardo Provenzano galten als unantastbar, bis auch sie den Rubikon überschritten und die Staatsmacht derart herausforderten, dass diese zurückschlagen musste, weil sich plötzlich auch die Stimmung in der Bevölkerung gegen die Mafia richtete. Nicht zuletzt auch durch die beiden aufsehenerregenden, tödlichen Attentate gegen die obersten Mafiajäger Falcone und Borsellino. Als vor einigen Jahren John Gotti, Boss der New Yorker Cosa Nostra, im Gefängnis starb, nahm der Leichenzug Ausmaße eines Staatsbegräbnisses im Big Apple an.

Immer wieder passiert es, dass ursprünglich politische Rebellen die Fronten wechseln und zu Verbrechern werden, weil sie erkannten, dass die angekündigte Revolution doch nicht so leicht durchzuführen ist, aber dafür mit kriminellen Geschäften sehr schnell horrende Gewinne zu machen sind. Prominentes Beispiel dafür ist die kolumbianische FARC (Fuerzas Armadas Revolucionarias de Colombia – Ejército del Pueblo/Revolutionäre Streitkräfte Kolumbiens – Volksarmee), die ursprünglich für verbesserte Lebensbedingungen der Landbevölkerung kämpfte und heute im Dienste der Kokainmafia steht.

Jeder von uns trägt kriminelle Energie in sich, die sich irgendwann, nach einem einschneidenden persönlichen Erlebnis oder Ereignis, blitzartig entladen kann. Daher kommt es auf die Stärke der eigenen Persönlichkeit an. Viele „fladdern“[6] sonntags die Zeitung, ohne viel nachzudenken, andere können es nicht mit ihrem Gewissen vereinbaren. Wenn wir uns selbst bei der Nase nehmen und ehrlich zu uns selbst sind, werden wir erschreckend oft feststellen, wie häufig wir schon daran dachten, den oder die umzubringen, weil uns von dieser Person aus irgendwelchen Gründen ein Prügel zwischen die Beine geworfen wurde. Oder gerade in diesen wirtschaftlich katastrophalen Zeiten mit sämtlichen Aus- und Nebenwirkungen für die eigene Existenz, kommt sicherlich vielen unter uns der Gedanke, zum Beispiel eine Bank zu überfallen. Ein paar Minuten Risiko, und wenn man sich nicht besonders ungeschickt anstellt, ist man mit einem Mal, zumindest für einen längeren Zeitraum, sämtliche Sorgen los. Zum Glück hindern uns die Angst vor der eigenen Courage, Skrupel und die persönliche Feigheit daran, ein Ding zu drehen. Viele Straftaten geschehen aus purer Verzweiflung, sind Kurzschlusshandlungen ohne Plan und vielfach von Beginn an zum Scheitern verurteilt.

Der Traum vom schnellen Geld, einmal ein Risiko einzugehen und danach ausgesorgt zu haben: Es kann klappen, doch dieses *Kann* ist mit zu vielen Unsicherheitsfaktoren verbunden. Das perfekte Verbrechen gibt es tatsächlich, allerdings nur in der obersten Liga. Wirtschaftskriminalität in Einheit mit Organisierter Kriminalität, unter dem Schutz der Schirmherrin Politik, die ihrerseits wieder Polizei und Justiz am Gängelband hält, garantieren Unantastbarkeit und mit hoher Wahrscheinlichkeit Straffreiheit, da Ermittlungen bereits im Vorfeld blockiert und unterbunden werden.

Muss tatsächlich ein Waffenlobbyist das Meißner Porzellan mit dem Blechnapf, zumindest eine Zeit lang, tauschen und ein ehemaliger Bankdirektor statt mit der High Society mit der Upper Class vorliebnehmen, grenzt es in diesem Land beinahe an ein Wunder.

Hollywood spielt seit den 1930er Jahren auf der Klaviatur der klassischen Klischees, die Gangster für den hart arbeitenden Normalbürger verkörpern. In den 1970er Jahren punkteten die Franzosen vor allem mit Alain Delon auf der Leinwand. Gut aussehende Männer in Maßanzügen vom Feinsten, wunderschöne Frauen, auf ein Fingerschnippen der Gangster allzeit bereit; tolle Autos, bombastische Villen, Geld wie Heu, exklusive Restaurants und Bars, sündteurer Schmuck, Alkohol in Strömen und bergeweise Koks.

Al Capone für Arme

Niemand schmeißt von heute auf morgen alles hin und beschließt, nun Mitglied der Unterwelt zu werden, ins „Milieu“ einzutauchen. Die kriminelle Unterwelt ist ein in sich geschlossener Kosmos mit eigener Schattenwirtschaft, strengen Regeln und Gesetzen, der sich strikt von der Welt der bürgerlichen, „franken“[7] Gesellschaft abgrenzt. Zunehmend verschwimmen aber auch die Grenzen zwischen Unter- und Oberwelt, zwischen Politik, Wirtschaft und Gangstertum, wenn wir wieder Italien als Paradebeispiel heranziehen und Silvio Berlusconi näher in Augenschein nehmen. Oder die ehemalige Sowjetunion, heute in viele Einzelstaaten zerfallen und Brutstätte für unermesslich reiche Oligarchen, die sich nun in Europa eingenistet haben und selbstverständlich längst auch in Österreich heimisch geworden sind.

Die Unterwelt ist eine Subkultur, die eine eigene Sprache spricht, die Außenstehende als Fremdsprache empfinden, sich ständig erneuert und den Zeitströmungen anpasst. Die österreichische, besonders die wienerische Gaunersprache ist eine Wissenschaft für sich. In ihr finden sich Elemente des Rotwelschen, Jüdischen (Jiddischen), der Zigeuner- und niederdeutschen Schleifersprache. Bereits 1853 erschien ein eigenes „Wörterbuch der Diebs-, Gauner- oder Kochernersprache“.

Diese Subkultur legt großen Wert auf bestimmte Statussymbole. In der Unterwelt verkehren Leute, die ihren Lebensunterhalt nicht unbedingt durch, wie es in der bürgerlichen Sprache heißt, geregelte Arbeit verdienen. An sich ein Paradoxon: Was heißt „geregelte“ Arbeit? Von 8 bis 17 Uhr hinter dem Büroschreibtisch zu hocken, am Fließband zu stehen, an der Kasse zu sitzen oder in der Werkstatt unter Autos zu liegen? Auch der Bordellbetreiber verrichtet eine „geregelte“ Arbeit, indem er seinen Betrieb zu regelmäßigen Zeiten geöffnet hat, sich um die Mädchen, seine Angestellten kümmert, sein Lokal vor feindlichen Übernahmen zu schützen versucht. Würde er das nicht tun, wäre er sehr schnell vom Markt verschwunden. Nur in unsere Moralvorstellungen passt diese Form von Regelung nicht hinein.

Der „natürliche“ Feind der Unterwelt ist logischerweise die Polizei. „Mit den Bullen schmusen“[8] ist ein unverzeihlicher Regelverstoß und Tabubruch, der schnell aus einem Freund einen Feind werden lässt. Natürlich kommt es immer wieder zu kleineren Arrangements, jedoch nicht aus Gesetzestreue, sondern um eigene Interessen durchzusetzen oder zu verteidigen, die Konkurrenz auf elegante Weise aus dem Weg zu räumen, sich Pluspunkte bei der „Heh“[9] zu holen, damit man selbst in Ruhe gelassen wird. Allerdings kann eine zu enge Bindung und Vermischung zwischen Rot- und Blaulicht auch einen Schuss ins Knie für beide Seiten bedeuten, wie die „Sauna-Affäre“ und die bereits erwähnte Causa Horngacher in Wien aus jüngster Vergangenheit beweisen.

Wer sich entscheidet, sein Leben in der Unterwelt zu verbringen und sich in dieser Subkultur seine Existenz aufzubauen, muss bestimmte Voraussetzungen mitbringen: Mut, ein gewisses Maß an Skrupel- und Rücksichtslosigkeit, Loyalität, Ehrgefühl (Ganovenehre), Gewaltbereitschaft, Geschäftssinn, kaufmännisches Talent, Respekt, Schläue, Verschwiegenheit, Verschlagenheit, erstklassige Menschenkenntnis, Gespür und Intelligenz, sofern er sich nicht als Handlanger und Mann fürs Grobe zufrieden geben will. Auch ein durchtrainierter Körper sowie sexuelle Potenz sind von Vorteil.

Wer in das Milieu einsteigt, ist entweder schon aufgrund seiner Herkunft hineingeboren worden oder sein soziales Umfeld schafft die notwendigen Voraussetzungen. Selbst wenn es ein Klischee ist, der gestandene „Unterweltler“ kommt zu einem hohen Prozentsatz aus sozial benachteiligten Schichten, verdient sich seine ersten Sporen bereits in der Jugend durch kleinere oder größere Straftaten, rutscht dadurch immer mehr ab, merkt sehr rasch, wie viel Geld zu machen ist, wenn man sich halbwegs geschickt anstellt, und schon ist er in einem ständig schneller rotierenden Teufelskreis gefangen, wo kaum oder nur unter schwierigen Umständen Ausstiegsmöglichkeiten bestehen. Natürlich gibt es auch Fälle, wo eine Verzweiflungstat Ausgangspunkt für das Verlassen der Bürgerlichkeit war und nach Verbüßung der Haftstrafe der Weg zurück verbaut und das Überleben nur mehr außerhalb der bürgerlichen Gesellschaft möglich ist. Nicht zu vergessen auch die jeweiligen Haftzeiten, wo viele genau das lernen, was ihnen bisher noch unbekannt war.

Man muss in einschlägigen Kreisen auffallen, sich Namen und Ansehen verschaffen, Aufmerksamkeit erregen, Loyalität beweisen, im richtigen Moment den Mund halten und ein „Steher“ sein, der selbst unter Gewaltandrohung gegen sich oder gegen seine Angehörigen zu schweigen bereit ist.

Vor einigen Jahren wurde die Ehefrau des ehemaligen Kärntner Rotlichtkönigs S. entführt und die Entführer drohten bei einer Weigerung, das Lösegeld zu bezahlen, ihr einen Finger abzuschneiden. Darauf meinte S. nur lakonisch, dass sie sich dann nur mehr neun Finger(nägel) lackieren müsse ...

Über den Weg ins Verbrechen und zum Kriminellen ist eine Unzahl von Büchern aus allen möglichen Blickwinkeln verfasst worden – vom Soziologen Roland Girtler bis zum Psychiater, Neurologen und Gerichtsgutachter Reinhard Haller, um nur zwei von vielen Beispielen zu nennen und auf Österreich eingeschränkt.

Eines der Paradebeispiele für erfolgreiche Resozialisierung ist Walter Sch., einer der drei legendären Stein[10]-Ausbrecher von 1971. Sch., der Vernünftigste von ihnen, ergab sich während einer Geiselnahme. Sch.'s Komplizen stürzten ab. Der legendäre Satz „I bin's, dei' Präsident“ des damaligen Wiener Polizeipräsidenten Josef „Joschi“ Holaubek, der die Geiselnehmer letztlich zur Aufgabe bewogen hatte, ist in dieser Form nie gefallen. Das war eine Erfindung der Journalisten. Tatsächlich sagte er: „I bin's, *der* Präsident“, wie Alfred N. in einem Interview 2008 bestätigte.

Adolf Sch. beging, nach Verbüßung der Haft, weitere Straftaten, so war er unter anderem an einem weiteren missglückten Gefängnisausbruch beteiligt und wird wohl lebend seine Zelle nicht mehr verlassen. Nach der Entlassung hielt sich Alfred N. mit kleineren und größeren Straftaten über Wasser, saß ein, kam wieder raus und im Herbst 2008 war er in eine Schießerei in einem

Lokal in Wien-Donaustadt verwickelt. Aufgrund seiner „Speisekarte“[11] und bei erfolgreichem Nachweis des Bauchschusses an seinem Kontrahenten wird sich für den heute 61-Jährigen wohl wieder für längere Zeit die Zellentür hinter ihm schließen. Das Verfahren war bei Drucklegung dieses Buches noch offen.

Gewalt und Gewaltbereitschaft sind in der Unterwelt wesentliche Bestandteile, um sich gegenüber der Konkurrenz in allen Geschäftszweigen des Milieus durchzusetzen und behaupten zu können. Hier findet das alttestamentarische Prinzip „Auge um Auge, Zahn um Zahn“ seine sprichwörtliche Fortsetzung.

Beispielsweise gehörte es früher zum Ehrenkodex eines Einbrechers, unbewaffnet auf Tour zu gehen. Das ist Vergangenheit. Heute sind Einbrecher durchwegs bewaffnet, scheuen auch nicht davor zurück, davon Gebrauch zu machen, sollten sie ertappt werden. In letzter Zeit hat sich eine völlig neue Form im Bereich des Einbruchs entwickelt, das Homejacking: das Eindringen in Wohnungen, gleichgültig ob jemand anwesend ist oder nicht, egal ob in der Nacht oder bei Tag. Meist üben diese Verbrechensformen osteuropäische Banden aus, die für ihre besondere Brutalität und ihr rücksichtsloses Vorgehen berüchtigt sind.

Vom Beutelschneider des Mittelalters, der sich auf Märkten in den Städten herumtrieb und blitzschnell den betuchten Bürgern ihre Geldkatzen abschnitt, vom Wegelagerer, der mit seiner Bande im dunklen Wald vorbeifahrenden Kutschen auflauerte, bis zum gesellschaftlich anerkannten Unterweltboss, der durchaus in den Medien auftritt, mit dem man gerne seine Housewarming-Party aufpoliert, der mit Politikern befreundet ist und mit ihnen kungelt, ist es eine gewaltige Zeitreise durch die Jahrhunderte in einer für viele unbekannten Parallelwelt, die abstoßend und faszinierend zugleich ist.

Die Unterwelt ist wesentlicher Bestandteil der Kultur- und Sozialgeschichte.

Die Methoden sind die gleichen geblieben, der Einsatz der Waffen veränderte sich mit fortschreitender Entwicklung der

Technologien. Schlug man in grauer Vorzeit dem Rivalen wegen des wärmeren und schöneren Fells den Schädel mit dem Faustkeil ein, feuert man heute aus der Uzi oder Ingram, legt eine Bombe unters Auto, wirft ein paar Handgranaten in den Salon der Villa. Oder agiert völlig lautlos und mit Verzögerung, indem man seinem Gegner heimlich eine radioaktive Substanz in sein Getränk mixt, wie im Falle des russischen Dissidenten und ehemaligen KGB-Agenten beziehungsweise FSB-Offiziers Alexander Litwinenko, dessen Drink man mit Polonium-210 verseuchte. Womit sich zur Unterwelt mit Verbrechen und Kriminalität noch eine weitere Verwandtschaft, neben Politik und Wirtschaft, jene der Geheimdienste gesellt. Unterwelt, Politik, Wirtschaft und die Herren mit den Schlapphüten ergeben eine Symbiose, und je nachdem, wie es die Situation erfordert, profitiert der eine vom anderen hinter und auf dem Rücken des ahnungslosen und unwissenden Bürgers.

Der ehemalige österreichische Botschafter in Bulgarien Georg Potyka schrieb 2002: „Die Polizei wird auch bei uns mehr als bisher umfassende Fahndungsmethoden einsetzen müssen. Dagegen spricht das Bedürfnis des Bürgers nach Schutz seiner Privatsphäre. Aber wie groß und wie gerechtfertigt ist dieses Bedürfnis? Es gibt zwei Privatsphären, die dem Menschen wichtig sind: sein Liebesleben und seine Geldgeschäfte (oft hängen die beiden miteinander zusammen). Aber das Liebesleben einzelner Menschen interessiert heutzutage niemanden mehr, da fast niemand mehr damit zu erpressen ist …“.[12] Außer dieser Jemand ist Päderast, pädophil und treibt sich in der Kinderporno-Szene herum.

Nach dem Terroranschlag auf das World Trade Center in New York am 11. September 2001 verschärfte die Bush-Administration den sogenannten „Patriot Act“, jenes Gesetz, das zur Bekämpfung des internationalen Terrorismus dient und gleichzeitig die Bürgerrechte massiv beschneidet, wie durch das Abhören von Telefonaten, das Mitlesen des E-Mail-Verkehrs, das Durchstöbern privater Datenbanken, durch willkürliche Hausdurchsuchungen und anderes mehr. In der EU werden wohl oder übel ähnliche Gesetze, trotz massiver Widerstände der Daten- und Verfassungsschützer, nur mehr eine Frage der Zeit sein, nicht nur als sehr brüchiger Schutz vor Terroristen, sondern auch besonders vor Organisierter Kriminalität. Unser Nachbar Deutschland hat bereits den ersten Schritt in diese Richtung gesetzt.

Anrüchig und verboten

Halbwelt, Unterwelt und Milieu sind negativ behaftete Begriffe, die in der bürgerlichen Gesellschaft Unbehagen und Angst auslösen.

Die *Unterwelt* ist ein Begriff, mit dem heute jeder sofort Kriminalität und Verbrechen verbindet. In seiner ursprünglichen mythologischen Bedeutung war die Unterwelt ein Schattenreich, zu der zu Lebzeiten niemand Zutritt hatte. Es war der Ort der dunklen, finsteren, unheimlichen Todes- und Totengottheiten.

In manchen alten Kulturen war die Unterwelt neutral bezüglich Moral und Anstand, in anderen die Hölle und Synonym für das Böse. Unterwelten gab es in der griechischen, nordischen und finnischen Mythologie. Sumerer und Akkader in Mesopotamien kannten die Unterwelt, das alte Ägypten und Syrien, ebenso die Römer, Kelten und Mayas, auch im Hinduismus und Buddhismus existiert eine Unterwelt. Im deutschen Volksmärchen steht Gevatter Hein für Tod und Unterwelt.

Während sich die Unterwelt im mythologischen Sinne auf eine uralte Vergangenheit berufen kann, ist der Begriff der *Halbwelt* jung. Erst 1855 kam diese Bezeichnung in Umlauf. Erfunden hat sie der französische Schriftsteller Alexandre Dumas d. J., dessen berühmtestes Werk „Die Kameliendame“ ist. „Halbwelt“ ist die deutsche Übersetzung von „Le Demi-Monde“, einem Lustspiel Dumas’, der darunter Menschen verstand, die wegen eines gravierenden Fehlers aus ihrer Gesellschaftsklasse ausgeschlossen worden sind.

Ursprünglich nur auf das Paris im 19. Jahrhundert bezogen, ist es am ehesten mit dem Treiben im Moulin Rouge, dem Cancan und dem Leben eines Henri de Toulouse-Lautrec vorstellbar.

Natürlich existiert die Halbwelt in der Gegenwart. Zu ihr gehören Grenzgänger, die sich im Dunstkreis der Unterwelt bewegen, nicht offiziell dazugehören und dennoch in diesen Kreisen anerkannt sind, von denen nur Eingeweihte wissen, womit sie tatsächlich ihre Brötchen verdienen, gleichsam öfter mit einem Bein im Kriminal stehen.

Der Letzte der erwähnten Begriffe, das *Milieu*, hat seinen Ursprung ebenfalls im Französischen: „mi" für Mitte und „lieu" für Ort, aber auch Umgebung, Umfeld. In der Sprache der Soziologen bestimmten das Milieu alle natürlichen, wirtschaftlichen, sozialen und kulturellen Umstände beziehungsweise Begebenheiten, in denen sich ein Mensch, eine Schicht oder eine soziale Gruppe aufhält. Das Milieu ist entweder privilegierend oder diskriminierend mit eigenen Kodizes, Gesetzen, Sprachen (Gaunersprache, Rotwelsch), Statussymbolen und äußeren Erscheinungsmerkmalen, die besonders in der kriminellen Welt von Bedeutung sind.

Neben unzähligen Kriminal- und Mafiafilmen zeichnet wohl „Blue Velvet", 1986 unter der Regie von David Lynch entstanden, diese Parallelwelt mit Dennis Hopper als Frank Booth am deutlichsten.

Heute sind Unterwelt, Halbwelt, Milieu längst vermischt und stehen alle drei für Kriminalität und Verbrechen, wobei die Grenzen zwischen Legalität und Illegalität zusehends verschwimmen, besonders im gehobenen Bereich der OK (Organisierten Kriminalität).

Die Unterwelt besitzt eine lange Geschichte, eine gewachsene Historie, die sich an den politischen Entwicklungen und gesellschaftlichen Strömungen orientiert und sich anpasst. Dementsprechend ist die Unterwelt darauf erpicht, für sich unter Umgehung der staatlichen Ordnung und Gesetze größtmöglichen Nutzen sowie Profite herauszuholen.

---

1 Valentin N. J. Landmann, Der Reiz des Verbrechens und der Halbwelt. Zürich 2007, S. 82

2 Österreichische, im Besonderen Wiener Gaunersprache: Kriminalbeamter, auch Polizist

3 Thomas Müller, Bestie Mensch. Tarnung, Lüge, Strategie. Salzburg 2004, S. 13

4 vgl. Norbert Borrmann, Das Große Lexikon des Verbrechens. Täter, Motive und Hintergründe. Berlin 2005, S. 775

5 John Gabree, Der klassische Gangsterfilm. München 1975, S. 12

6 Gaunersprache für stehlen

7 Gaunersprache für unbescholten; ein „Frankist“ ist daher ein unbescholtener Bürger.

8 Gaunersprache für Kooperation mit der Polizei

9 Wiener Gaunersprache für Polizei

10 Justizanstalt Stein in Krems-Stein, Niederösterreich

11 Gaunersprache für Vorstrafenregister

12 Georg Potyka, Vielbeschimpftes Österreich. Die Intellektuellen und ihre Probleme – ein Lösungsvorschlag. Wien 2002, S. 197

Die österreichische Unterwelt und ihre Anfänge

Das Justizwesen im Mittelalter blieb dem alttestamentarischen Grundsatz „Auge um Auge, Zahn um Zahn“ treu. Verbrechen gegen „Leib und Leben“ wurden durch „peinliche“ Strafen, also Körperstrafen, geahndet. Wer es sich leisten konnte, regelte Gesetzesverstöße durch genau festgelegte Zahlungen und ersparte sich Verurteilungen. Natürlich war das nur der Oberschicht möglich, damit traf die volle Härte des Gesetzes die Armen und es entstand eine Rechtsungleichheit.

Wer im mittelalterlichen Wien etwas auf dem Kerbholz hatte und erwischt wurde, fand sich in der „Schranne“, dem Gerichtsgebäude auf dem Hohen Markt im heutigen ersten Wiener Gemeindebezirk, wieder.

Auch Hinrichtungen fanden hier statt, vorwiegend Enthauptungen, die man nach damaligem Rechts- und Urteilsverständnis als Gnade empfang, weil es schnell vonstatten ging und zumeist Personen „von Stand“ in diesen zweifelhaften Genuss kamen.[1] Auch Verbrechen wie Kindesmord, Blutschande und Totschlag wurden auf diese Art geahndet. Wie schnell es tatsächlich ablief, hing davon ab, ob der „Freimann“, der Henker, sein grausiges Handwerk auch tatsächlich beherrschte.

Das „Stäupen“, das Auspeitschen bei kleineren Delikten, gehörte ebenfalls zum grausamen Henkershandwerk. Diebstahl und das unerlaubte Waffentragen kostete die rechte Hand. Meineid, der die Bestätigung von sieben Zeugen erforderte, bedeutete den Verlust der Zunge.

Wer aus der Stadt verwiesen worden war und trotzdem wiederkehrte, wurde entweder auf der Stirn oder der Schulter gebrandmarkt. Die Stigmatisierung blühte ebenso ertappten Prostituierten. Ketzer, Häretiker, Brandstifter und Personen, die der Zauberei und Hexerei beschuldigt wurden, landeten auf dem Scheiterhaufen. Der grässliche Feuertod konnte gnädiger ausfallen, sofern der Verurteilte vor dem Verbrennen erdrosselt worden war oder man ihm Säckchen mit Schießpulver um den Körper band.[2]

Mussten Frauen hingerichtet werden, sollte es unblutig verlaufen. Daher wurden sie in Säcke gesteckt und beim Tabor (heute 2. Bezirk) in der Donau ertränkt, vor allem ledige Mütter, die ihre Kinder töteten, ausgewiesene Huren, die dennoch zurückkehrten, aber auch geflüchtete Nonnen, die das Klosterleben nicht länger ertrugen.

Rund um den Wiener Stephansdom, wo wir heute gedankenlos über das Pflaster gehen, Touristengruppen den Fremdenführern zuhören und Fiaker auf Kundschaft warten, befand sich im Mittelalter einer der größten Friedhöfe der Stadt, der „Stephansfreithof". Ein sogenannter Freigrund, der nicht der städtischen beziehungsweise irdischen Justiz unterstand, sondern dem Klerus. Das wusste man und daher war er für lichtscheues Gesindel ein beliebter Treffpunkt und Aufenthaltsort, wo Trinkgelage abgehalten und Glücksspiele veranstaltet wurden.

Trotz Gesetzen, Verordnungen, gnadenloser Rechtsprechung und härtester Strafen, die zwar in den Städten ihre Wirkung nicht verfehlten, war es eine, besonders auf dem Land, gesetzlose Zeit. Wien war weit und überallhin reichte auch der lange Arm des Kaisers nicht sofort. Raubüberfälle, Raubzüge und Diebstähle versprachen meist lohnende Beute. Ein Menschenleben war nicht viel wert. Opfer waren reisende Kaufleute und Bürger. Gauner und Strauchdiebe lauerten überall. Handelsrouten und Brücken waren lohnende Ziele, Durchreisende abzufangen und sie auszurauben.

Scharen von Bettlern, Landstreichern, Vagabunden, völlig allein auf sich gestellte Waisenkinder, Dirnen, Kriegsinvalide,

Kranke und Diebe trieben sich herum, verschandelten in den Augen des Bürgertums und des Adels die Stadtbilder. Daher versuchte man mit allen Mitteln diese Flut einzudämmen. Illegales Betteln wurde mit drakonischen Strafen wie an den Pranger stellen, Auspeitschen und mit Brandmarken geahndet, fremde Bettler mussten die Stadt verlassen. Dennoch konnte der Bettlerplage nicht Einhalt geboten werden.

1624 lautete eine Anordnung der niederösterreichischen Regierung, Bettler haben sich an einem bestimmten Ort vor der Stadt einzufinden, werden ärztlich untersucht. Dann wurde entschieden, wer betteln darf und wen man auswies. Wer es dennoch wagte, illegal zurückzukehren, musste, sollte er erwischt werden, mit schweren Strafen rechnen.

Die unsicheren Zeiten, die durch Krieg, Seuchen, Naturkatastrophen, von permanenter politischer Unsicherheit, zwei Türkenbelagerungen und dem Dreißigjährigen Krieg geprägt waren, hatten fatale Auswirkungen. Die Schere zwischen Reich und Arm klaffte zu weit auseinander.

Daher ist es nur logisch, dass sich aufgrund der krassen Gegensätze schon aus reinen Überlebensgründen eine Unterwelt formieren musste.

Die Städte und besonders Wien waren ein gefährliches Pflaster, da es von Dieben und Einbrechern nur so wimmelte. Die Leute versuchten ihren Besitz mit „starken Gattern", also schweren Fenstergittern, vor unliebsamem Besuch zu schützen, wie zeitgenössische Reisende berichteten.[3]

Gauner hatten in der Kaiserstadt Wien leichtes Spiel. Nächtens gab es noch keine Straßenbeleuchtung, erst 1687 wurden die ersten Talg- und Unschlittlampen aufgestellt. Tagsüber war immer etwas los, es herrschte Gedränge auf den Märkten, Festlichkeiten und anderer Rummel. Besonders in Wien boten die zahlreichen Durchhäuser hervorragende Fluchtmöglichkeiten. Der wortgewaltige und scharfzüngige Prediger Abraham a Santa Clara drückte die Zustände auf seine Weise aus: „Wenn jeder

Dieb ein Glöckel am Hals tragen müsste, entstünde ein Geklepper, dass man sein eigenes Wort kaum hören könnte. Und wollte man alle Diebe steinigen, man müsste in Wien das ganze Pflaster aufheben."[4]

Die beleuchtete Wiener Innenstadt in den Abend- und Nachtstunden im 18. Jahrhundert war allerdings kein Garant für Sicherheit. Dafür hatten, neben anderen Ordnungskräften, die „Stadtguardisten" zu sorgen, deren Ruf jedoch nicht der beste war. So hieß es über sie: „... schlecht und übel ausgebildete Leute, Fleischer, Schuhflicker, Scherenschleifer, Kesselflicker ...".[5] Bei einem durchschnittlichen Jahresgehalt von maximal sechs Gulden war auch damals keine Elite zu bekommen.

Aufgrund der lausigen Entlohnung erhielten die Stadtguardisten einige Sonderrechte, um ihren kärglichen Sold aufzubessern, wie die Erlaubnis, Wein auszuschenken. Rasch entstanden auf den Basteien die sogenannten „Batznhäusln", kleine, sehr beliebte, jedoch illegale Wirtshäuser, in denen auch der Prostitution nachgegangen wurde. Eine weitere Einnahmequelle war der rege Handel, den die Stadtguardisten betrieben, indem sie in den Vorstädten billig Waren einkauften und zu erhöhtem Preis in der Stadt wieder verhökerten.

Mit zunehmendem Fortschritt und neuen Entwicklungen in politischer, wirtschaftlicher und kultureller Hinsicht stiegen proportional auch die Bedürfnisse der Menschen. Demzufolge ergaben sich zwangsläufig auch neue Möglichkeiten für Verbrechen. Das gesellschaftliche Leben war vielfältig, es reichte von höfischen Prunkfesten bis zu derben Unterhaltungen für das einfache Volk. Die Verwaltungsapparate wuchsen, Informationsflüsse erreichten schneller ihre Ziele.

Das 19. Jahrhundert war geprägt von einschneidenden historischen Veränderungen, von denen selbstverständlich auch die Kaiserstadt Wien nicht ausgenommen war: Industrialisierung, damit verbundene Auswirkungen und Einflüsse, verschmolzen mit Stadt- und Bevölkerungswachstum. Um 1800 lebten in Wien und den Vorstädten rund 240.000 Menschen, 100 Jahre später waren es bereits 1,6 Millionen.

Während Wien sich langsam wieder von den Franzosenkriegen erholte, begann 1814 der Wiener Kongress, der Versuch einer Neuordnung Europas nach Napoleon. Federführend und großer Strippenzieher bei diesem Kongress war Außenminister und Staatskanzler Graf Metternich.

Wildwest im Waldviertel

Hallet, Schönauer, Eigner, Frey, Kohl, der große Hansjörg oder Niklo – alles Alias-Namen des Johann Georg Grasl. Seine Kindheit und Jugend waren nicht gerade rosig verlaufen, da er mit seiner Geburt bereits als Sohn eines Schinders stigmatisiert war, ohne Chance zum Aufstieg. Grasls Familie stammte aus Neuserowitz im heutigen Tschechien. Schinder war die alte Bezeichnung für den Abdecker, also jemanden, der sich um Tierkörperverwertung kümmerte. In der Gesellschaft galten Abdecker wie die Henker als Personen, an denen man nicht anstreifen durfte. Interessant und erwähnenswert ist, dass auch Deutschlands berühmtester Räuber, der „Schinderhannes“, aus dem gleichen Milieu stammte.[6]

Später ist Grasl völlig zu Unrecht zu einem österreichischen Robin Hood heroisiert worden. Heute noch wird der in Wahrheit äußerst brutale und skrupellose Verbrecher im Waldviertel touristisch vermarktet.

Grasl war keineswegs der arme Bub, der aus purer Verzweiflung über die bittere Armut auf die schiefe Bahn rutschte. Schon seine Großväter waren Diebe und Bettler. Grasls Mutter Regina musste 1790 freigelassen werden, da ihr Fischdiebstahl und Landstreicherei nicht nachgewiesen werden konnten. Dafür landete Papa Grasl 1792 wegen Einbruchs für zehn Jahre im Kerker, doch 1799 gelang ihm ein Ausbruch, er wechselte seinen Namen, nannte sich fortan Josef Haller, zog als Bilderhändler über die Lande, ohne dabei seine ursprüngliche Profession, den Einbruch, zu vernachlässigen.

Mit Bettelei versuchte die Familie über die Runden zu kommen. Der junge Grasl verübte seine erste nachweisbare Straftat bereits im Alter von neun Jahren, als er in Drosendorf und im südmährischen Frain wegen versuchten Mehldiebstahls erwischt wurde. Zusammen mit seinem Cousin Franz landete er hinter Gittern.

1801 wurden Regina Grasl und ihre Kinder wieder einmal in Mautern verhaftet und in ihre Geburtsorte, wie damals üblich, abgeschoben. Johann Georg Grasl blieb seinem Metier treu. Nun ging er mit Tante und Onkel auf Betteltour. Auch Papa Grasl war nicht untätig. Im gleichen Jahr verübte er eine Einbruchsserie und wurde zum Mörder, als er in Dobersberg den Schinder umbrachte, eine Tat, die man ihm allerdings nie beweisen konnte. Trotzdem konnten die meisten Bandenmitglieder des Grasl senior verhaftet werden, nur der Alte floh. Jetzt war der Boden zu heiß geworden und die Verbrecherfamilie schlug sich nach Veszprém in Ungarn durch, kaufte dort eine Abdeckerei. Lange hielt sie es allerdings dort nicht aus, verkaufte wieder das Geschäft und kehrte zurück. Nach einem größeren Fischzug in einem Kramerladen wurde der alte Grasl schließlich 1806 gefasst und musste auch noch die ausständigen drei Jahre Haft absitzen. Mutter Regina war wieder zum Betteln gezwungen. Dabei traf sie einen weiteren Kriminellen, der ihr erzählte, dass er einen großen Einbruch in Raabs an der Thaya vorhabe. Daraufhin bedrängte die Mutter ihren Sohn Johann Georg, bei dem Coup mitzumachen, der am 17. März 1806 stattfand. Grasls Beuteanteil war sehr dürftig: ein Bettüberzug und zwei Leintücher.

1809 wurde Vater Grasl aus der Haft entlassen und nun begann die eigentliche Karriere des Juniors. Zwischenzeitlich war der junge Grasl kurzfristig beim Militär. Der Kaiser brauchte Soldaten. Schließlich wütete in Europa Napoleon. Allgemeine Wehrpflicht gab es nicht und daher wurde Grasl, nach der damaligen gängigen Rekrutierungsmethode, in einer Dorfschenke von den Werbern Seiner Majestät unter Alkohol gesetzt, damit er seine drei Kreuze unter den Aufnahmewisch kritzelte. Wieder mit klarem Kopf, durchschaute Grasl das üble Spiel, hatte keinerlei Lust, als Kanonenfutter zu enden, desertierte und verdrückte sich in die Waldviertler Wälder, wo er bald eine 60-köpfige Bande um sich sammeln konnte.

Indirekt kam Napoleon dem Räuberhauptmann zu Hilfe, da in den Ortschaften nicht genügend Militär und Polizei zum Schutz der Bevölkerung stationiert waren, weil sie auf den europäischen Schlachtfeldern verbluten mussten. Grasls glorreiche Zeit als gefürchteter Verbrecher fiel in die Jahre von 1812 bis 1815. Sein Sündenregister war beachtlich: Diebstahl, Raub, Betrug, Hehlerei, Überfälle auf Fuhrleute und Reisende. Er schreckte auch nicht vor Folter zurück, um an ein Geldversteck zu gelangen. Ob er auch, wie sein Vater, zum Mörder wurde oder wie viele Menschen er tatsächlich getötet hatte, blieb bis heute ungeklärt. Nachgewiesen sind der Tod der 66-jährigen Anna Maria Schindler in Zwettl, die verstarb, als er aus ihr das Versteck ihres Geldes herauspressen wollte, sowie der Totschlag an Michael Witzmann, der ihn bei einem Einbruch überraschte.[7]

Insgesamt gingen auf Johann Georg Grasls Konto 195 verschiedene Straftaten, die er in 123 niederösterreichischen Ortschaften verübt hatte. Die Grasl-Bande wurde immer dreister und die Bevölkerung geriet in Aufruhr, was auch der Hofburg im fernen Wien nicht verborgen blieb. Kaiser Franz I. erteilte den Befehl, Grasl zu fangen, doch der Verbrecher und seine Kumpane waren gewitzte Leute, die sich im gesamten Waldviertel zahlreiche Verstecke aufgebaut hatten. Sie fanden bei ihren Hehlern oder bei Schindern Unterschlupf, suchten in Höhlen Zuflucht.

Wiens Polizeichef Ritter von Sieber wollte Grasl fassen und dafür war ihm jedes Mittel recht. Das Waldviertel wurde mit Steckbriefen zugepflastert und die horrende Summe von 4000 Gulden als Belohnung ausgesetzt.

In der Geschichte des Verbrechens ist es oft eine Frau gewesen, die einen gesuchten Kriminellen zu Fall brachte. Auch in der Causa Grasl war es nicht anders. Seine Freundin saß im Gefängnis und ein getarnter Geheimpolizist gewann ihr Vertrauen. Diesem Spitzel, David Mayer, gelang es tatsächlich, mit Grasl in Kontakt zu treten, und er konnte ihm den Mund wässrig machen, indem er ihm von einer Fabrik in Lettowitz erzählte, wo man die Lohngelder rauben könnte. Grasl war von dem Vorschlag sehr angetan. Schließlich wusste er, dass sich die Netze im Waldviertel für ihn immer enger zusammenzogen. Im Frühjahr 1806 brach man nach Lettowitz auf. Während einer abendlichen Ruhepause in Mörtersdorf mischte Mayer dem Räuberhauptmann Schlafpulver in ein Getränk. Danach ergriffen ihn Bauern, übergaben ihn einer Militäreskorte und er wurde mit einigen Komplizen nach Wien überführt. Die Kunde seiner Gefangennahme verbreitete sich wie ein Lauffeuer in der Kaiserstadt und Tausende gafften, als er über die Taborbrücke kommend der Gerichtsbarkeit übergeben wurde, wobei man sich vorerst nicht einig war, wer ihm den Prozess machen sollte. Zivilgericht oder Militär? Schließlich gewannen die Militärbehörden, da sie argumentierten, Grasl sei schließlich desertiert und habe sämtliche Straftaten als Deserteur begangen.

Am 31. Jänner 1818 baumelte Johann Georg Grasl am Galgen beim Neutor, dem heutigen Areal der Rossauer Kaserne, zusammen mit ihm Jakob Fähding alias Gams und Ignatz Stangl alias Natzl. Anscheinend hatte der 27-jährige Räuberhauptmann, der so viel Schrecken und Furcht verbreitete, bis zuletzt nicht begriffen, was rund um ihn vorging, da er zu seinen Komplizen gesagt haben soll: „Jö schau, die vielen Leut'".[8]

Biedermeier – so bieder war Meier nicht

Die nachträgliche Verklärung und Glorifizierung dieser Epoche entsprach nicht der Realität. Adel und Bürgertum amüsierten sich, das Proletariat darbte.

Schillernde, halbseidene Figuren trieben sich in der Stadt herum, wie im Falle des Severin von Jaroschinsky, Fürst von Moghilow und mit dem russischen St.-Anna-Orden ausgezeichnet. Seine Durchlaucht gab am 16. Februar 1827 ein feines Dinner in seiner Wohnung im Trattnerhof am Graben, einer wohlfeilen Adresse. Doch das edle Essen mundete dem Hausherrn nicht und auch die Gesellschaft seiner Angebeteten, der Volksschauspielerin Therese Krones, konnte seine üble Laune nicht verdrängen. Plötzlich erschienen Polizisten und führten ihn, zum Entsetzen seiner Gäste, gefesselt ab. Was war geschehen?

Jaroschinsky war drei Tage zuvor zum Raubmörder an dem allseits bekannten und geachteten Abbé Plank geworden. Der ehemalige Schüler besuchte seinen alten Lehrer am Flebanischen Institut in Wien. Man sprach über dieses und jenes, dann ließ sich der Fürst mit vorgegaukeltem Interesse sogenannte Staatsobligationen vom Abbé zeigen. Natürlich war ihm bekannt, dass sein späteres Opfer vermögend war, und er hatte die Tat auch heimtückisch geplant. Als nun Papiere im Wert von 60.000 Gulden vor ihm auf dem Tisch lagen, konnte er nicht länger widerstehen, stach den Abbé nieder und um auf Nummer sicher zu gehen, erschlug er ihn zusätzlich.

Jaroschinsky war sich zu sicher, und das sollte sich schnell rächen. Plank misstraute der Bank, daher hatte er sein Vermögen einem Freund zur Aufbewahrung gegeben und dem erzählte er, er wolle diese Staatsobligationen einem polnischen Fürsten zeigen, der daran interessiert wäre. Was der Abbé allerdings nicht wusste: Jaroschinsky war völlig pleite. Plötzlich warf der Adelige mit Geld um sich, was natürlich auffallen musste. Er kaufte sich eine Kutsche, tilgte seine Schulden. Er dürfte nicht zu sehr mit Intelligenz gesegnet gewesen sein. Ausgerechnet in der Bank, wo man ihn persönlich kannte, wechselte er die Obligationen ein und die Polizei musste bloß nur mehr eins und eins zusammenzählen.

Jaroschinsky war Pole, jedoch nach der Teilung seines Landes 1795 heimatlos geworden. Daher gab er sich als Russe aus. Leider war er ein chronischer Zocker, setzte wegen der Spielkarten seine Ehe in den Sand und spielte sich in den Ruin. Nach der Unterschlagung von staatlichen Geldern flüchtete er nach Wien, gab den Lebemann und hoffte, abends die Verluste am Kartentisch zurückzugewinnen, was natürlich nicht gelang. Dann erinnerte er sich an seinen alten Lehrer.

Severin von Jaroschinsky wurde gehenkt. Auch seine Geliebte Therese Krones kam nicht ungeschoren davon. Das Wiener Theaterpublikum kann und konnte gnadenlos sein. Als die Geliebte des Raubmörders wieder die Bühne betrat, bekam sie mehr als deutlich diesen Unmut zu spüren.

Von Kupplern, Halsabschneidern und anderem zwielichtigen Gesindel

„Von Gewissensqualen gemartert, schreibe ich diesen Brief. Die Gerüchte, welche über den Tod des Knaben im Stadtgraben kursieren, sind leider nur zu sehr begründet ... Sie wissen sicher, welche Verworfene die Löwel- und Mölkerbastei des Abends bevölkern. Ich hatte leider das Angebot eines Unbekannten angenommen. Der Knabe aber fürchtete sich vor mir und lief zu jenem Unbekannten, mit dem er erschienen, zurück ... Ich hörte hinter mir nur noch heftig schimpfen, dann einen Schrei und endlich einen dumpfen Fall ... Suchen Sie mich nicht, denn ich verlasse gleichzeitig die Stadt, um mich in der Welt zu schlagen und das Schreckliche zu vergessen.“[9]

Dieser anonyme Brief flatterte am 18. Jänner 1842 auf einen Schreibtisch in der Wiener Polizeidirektion auf dem Petersplatz und bald war klar, was es damit auf sich hatte. Ein Fall, der für besonderes Aufsehen sorgte, spielte er doch im Homosexuellenmilieu. Schwul zu sein war in diesen bigotten und moralinsauren Zeiten ein ungeheuerliches Verbrechen, das mit schwersten Strafen geahndet wurde. Natürlich blühte diese Neigung im Verborgenen bis hinauf in höchste Kreise, doch darüber breitete man den Mantel des Schweigens und Vergessens.

Am 14. Jänner entdeckte ein Wächter in den späteren Abendstunden einen schwerverletzten, im Sterben liegenden Knaben im Stadtgraben zwischen Mölker- und Löwelbastei, wo heute das berühmte Café Landtmann zu finden ist. Der Bub verschied bald nach seiner Einlieferung in das Allgemeine Krankenhaus. Die Mutter sagte vor der Polizei aus, dass ihr Bruder, Karl Feid, das Kind zu einem Spaziergang abgeholt hätte und dass der Mantel ihres Sohnes fehle.

Bald war der Polizei der Sachverhalt klar. Der eigene Onkel wollte seinen achtjährigen Neffen im Schwulenmilieu auf der Mölkerbastei verkuppeln. Zuerst dachte man noch an einen Unglücksfall. Der Junge wollte nicht, rannte in Panik davon und stürzte in den Graben. Karl Feid konnte rasch ausgeforscht werden. Schnell stellte sich heraus, dass es Mord war. Der Neffe drohte, alles seinem Vater zu erzählen. Daraufhin warf ihn sein Onkel über die Mauer. Den Mantel des Jungen, den ihm Feid vorher heruntergerissen hatte, versetzte er bei einem Pfandleiher. Das bisschen Geld dafür versoff und verspielte er. Am 15. September 1842 wurde Karl Feid durch den Würgegalgen hingerichtet.

Ein kriminelles Genie

Bekanntlich müssen Verbrechen nicht mit Mord oder Totschlag enden. Mancher besinnt sich seines besonderen Talents und scheitert schließlich daran, wie im Fall des Peter Ritter von Bohr im Jahre 1845.

Im August tauchten in der Österreichischen Nationalbank mehr und mehr gefälschte 50- und 100-Gulden-Scheine auf. Polizeikommissär Rudolf Edler von Felsenthal wurde mit dem Fall beauftragt. Er versuchte die Herkunft der falschen Banknoten zu rekonstruieren, was einer Sisyphusarbeit gleichkam, da die Scheine, bevor sie in den Tresoren der Nationalbank landeten, durch eine Unzahl Hände gelaufen waren. Doch Felsenthal kam Kommissar Zufall zu Hilfe und ein Juwelier erinnerte sich an einen älteren Herrn, der bei ihm eine goldene Uhrkette und einen Ring gekauft, die Schmuckstücke mit einem dieser getürkten Hunderter bezahlt hatte. Ein weiterer Glückstreffer für den Polizeibeamten, der Juwelier konnte sich an den Namen des Käufers erinnern: Peter Ritter von Bohr. Den Polizeikommissär traf beinahe der Schlag, galt doch Bohr als geachteter, bekannter und angesehener Bürger in Wien, obwohl seine Biografie geheimnisumwittert war. Bohr stammte entweder aus Flandern oder Luxemburg. Während der Französischen Revolution diente er als Artillerieleutnant bei den Franzosen. Vor seinem Militärdienst hatte er angeblich in Paris Malerei studiert. Die Liebe zur Kunst wurde letztlich sein Verhängnis.

Nach Schwierigkeiten im französischen Heer beschloss Bohr zu desertieren, wurde zum Überläufer bei den Österreichern und schlug sich nach Linz durch, da er hier den alten Feldzeugmeister Baron Beaulieu kannte, auf dessen Fürsprache hoffte und sich mit Miniaturmalerei über Wasser hielt. Bohr entschloss sich für die Bürgerlichkeit und heiratete 1787 Klara Bastian, der er ein Putzwarengeschäft einrichtete. In nur zwölf Jahren schaffte er es, zum reichsten Linzer aufzusteigen, was natürlich die Gerüchteküche nährte. Angeblich hortete er in einem Zimmer, das nur er betreten durfte, Koffer voller Banknoten. Auf Fragen nach dem Reichtum erzählte er nur vage etwas von Geschäften mit den Franzosen, die 1805 und 1809 Linz besetzt hatten.

Während des Wiener Kongresses wurde ihm Linz zu klein, er verkaufte alles und zog nach Wien, wo er sich bald zum Immobilienbesitzer mauserte: zuerst ein Häuschen in Erlaa um 6000, ein weiteres in Mauer um 20.000 und schließlich das Schloss Kottingbrunn um 127.000 Gulden. Bohr unterhielt einen pompösen Lebensstil, der nicht mit legaler Malerei von Miniaturen und Porträts zu finanzieren war. Er verschanzte sich hinter „Eskompte- und Obligationsverrechnungsgeschäften", wenn er wieder einmal auf seinen Reichtum angesprochen wurde.

Nach dem Tode seiner ersten Frau heiratete Bohr 1821 Komtesse Mathilde von Christallnigg aus Kärntner Adel, lebte einige Zeit in Klagenfurt und erwarb von der Familie Orsini-Rosenberg verschiedene Besitzungen um 200.000 Gulden. Später kehrte er wieder nach Wien zurück, gab dem Grafen von Wallis seine älteste Tochter zur Frau und war somit in die höchsten Kreise der Wiener Gesellschaft aufgestiegen.

Wie viele andere nützte auch der umtriebige Bohr den wirtschaftlichen Aufschwung der Residenzstadt und investierte auf Biegen und Brechen in Unternehmungen, erlitt auch Schiffbruch. Doch seine Investitionen rentierten sich in zwei Unternehmungen: in der „Ersten Österreichischen Sparkasse" und in der „Donaudampfschifffahrtsgesellschaft".

1839 schlitterte das Bankhaus Rosenberg in den Bankrott und somit auch Bohr, der dort sein gesamtes Vermögen gebunkert hatte. Dieser Verlust hinderte ihn jedoch nicht daran, seinen bisherigen Lebensstil zu ändern, er verkaufte seine Besitztümer und behielt bloß eine Wiener Wohnung und eine Villa in Meidling im heutigen 12. Bezirk, in der Tivoligasse 70.

Am 8. Oktober 1845 schlug für den inzwischen 72-jährigen Peter Ritter von Bohr die Schicksalsstunde. Polizeikommissär Rudolf Edler von Felsenthal besuchte ihn in seiner Villa und sah genau jene goldene Uhrkette, die ihm der Juwelier beschrieben hatte, die Bohr, zusammen mit einem Ring, mit einem falschen 100-Gulden-Schein bezahlt hatte. Personenbefragungen und Hausdurchsuchungen brachten den erwünschten Erfolg. Bohr leugnete anfänglich und schließlich bequemte er sich doch zu einem Geständnis, gab aber nur zu, 20.000 Gulden gefälscht zu haben. Doch Felsenthal glaubte ihm nicht, bezeichnete ihn als den „größten Fälscher, der je existiert hatte“ und schätzte die Summe auf etwa eine Million Gulden.[10]

Am 21. Oktober 1845 wurden er und seine Frau Mathilde in das Kriminalgericht eingeliefert und später in einem Geheimprozess wegen „des Verbrechens der Nachahmung als Münze geltender öffentlicher Kreditpapiere“ zum Tode durch den Strang, Verlust des Adelstitels und sämtlicher damit verbundener Rechte verurteilt. Erstmalig in der Rechtsprechung forderte das Gericht auch eine Schadenersatzforderung in der Höhe von 3687 Gulden.[11]

Glück im Unglück, Bohr wurde begnadigt und kam mit einer achtjährigen Haftstrafe mehr als glimpflich davon, seine Frau noch besser mit nur zwei Jahren Haft. Aber Bohr sollte die Freiheit nicht mehr genießen können, er starb am 15. Oktober im Gefängnis. Nach der Haftentlassung seiner Witwe ließ der Kaiser nochmals Gnade walten und auch die Nationalbank verzichtete auf Schadenersatz, sodass sie in den Genuss der Witwenpension kam.

Doch Bohr sollte noch einmal, Jahrzehnte später, für vorübergehende Schlagzeilen sorgen. 1906 wurde die Villa in Meidling, das „Banknotenhäusel“, wo die Fälscherwerkstatt eingerichtet war, abgerissen. Im Zuge der Abbrucharbeiten fanden Arbeiter im Garten unter einem Busch ein Skelett. Das Geheimnis um einen möglichen Mitwisser, der zu gefährlich wurde, hat Bohr in sein Grab mitgenommen ...

Der Brandgeruch der Revolution

In einer Zeit des allgegenwärtigen und grassierenden Aberglaubens werden wohl viele Menschen die totale Sonnenfinsternis am 8. Juli 1842 über Wien als böses Omen gedeutet haben. Sechs

Jahre später brach tatsächlich schweres Unheil über die Stadt herein – der Vormärz und die Revolution von 1848.

Unzufrieden mit den Zuständen und ihren Lebensumständen waren nicht nur die unteren Schichten, das Proletariat, in den Vorstädten, sondern auch das Bürgertum: wegen des unfähigen, verknöcherten und langsamen Bürokratismus, der Zensur, des Steuersystems und der Privilegien des Adels. Für eine florierende und aufstrebende Wirtschaft war das Bürgertum von außerordentlicher Wichtigkeit, bei politischen Entscheidungen blieb es jedoch ungehört und ausgeschlossen. Selbst im Adel gab es Kreise, die zusehends die absolutistischen Entscheidungen der Hofkamarilla nicht länger gutheißen wollten. Das rechtlose Proletariat in den Vororten und Vorstädten blieb gänzlich auf der Strecke.

Seit 1853 erschien regelmäßig das „Central-Polizei-Blatt", herausgegeben von der „kaiserl. königl. Obersten Polizei-Behörde", in dem die laufenden „Ausforschungen und Verhaftungen" veröffentlicht wurden.

Am 23. Februar 1856 kannte man in den Wirtshäusern, Gaststuben und Kaffeehäusern nur ein Thema, die Schlagzeilen des „Wiener Courier" oder der „Extra-Beilage der Wiener Vorstadt-Zeitung" berichteten in Riesenlettern über einen vierfachen Mord in einer übel beleumdeten Gegend, geschehen am Spittelberg ‚dem „Venushügel" von Wien. In der Johannesgasse (heute Gutenberggasse 16) tötete der Greißler Josef Werner seine drei Kinder, bevor er selbst den Freitod wählte. Er wollte sie in ein „besseres Leben" mitnehmen und ihnen ersparen, dass sie „in der Welt herumgestoßen werden", schrieb er in seinem Abschiedsbrief.

Das Satireblatt „Kikeriki" kritisierte in seiner Ausgabe vom 11. Mai 1865 unter dem Titel „So schaut jetzt in Wien die Gemütlichkeit aus" die Zustände in der Stadt: „Raubmord, Entleibung, Crida [Betrug], kein Geld, aufgefundene Leichname, schnelles Fahren, täglich zwei Dutzend Gerichts-Verhandlungen, schlechte Geschäfte, überhandnehmendes Bettelunwesen und ähnlicher Graus". Obwohl mit 11. Jänner 1858 die Geburtsstunde des künftigen Wiener Sicherheitsbüros geschlagen hatte, konnte anscheinend der Kriminalität nichts Entscheidendes entgegengesetzt werden. Ursprünglich als „Central Bureau" der Wiener Polizeibehörde, dem Vorläufer der Sicherheitsdirektion, ins Leben gerufen, war der erste Sitz am Petersplatz 7, wo auch von 1823 bis 1874 die Polizeioberdirektion, die spätere K. K. Polizeidirektion Wien, untergebracht war.

In Laufe der Jahrzehnte erwarb sich das legendäre Wiener Sicherheitsbüro Ruf und Rang von Weltgeltung. Generationen von „Strizzis", „Pülchern", „Gaunern", Schwerverbrechern und Unterweltgrößen gaben sich die Türklinke in die Hände. Das 150-jährige Jubiläum war dem Sicherheitsbüro nicht mehr gegönnt. Dank des nicht sehr erfolgreichen Kurzzeit-Innenministers Erwin Strasser und im Zuge seiner umstrittenen Polizeireform wurde diese Institution Ende Oktober 2002 aufgelöst.

Als gäbe es kein Morgen – Gründerzeit und die tickende Bombe

Plötzlich, im aufblühenden Wohlstand der Gründerzeit, versetzte 1869 eine fürchterliche Wirtschaftskrise die Monarchie in die Agonie. Banken brachen zusammen, Fabrikanten und Unternehmer schlitterten in den Konkurs, Kleingewerbetreibende gingen über Nacht pleite, Opfer von tausenden gierigen und gewissenlosen Spekulanten, die Familien von einem Tag auf den anderen zu Bettlern machten. Pure Verzweiflung und nackte Existenzängste machten sich allerorten breit.

In der Monarchie löste diese Krise weiteres ungeheures Elend und Armut aus. Dementsprechend fanden diese Missstände in einer explosionsartigen Kriminalitätssteigerung ihren Niederschlag. In weniger als einem Jahr, vom 1. März 1872 bis 1. Dezember 1873, ereigneten sich in Wien 22 Raubüberfälle, neun Morde, 24 schwere Körperverletzungen, drei Entführungen, 1426 größere Diebstähle, 596 Veruntreuungen, 772 Betrügereien und 270 Einbrüche.

Das „Alhambra", ein Café in der Leopoldstadt, der „Blecherne", ein Wirtshaus am Salzgries, und der „Mirakelkeller" in der Rotenturmstraße, beide im ersten Bezirk, waren die Zentren der Wiener Unterwelt. Die Bezeichnung des letztgenannten Kellerlokals stammte von den illustren Gästen, die tagsüber als Krüppel getarnt die Mitleidsmasche in den Straßen abzogen. Abends, kaum im „Mirakelkeller", flogen Krücken und Prothesen in die Ecke und man brachte die Tageseinnahmen unters Volk.

Eine Einbrecherpartie in dieser Zeit bestand meist aus drei Mann: Der „Kopf" wählte den passenden Tatort aus, erkundete auch die Möglichkeiten lohnender Beute wie Tresore und deren Fabrikate; der „Spezialist" war zuständig für die Schlösser und musste den „Bären reißen", den Tresor öffnen; der Aufpasser stand Schmiere.

Nach dem „Bruch" oder der „Hacken", dem geglückten Einbruch, wurde der „Murrer", die Beute, zu gleichen Teilen aufgeteilt. Dafür zogen sich alle drei bis auf die Unterwäsche aus, ein Zeichen, dass ehrlich eingebrochen worden war und sich keiner ein Collier oder Geldbündel abgezweigt hatte. Kam es doch zu Streitigkeiten, saßen die Messer locker und ein Bauchstich war schnell verpasst. Natürlich ohne Zeugen, und sollte dennoch einer geschnappt werden, blieb er stumm wie ein Fisch.

Langsam erholte sich die Wirtschaft, die Konjunktur kam wieder in Schwung. Das nächste Großereignis stand ins Haus und die Polizei wurde erstmalig mit einem neuen Verbrechenszweig, der Wirtschaftskriminalität im großen Stil, konfrontiert.

Die Augen der Welt waren auf Wien gerichtet, die Weltausstellung 1873 stand an. Anlass für legale wie illegale Geschäfte in großen Dimensionen, und Glücksritter wurden von Wien magnetisch angezogen. Datenschutz war selbstverständlich völlig unbekannt. Darum erschienen in verschiedenen Wiener Zeitungen eigens gestaltete „Korruptions-Alben" wie im „Illustrierten Wiener Extrablatt" vom 1. Juni und 16. Juli 1872, wo vor windigen Geschäftemachern gewarnt wurde, wie zum Beispiel vor Franz Debiassy, einem „Wiener Früchtl", und Nikolaus Zampis, dem „falschen Esterhazy".

Für das Begehen eines Wirtschaftsverbrechens benötigt man neben der Skrupel- und Rücksichtslosigkeit eine gewaltige Portion an Intelligenz. Mitunter kommt der Schuldige, obwohl es alle besser wissen, ungeschoren davon, wie der Fall Ofenheim aus 1875 beweist.

Viktor Ofenheim, Direktor der Lemberg-Czernowitzer Eisenbahngesellschaft, hatte sein Geschäft von der Pike auf gelernt, sich von unten nach oben durchgeboxt. Als er sein Ziel erreicht hatte, wusste er, wie er diese Position halten musste. Zehn Jahre gelang es ihm geschickt, den Aufsichtsrat zu täuschen. Er schlug für sich und seine Komplizen immer höhere Summen heraus, die offiziell als Investitionen für die Eisenbahn gedacht waren, jedoch in den Taschen Ofenheims und seiner Leute verschwanden. Beispielsweise wurden für die Strecke Lemberg–Czernowitz hochwertige Eisenbahnschwellen geordert, in Wirklichkeit jedoch minderwertige angeschafft und die Differenzbeträge riss sich Ofenheim unter den Nagel. Nach Inbetriebnahme der Bahn ereigneten sich deshalb kontinuierlich Unfälle, Entgleisungen und Betriebsstörungen, mehrmals kam es zur Einstellung des Bahnbetriebes. Ofenheim dachte nicht im Traum daran, Verbesserungsmaßnahmen durchführen zu lassen, doch der Krug geht so lange zum Brunnen, bis er bricht. Trotz staatlicher Unterstützung rutschte die Gesellschaft in die roten Zahlen. Im Dezember 1873 wurden der Betrüger Ofenheim, der technische Direktor und der Administrativchef verhaftet. Der Prozess zog sich in die Länge und schließlich lautete das Geschworenenurteil Freispruch. Der Handelsminister, auf dessen Initiative der Stein ins Rollen gekommen war, verzog sich sicherheitshalber in den Urlaub. Die Öffentlichkeit wusste, es traf keinen Unschuldigen, doch Ofenheims Intelligenz im Verbund mit einem brillanten Starverteidiger ließ Richter und Staatsanwalt alt aussehen.

Warum beschloss der Handelsminister, überraschend zu verreisen? Wahrscheinlich war er in diese Machenschaften eingeweiht. Daher erschien es ihm vorteilhafter, sich selbst aus der Schusslinie zu ziehen und abzuwarten, bis Gras über die Sache gewachsen war.

Gewaltverbrechen, besonders in den Vorstädten und Vororten, hielten die Polizei auf Trab.

Wenn es sich um Verbrechen handelte, ging in den Wirts- und Kaffeehäusern selten der Gesprächsstoff aus, wenn auch das ursprüngliche Ereignis in den Hintergrund gedrängt wurde, wie am mysteriösen Doppelmord an einem Wirtsleuteehepaar in ihrem Gasthaus „Zum König Sobieski“ an der Türkenschanze am 13. April 1875 nachzuvollziehen ist.

Ein Fall, der ungeklärt blieb, jedoch deutlich die Sensationshascherei der Bevölkerung vor Augen führt und in Verbindung mit Aberglauben die seltsamsten Blüten zu treiben imstande ist.

Angeblich waren die Mörder zwei herumziehende Burschen gewesen, doch konnten sie nie gefasst werden. Auch das Dienstmädchen des Ehepaares spielte eine äußerst undurchsichtige Rolle, ebenfalls ohne jemals etwas beweisen zu können. Daher blieb der Fall ungeklärt. Nicht nur aus Sensationsgier pilgerten Scharen von Schaulustigen zum entlegenen Gasthaus, interessanter war der Ort des Schreckens wegen einer Zahlenkombination, die im Aberglauben der einfachen Leute eine große Rolle spielte. Sie waren der Meinung, dass gewisse Zahlen in Verbindung mit dem Tod Glück bringen. So verfügte das Haus über zwei Rauchfänge, drei Fenster und zwei Türen, im Garten standen sieben Obstbäume. 2-3-2-7 – wir wissen nicht, ob danach jemand mit diesen Zahlen das große Los in der Lotterie gezogen hatte.

Die „gute, alte“ und sehr gefährliche Zeit

Mehr Schein als Sein, ein klingender Name, aus gutbürgerlichen Verhältnissen stammend und dennoch ein Strizzi. Ständig in Geldnöten und trotzdem nicht bereit, das luxuriöse Leben aufzugeben. Wer aus beruflichen Gründen Geld zu transportieren hatte, lebte zu allen Zeiten gefährlich.

Am 18. Oktober 1876 erwischte es den Geldbriefträger Johann Guga, der nach Dienstschluss weder in sein Amt zurückgekehrt noch in seiner Wohnung anzutreffen war. An seinem Todestag hatte er auch Post für den Seidenhändler Alfonso Mendoza aus Neapel, der im Aziendahof am Graben Nr. 31, eine der feinsten Wiener Hoteladressen, logierte. Im Zimmer lag Gugas Leiche. Sein Mörder ging auf Nummer sicher: Schuss in den Hinterkopf, stranguliert mit einem Strick und die Kehle mit einem Messer durchgetrennt. Am Tatort fanden sich ein grüner Hut eines Klagenfurter Hutmachers und ein Taschentuch mit dem eingestickten Monogramm E. F. Trotz der dürftigen Ausbeute gelang durch Zeugenaussagen eine Personenbeschreibung, Steckbriefe konnten publiziert werden. Polizeirat Breitenfeld, eine Kriminalistenlegende der damaligen Zeit, kam mit seinen Ermittlungen rasch voran. Eine Zeugin meldete sich und erzählte, Mendoza von Klagenfurt zu kennen, allerdings als Enrico von Francesconi. Auch ein Dienstmann erinnerte sich, das Gepäck eines Mannes, auf den die Beschreibung passte, vom Aziendahof zum Südbahnhof gebracht zu haben. Es war nur mehr eine Frage der Zeit, bis man Mendoza alias Francesconi stellen konnte. Man nahm an, dass er sich in sein Heimatland absetzen wollte und überwachte daher die nach Süden fahrenden Züge. Diese Theorie erwies sich rasch als richtig und in Sterzing klickten die Handschellen.

Der Offizierssohn aus Parma wuchs in einem ordentlichen Elternhaus auf, machte später eine hohe Erbschaft, die er rasch mit Börsenspekulationen durchgebracht hatte. Völlig verarmt versuchte er in Klagenfurt als Korrespondent und Sprachlehrer Fuß zu fassen, zeugte mit einer 17-Jährigen ein Kind. In Wien probierte er am großen Kuchen der Spekulanten mitzunaschen, was gründlich schiefging. Am 17. Dezember 1876 wurde er im Spitalshof, dem späteren Galgenhof, im landesgerichtlichen Gefangenenhaus wegen „meuchlerischen Raubmordes" durch Scharfrichter Willenbacher am Würgegalgen hingerichtet. Dennoch brachten große Teile der Bevölkerung, vorwiegend Frauen, dem Täter Sympathie entgegen, weil der junge Mann ein Beau war.

Eine typisch verkrachte Existenz, ein Krimineller, der möglicherweise noch mehr verbrochen hätte, wenn er nicht rechtzeitig erwischt worden wäre.

Die scheinbar zur Schau getragene Weltoffenheit jener Zeit war nur Farce, der Klerus diktierte im Verborgenen noch immer, was man unter Sitte, Moral und Anstand zu verstehen hatte. Besonders gegenüber Frauen war ein Urteil schnell gefällt. Emanzipation war, wenn überhaupt, eher unauffällig und in ersten zaghaften Ansätzen vorhanden. Handelte es sich um eine Frau, war der Stab sehr rasch gebrochen. Wurde „nur" über eine Prostituierte gerichtet, war der Prozessausgang meist längst im Vorfeld klar.

Am 3. April 1878 entdeckte in der Absteige „Zum wilden Mann" in der Kärntner Straße 17 die „Koberin" (Vermieterin) Rosa Spanberg mit ihrer Bedienerin Johanna Gudowicz die Leiche der „Hübschlerin" (Prostituierten) Katharina Balogh. Die Frau war erwürgt worden, von ihrem kargen Besitz schien nichts zu fehlen. In Freierskreisen nannte man sie die „blonde Kathi", während Katharina Steiner als „schwarze Kathi" bekannt und zugleich Zimmernachbarin der Blonden in der Absteige war. Steiner wurde gefunden, hatte noch am Vorabend Balogh getroffen, die gerade mit einem jungen Mann in ihrem Zimmer verschwand. Vorläufig fiel der Verdacht auf diesen Freier, ihren letzten Gast. Der Mann aber war nicht aufzutreiben, daher hielt man sich an Steiner, der Koberin und ihrer Bedienerin schadlos, inhaftierte die drei Frauen und hatte auch gleich ein Motiv zur Hand: Eifersucht. Spanberg und Gudowicz wurden wieder freigelassen, Steiner verwickelte sich in einige Widersprüche. Das reichte, zumal das einfache, ungebildete Mädchen auch ziemlich temperamentvoll in seinen Unschuldsbeteuerungen war. Das Urteil der Geschworenen lautete auf Tod durch den Strang, der Kaiser ließ Gnade walten und sie verschwand in einer Zelle der berüchtigten „Weiberstrafanstalt“ in Wallachisch Meseritsch.

Nach vier Jahren Haft siegte doch noch die Gerechtigkeit. Ferdinand Waschauer stellte sich in Znaim der Polizei und gestand den Mord an der „blonden Kathi“. Die Koberin und ihre Bedienerin hatten Steiner absichtlich angeschwärzt, weil aus unbekannten Gründen Gudowicz den Mörder decken wollte. Steiner kam frei, kehrte nach Wien zurück und erhielt vom Justizministerium eine monatliche Entschädigung auf Lebenszeit. Auch die Bevölkerung hatte Mitleid mit der unschuldig Verurteilten, von öffentlicher und privater Seite steckte man ihr immer wieder Geld zu. Dennoch konnte Steiner nicht vergessen. Später versiegten auch diese Zuwendungen. Nach 1918 starb Katharina einsam, verbittert und völlig verarmt in einem Haus im 2. Bezirk, in der Hochedingergasse 4. Die Grabpflege für die verstorbene Jüdin, im jüdischen Teil des Zentralfriedhofes, übernahm die Kultusgemeinde. Noch Jahrzehnte später lag die Causa Katharina Steiner der Justiz schwer im Magen als Synonym für Justizirrtum.

---

1 vgl. Reinhard Pohanka, Räuber, Mörder, Kindsverderber. Eine Kriminalgeschichte Wiens. Wien 1991, S. 11 f.

2 vgl. Pohanka, Wien im Mittelalter. Geschichte Wiens. Wien 1998, S. 84

3 Pohanka, Räuber, Mörder, Kindsverderber, S. 4

4 ebd., S. 33

5 vgl. Walter Öhlinger, Wien zwischen den Türkenkriegen. Geschichte Wiens. Wien 1998, S. 142
6 Pohanka, Räuber, Mörder, Kindsverderber, S. 52
7 vgl. ebd., S. 51
8 Maximilian Edelbacher, Harald Seyrl, Wiener Kriminalchronik. Wien 1993, S. 30
9 vgl. Edelbacher, Seyrl, S. 43

Auf Freiersfüßen durch die Wiener Geschichte der Prostitution

„Grad und Art der Geschlechtlichkeit eines Menschen reicht bis in den letzten Gipfel seines Geistes hinaus", schrieb Friedrich Nietzsche. In der Einleitung des Standardwerks „Histoire de la Prostitution" („Weltgeschichte der Prostitution") von F. S. Pierre Dufour heißt es: „Die wahre Prostitution hat an dem Tage ihren Einzug in die Welt gehalten, an dem das Weib sich als Ware verkaufte, und dieser Handel ist, wie die meisten Handelsarten, einer Menge der verschiedensten Bedingungen unterworfen worden. Wenn das Weib sich den Wünschen ihres Herzens oder dem Verlangen ihrer Sinnlichkeit gehorchend hingab, so war das Liebe oder Geilheit, aber noch keine Prostitution, die wägt und rechnet, schachert und handelt. Wie die Liebe und die Vergnügungssucht, so beginnt auch die Prostitution mit dem Ursprung der Völker und mit der Kindheit der Gesellschaft ...".[1]

„Mit der Sexualität hatten Menschen schon immer ihre Probleme", ist im „Lexikon der Prostitution" nachzulesen, „... Philosophen und Theologen schwatzten sich die Köpfe heiß, und das auf diesem Wege gewonnene Wissen über die menschliche Sexualität wurde am Ende doch wieder vergessen oder von Staat und Kirche, meist in Personalunion vom Tisch gefegt."[2]

Erst die Römer brachten die Prostitution in unsere Breiten. Weder Kelten noch Germanen kannten die käufliche Liebe. Das Hurenviertel mit den Bordellen befand sich in Vindobona auf dem heutigen Michaelerplatz und am Hohen Markt. Nachdem die Quaden 374 die Stadt zerstört hatten, war es auch – vorübergehend – mit dem Lustgeschäft vorbei. Wahrscheinlich gab es die käufliche Liebe, doch bis zum Aufstieg der Babenberger existieren darüber keinerlei schriftliche Aufzeichnungen.

„Hurensohn“ war bereits gebräuchlich, galt als schwere Ehrenbeleidigung und wurde mit einer hohen Geldstrafe geahndet.[3] Wenn es also Hurensöhne gab, mussten auch Dirnen vorhanden sein. Diese Frauen waren nicht existent, standen außerhalb jeglicher Rechtsordnung. Sie galten als vogelfrei, jedermann, oder besser *jeder Mann*, konnte mit ihnen verfahren, wie es ihm beliebte. Mit dem Ende der Babenberger, dem Interregnum und dem damit entstandenen Chaos nahm auch das Laster, wie immer in Krisenzeiten, ungeheuren Aufschwung. Ungeniert wurde der Prostitution gefrönt. Erst 1273, mit dem Herrschaftsbeginn der Habsburger, wehte ein neuer Wind. Das Übel der gewerblichen Liebe hatte nunmehr Ausmaße erreicht, die nicht mehr in den Griff zu bekommen waren.

Inzwischen hatte man längst begriffen, dass „Freimädchen“ ein wichtiger gesellschaftlicher Bestandteil waren und dementsprechend stieg auch ihr Status. Erstmalig fanden die „Huren an der Donau“ schriftliche Erwähnung im „Freiheitsbrief von Wien“ aus 1278. Sie durften nicht ungestraft vergewaltigt und auch nicht beleidigt werden. Auch eine Art von „Zuhälter“ erhielten sie, indem sie dem Scharfrichter, ebenfalls einem gesellschaftlichen Außenseiter, unterstellt waren. Dafür kassierte er pro Dirne jeden Samstag zwei Pfennige als eine Art Vergnügungssteuer für die Stadtkasse. Am heiligen Sonntag waren die käuflichen Frauen in der Stadt unerwünscht und mussten sich außerhalb der Stadtmauern aufhalten.

Der Aufstieg von absolut rechtlosen, nicht einmal als menschlich angesehene Wesen zu geachteten Frauen war in diesen Zeiten mehr als erstaunlich. Prostituierte waren bei Veranstaltungen in Bürgerhäusern gern gesehene Gäste.

Die Hure des 15. Jahrhunderts kam dem Stand einer Hetäre in der Antike gleich. Manchmal wurden einer Dirne auch Bürgerrechte eingeräumt – „wegen ihrer Aufopferung für das allgemeine Beste willen“.[4]

Durch Heirat in die Bürgerlichkeit zu wechseln war unter Albrecht III. kein Problem und niemand mokierte sich über das Vorleben der nunmehr honorigen Gattin. Brach sie jedoch wieder aus der vermeintlichen bürgerlichen Geborgenheit aus, kannte man keine Gnade. Eingenäht in einen Sack wurden diese Frauen unbarmherzig in der Donau ertränkt.

Am Ende des Mittelalters erlitt die Prostitution einen herben Rückschlag. 1530 wurden die Hübschlerinnen im Polizeigesetz Karls V. als „liederliche Weiber“ bezeichnet. Wurden sie bei der Ausübung erwischt, landeten sie auf dem Scheiterhaufen, wurden lebendig begraben oder gevierteilt.

Im 16. Jahrhundert wollte der in Spanien streng christlich erzogene und sittentreue Ferdinand I. mit unerbittlicher Härte die Moral anheben. Ehemännern wurde der Besuch in Freudenhäusern verboten, wer zuwiderhandelte, bekam empfindliche Geldstrafen aufgebrummt. Die Folgen waren ein rapides Ansteigen der Geheimprostitution Hand in Hand mit einer Zunahme geheimer Puffs und eine explosionsartige Verbreitung von Geschlechtskrankheiten. Offizielle Bordelle waren verboten, also verlegte sich das muntere Treiben in Badestuben, Wirtshäuser und Keller. Selbst Tanzen mit Prostituierten untersagte der Monarch. Die Handwerksburschen und Gesellen versuchten sämtliche Verbote dahingehend zu umgehen, dass sie kurzerhand mit ihren willigen Mädchen im Konkubinat lebten.

Im Gegensatz zu Ferdinand I. war sein Sohn Maximilian II. hinter jedem Kittel her. Politik interessierte ihn nur peripher, was sich wiederum positiv auf die Prostitution in der Stadt auswirkte, jedoch bald im Übermaß vorhanden war, sodass er, gegen seinen Willen, dennoch durchgreifen musste. Betrunkene, Randalierer und Dirnen wurden in einen Käfig gesperrt und zur Schau gestellt, was natürlich bei einer notdürftig bekleideten Prostituierten immer zu einem besonderen Andrang führte.

Gleichsam der gesamte heutige 1. Bezirk war ein einziger Strich.

Die kinderreiche Regentin Maria Theresia schlug bei ihrem Versuch, die Prostitution einzudämmen, gehörig über die Stränge. Sie machte sich mit ihrem Sittlichkeitswahn zunehmend zum Gespött in ganz Europa. Dirnen wurden ausgepeitscht und danach des Landes verwiesen, Kaffeehäuser zu ebener Erde verboten, da durch die Fenster die Geschäftsanbahnung zwischen Freier und Hure erheblich erleichtert war. Weibliches Schankpersonal ebenfalls; die Frauen sollten in Bürgerhäusern als Stubenmädel, Dienstmägde etc. arbeiten. Wirte, die sich nicht daran hielten, verloren ihre Konzessionen. Frauen, die gegen dieses Verbot verstießen, wanderten ins „Spinnhaus" und mussten dort hart arbeiten. Bälle mussten um 23 Uhr beendet sein. Nach Einbruch der Dämmerung waren auch Kirchen und Kapellen abzuschließen, da es immer wieder in versteckten Nischen und Beichtstühlen zu unzüchtigen Handlungen kam. Der greise Feldmarschall Khevenhüller soll zu seiner Herrscherin gesagt haben: „Ein wahres Glück, dass dieses Gesetz erst jetzt kommt, sonst wäre ich, Majestät, noch heute Fahnenjunker."[5]

Die Zuchthäuser waren jedenfalls übervoll und man griff bei besonders aussichtslosen Fällen, wo jede Resozialisierung zwecklos war, zu Abschiebemaßnahmen. Zwischen 1751 und 1769 wurden die Unverbesserlichen per Schiff nach Temesvar verbracht und sie durften nie mehr nach Wien zurückkehren. Temesvar wurde zu einem Internierungslager.[6]

Unter Maria Theresias Herrschaft war die private Intimsphäre gänzlich aufgehoben. Die Spitzel ihrer Keuschheitskommission konnten jederzeit aufkreuzen und unangenehme Fragen stellen. Dem Denunzieren und Anschwärzen waren Tür und Tor weit geöffnet. Manche offene Rechnung konnte mithilfe der Sittenwächter auf diese Art beglichen werden.

Schnell begriffen die Sittenspione, dass damit auch Geld zu verdienen war. Sie schlossen sich mit Prostituierten zusammen, reiche Freier wurden in eine Falle gelockt und der in flagranti Erwischte bezahlte, nur um ja nicht vor der Kommission erscheinen zu müssen. Das war Erpressung der übelsten Sorte und in Reinkultur.

Natürlich traf es wieder nur die Ärmsten der Armen, jene, die keine andere Wahl hatten als sich selbst zu verkaufen. Die billigen Dirnen waren den ärgsten Keuschheitsverboten ausgesetzt, oben wusste man sich zu helfen und das fröhliche Treiben ging ungeniert vor sich.

So entstand die Urform des ersten Swingerclubs. Einige Damen und Herren der gehobenen Gesellschaft gründeten den geheimen „Feigenblatt-Orden". Die Treffen fanden mehrmals wöchentlich in Nußdorf, in Währing und in der Judengasse statt. 1751 flog eines dieser Geheimtreffen auf, die sündigen Damen und Herren wurden dazu verurteilt, beim Stadttor um Essen zu betteln, aber die Wiener zeigten deutlich, was sie von der Kommission und ihren Verboten hielten. Die Verurteilten wurden mit den besten Delikatessen und feinsten Leckereien versorgt ...

Maria Theresias Keuschheitsgebote für ihre Untertanen funktionierten in der Praxis nur punktuell. Es fanden sich immer Schlupflöcher und an Ideen mangelte es nicht. So manche Putzmacherin (Hutschmuckmacherin) war eine Geheimprostituierte, auch Schneiderinnen verdienten sich auf diese Weise ein erkleckliches Zubrot. Stubenmädchen waren ebenfalls sehr begehrt.

Auch die Prostituierten hatten ihre Tricks, wenn sie sich auf der Straße herumtrieben. Gesenkter Kopf und Blick, zwischen den Fingern einen Rosenkranz, täuschten so manchen Spitzel. Die Wohnungsnot in der Stadt war ein gewaltiges Problem. Auch das erkannten zuerst die Dirnen und wussten sich zu helfen, indem sie große Wohnungen mieteten und sich Zimmerherren nahmen. Adelige und reiche, ehrenwerte Bürger waren gern gesehene Gäste.

„Wo eine unehrliche Mademoiselle ihren eigenen Haushalt führt, jungen Personen des anderen Geschlechts Dach und Fach gestattet und letztlich auch die Kost angedeihen lässt – da kann es kaum ganz ledig abgehen“, hieß es in einer anonymen Schrift und klagte über „dergleichen dienstfertige Kreaturen.“[7]

Wien galt während ihrer Regentschaft als einziger großer Puff in Europa. So schrieb ein zeitgenössischer Autor, dass „es zwar kein Privileg für sie [Prostituierte] gab, aber die Zahl der geduldeten Geldmädchen war eine Legion“.[8] Die Verbotsliste brachte genau das Gegenteil ein. Die Prostitution drohte endgültig auszuufern und die Geschlechtskrankheiten, allen voran Syphilis, stiegen an. Selbstverständlich wurde die Krankheit so lange wie nur möglich verheimlicht, die Ansteckungsrate stieg.

Zu dieser Zeit lebten in Wien an die 270.000 Menschen, darunter waren 10.000 Huren, von denen wiederum 4000 sogenannte Edelkokotten waren.

1782 waren es, alten Quellen zufolge, nur noch 3000 Prostituierte, wobei die Zahlen sehr divergieren. Auch von nur 2000 öffentlichen Straßendirnen ist die Rede und von 500 „unterhaltenen Mädchen“ (Konkubinen).[9]

Am Ende des 18. Jahrhunderts unterteilte man die käuflichen Frauen in fünf Klassen. Die oberste Klasse waren die „Edelnutten“, heute mit Callgirls vergleichbar, die ausschließlich auf eigene Rechnung arbeiten. Die Edelprostituierte besuchte immer nur ein Liebhaber, er kam für den Unterhalt auf und hielt seine Gespielin mit materiellen sowie finanziellen Geschenken bei Laune. Meist waren diese Gönner reich und gesellschaftlich hoch angesehen. In diesen Zeiten soll es an die 15 Nobelhuren gegeben haben, wenn man einem gewissen Johann Pezzl, der diese Klassifizierung verfasste, Glauben schenken darf.

Weitaus größer waren die zweite und dritte Klasse. Die Prostituierten verfügten über mehrere Liebhaber, die für den Unterhalt sorgten.

Danach ging es bergab. In der vierten Gruppe gaben die Mädchen sich jenen Männern hin, wo es sich lohnte, nach entsprechenden Diensten, sie gehörig auszunehmen. Die größte und ärmste war die letzte Klasse. Die Mädchen trieben sich zu Mittag und am Abend auf den belebtesten Straßen herum. Der Schandlohn betrug einen Gulden und jeder, der sich das leisten konnte, kam in den zweifelhaften Genuss.

Der reformeifrige Kaiser Joseph II. scheiterte ebenso wie seine Mutter daran, die Prostitution einzudämmen oder gar abzuschaffen.

Später verfiel er auf die Idee, erwischte Prostituierte für die Straßenreinigung heranzuziehen. Mit geschorenen Köpfen, mit grauen Überröcken und Hüten gekleidet, war für jeden deutlich, wer hier fegte. Doch die Nutten wussten aus der Not eine Tugend zu machen und nutzten ihre Strafe gleich für neue geschäftliche Anbahnungen. Gaffende Passanten wurden schon einmal mit einem Schwall übelster Schimpfwörter überschüttet. Kam ein ehemaliger Freier des Weges, konnte es für ihn sehr peinlich werden, denn dann bildeten die Mädchen mit ihren Besen ein Spalier.

Die Prostituierten sahen sich als eine eigene Zunft und besaßen auch genügend Selbstvertrauen. Wie andere Zünfte auch, hatten sie ihren eigenen Zunftkalender. 1787 verfasste Joseph Richter das „Taschenbuch für Grabennymphen", in dem auch die Erfolge und Misserfolge der Razzien verzeichnet waren.

Wer sich öffentlich zu seinem Gewerbe bekannte, hängte – als Urform der roten Laterne und des Rotlichts – bunte Bänder aus dem Fenster und die Freier wussten Bescheid. Wer lieber geheim bleiben wollte, tarnte sich als Stuben- und Dienstmädchen oder als Vertreter anderer Dienstleistungsberufe.

Die Französische Revolution hatte ihre unmittelbaren Auswirkungen auch auf die Prostitution in Wien. Viele geflüchtete Adelige und andere Emigranten verschlug es nach Wien. Viele waren mittellos, ohne jeglichen Anhang oder Verwandtschaft. Somit entstand eine Symbiose, indem sich manche der Flüchtlinge mit Dirnen zusammentaten. Die Frau war nach außen hin durch einen ständigen Begleiter gesellschaftlich gedeckt, der Mann konnte überleben, weil seine Dirne das Geld nach Hause brachte. Wenn man so will, die Geburtsstunde des Zuhälters.

Für Leopold II. waren Prostituierte von besonderem Nutzen, da er sie als Spitzel einsetzte. Die „Naderer", der Spitzname für die Polizeiagenten, und die Huren arbeiteten eng zusammen. Es ist eine immer wiederkehrende Tatsache, dass Freier in den Armen von Freudenmädchen, sei es aus Imponiergehabe oder Dummheit, nicht den Mund halten können.

Besonders lukrativ für die Liebesdienerinnen war der Wiener Kongress. Rund 20.000 Gunstgewerblerinnen kümmerten sich um die Bedürfnisse der Gäste. Im Schlepptau der Diplomaten und Staatsgäste kamen auch Heerscharen ausländischer Prostituierter in die Stadt. Fürst Metternich war indirekt maßgeblich an den florierenden Geschäften beteiligt, da er zahlreiche Damen des horizontalen Gewerbes für seine Spitzeldienste einsetzte. Ansonsten schlau und durchtrieben, versagte er mit seiner eigenen Taktik kläglich. Als er seine Geliebte auf Zar Alexander ansetzte, wusste er nicht, dass die feine Dame mit dem Russen nach Wien gekommen war, um sie auf Metternich anzusetzen. Und der Fürst plauderte, sehr zum Wohlgefallen des Zaren.

Der Straßenstrich spielte sich am Graben, auf der Freyung, am Kohlmarkt und Tiefen Graben, in der Naglergasse und auf den Basteien ab. Um 1830 nahm der Kaffeehaus-Strich zu, immerhin gab es eine Auswahl von 70 Lokalen. Besonders beliebt war das Cortische Kaffeehaus auf der Burgbastei, in der Nähe des Volksgartens. Nahe dem Karolinentor befand sich das Café am Wasserglacis, respektlos als „Heiratsbüro" bezeichnet, da neben Prostituierten auch eine Vielzahl an heiratswilligen Mädchen zu finden waren. Im Laufe des 19. Jahrhunderts gewannen die Zuhälter zusehends an Bedeutung, die als „Strawanzer", „Strizzis", „Strotter", „Strich-", „Kappl-" oder „Hackenbuben" bezeichnet wurden. Die „Kameltreiber" waren Zuhälter der untersten Kategorie, dementsprechend waren ihren Mädchen, die als „Kamele" beschimpft wurden.

Die Zuhälter trafen sich auf dem Burgplatz. Sie waren leicht zu erkennen, da sie aus ihrer Profession keinerlei Hehl machten.

Sie trugen grell gestreifte auffällige Krawatten, das Haar mit Fett und Zuckerwasser pomadisiert, und erschienen in eleganter Kleidung. Hure und Zuhälter waren ein eingespieltes Team. Seine Schutzbefohlene unterstützte ihn bei seinen Gaunereien. Beliebt war das „Abstieren" oder „Rupfen" (Ausrauben) eines „Gogls" (Freiers). In der dunklen Gasse machte sie ihm Avancen. Kaum handelseins, stürzte der Zuhälter herbei und verprügelte als vermeintlicher Ehemann sein Opfer, während die Nutte alles Wertvolle, was der Mann bei sich trug, an sich raffte. Um 1850 wurde die Zahl der Zuhälter auf 6000 geschätzt.

Der Mädchenhandel war fest in Händen von Frauen, von Kupplerinnen, die vom Volksmund „Schandsäulen" genannt wurden. Nach Schätzungen von Severin von Schmidt, der sich in seinem Buch „Wiener Schandsäulen" damit auseinandersetzte, gingen 1848 zwischen 200 und 300 Mädchenhändlerinnen ihren schmutzigen Geschäften nach.[10]

Zwar erwarteten erwischte Kupplerinnen harte Strafen, jedoch nur in der Theorie, da Polizeiminister Sedlnitzky seine schützende Hand über sie hielt.

Lustmorde zählten für die Polizei im Wien dieser Tage beinahe zum Alltagsgeschäft und kümmerten kaum jemanden. Es war ja nur a Hur'. Einen kleinen Vorteil gewannen die Prostituierten durch die Aufhebung des Konkubinats, die wilde Ehe war erlaubt. Fiel ein Freudenmädchen den Polizisten in die Hände, konnte es seine Haut retten, indem es den Namen eines Gönners nannte.

Unter Franz Joseph I. änderte sich im Wesentlichen nichts. Teilweise wurden die Hübschlerinnen in Hundertschaften festgenommen und abgeschoben. Erst ein findiger Polizeiarzt namens Nusser erkannte, dass die überbordende Syphilis im Einklang mit Prostitution stand. Er plädierte für die Registrierung sämtlicher Freudenmädchen und für zwei Untersuchungen pro Woche, die in einem Gesundheitspass eingetragen werden sollten.

Der Strich war für viele Mädchen und Frauen die einzige Überlebenschance. Die Weltausstellung 1873 zwang zum Handeln. Schließlich sollte sich Wien im besten Licht präsentieren. Ähnlich wie während des Wiener Kongresses schwappte eine Welle ausländischer Huren mit den internationalen Besuchern in die Stadt herein. Selbst aus Amerika kamen liederliche Mädchen auf der Jagd nach dem schnellen Geld. Abgesegnet vom Kaiser erging ein Polizeierlass, der die Prostitution offiziell duldete, jedoch nicht anerkannte und man kramte den Vorschlag des Polizeiarztes Nusser aus den verstaubten Archivregalen. Wenn sich schon ein ausländischer Besucher ein entbehrliches Andenken nach Hause mitnehmen sollte, dann nicht von einer Wiener Hübschlerin. Schleunigst stellte die Wiener Polizeidirektion 1546 Gesundheitspässe aus, die Geburtsstunde des „Deckels". Ein Ausdruck, der bis heute im Milieu gebräuchlich ist.[11] 500 der Dokumente erhielten die Prostituierten in der Innenstadt.

Viele Gunstgewerblerinnen pfiffen auf den Gesundheitspass und zogen die Geheimprostitution vor. Damalige Schätzungen sprachen von einer zehnmal höheren Anzahl an Geheimprostituierten gegenüber den registrierten Damen. Während der Weltausstellung waren zwischen 4000 und 5000 Frauen tätig, auf jedes Haus kam eine Hure, legal oder illegal.[12]

Um die Jahrhundertwende und knapp vor Ausbruch des Ersten Weltkriegs waren Salons in großer Mode. Eine Vielzahl waren getarnte Bordelle und galten als „tolerierte Häuser". Zu ihnen zählten der Salon Kadivec, der Salon Beer und der Salon Riehl, wobei Letzterer 1906 in die Schlagzeilen geriet. Ein getarnter Kleidersalon in der Grünentorgasse 24 am Alsergrund, wo die „Koberin" in Person der Kupplerin Regina Riehl ein strenges Regiment führte, ihre Mädchen ausbeutete, misshandelte und als Sexsklavinnen hielt. Der Zeitungsredakteur Emil Bader bekam einen „Zund" (Hinweis, Tipp), ging der Sache nach und schleuste sich als Freier ein. Die Informationen erwiesen sich als absolut richtig, jedoch konnte er noch nichts dagegen unternehmen, da ein hoher Polizeioffizier seine schützende Hand darüber hielt. Bader, ein ausgebuffter Journalist, mietete sich eine Wohnung gegenüber dem Salon, legte sich mit dem Fernrohr auf die Lauer, sammelte Beweise. Mit genügend belastendem Material erstattete er beim Polizeipräsidenten Anzeige und publizierte auch seine Wahrnehmungen. Hausdurchsuchungen und Zeugenaussagen brachten endgültige Beweise, der Salon wurde geschlossen. Riehl tauschte für dreieinhalb Jahre Eleganz und Dolce Vita gegen die Nüchternheit einer Gefängniszelle. Über das Schicksal des Polizeioffiziers ist nichts bekannt.

Selbstverständlich gab es in Wien genügend Hotels, wo in den viel zitierten „Chambres séparées“ nicht nur der Champagner in Strömen floss. Am Beginn des 20. Jahrhunderts waren Stundenhotels ein krisensicheres Geschäft. Bis heute existiert das Hotel „Orient“ am Tiefen Graben und ist längst zu einer Legende geworden.

---

1 F. S. Pierre Dufour, Weltgeschichte der Prostitution. Von den Anfängen bis zum Beginn des 20. Jahrhunderts. Band 1. Frankfurt am Main 1995, Einleitung, S. VII

2 Marcel Feige, Das Lexikon der Prostitution. Das ganze ABC der Ware Lust – Die käufliche Liebe in Kultur, Gesellschaft und Politik. Berlin 2003, S. 11

3 vgl. Mauthner-Weber, Venuswege. Ein erotischer Führer durch Wien. Wien 1995, S. 9

4 ebd., S. 16

5 ebd., S. 26

6 vgl. ebd., S. 27

7 vgl. ebd., S. 32

8 vgl. ebd., S. 52

9 vgl. ebd., S. 34 f.

10 ebd., S. 52

11 vgl. ebd., S. 66

12 vgl. ebd., S. 67 f.

Die Unterwelt auf dem Weg in die Moderne

Dem Wiener werden seit jeher ein besonderes Naheverhältnis zum Tod und ein Hang zur Morbidität nachgesagt, was sich auch in vielen Texten der Wienerlieder widerspiegelt. Selbst nach dem eigenen Tode legt man noch Wert auf einen gewissen Anstand und auf Würde, eben eine „schöne Leich'".

Trotz aller Trauer konnte eine „schöne Leich'" zu einem richtigen Volksfest ausarten, weil man dem Verblichenen nur allzu gerne gönnte, sich endlich die Erdäpfel von unten ansehen zu müssen – wie nach der Ermordung des „Paschas vom Cobenzl", dem Baron Johann Karl Sothen am 10. Juni 1881.

Mitte Juni bewegte sich der Kondukt vom Cobenzl Richtung Grinzinger Friedhof mit allem, was eine „schöne Leich'" ausmacht: mit schwarzen Rappen, livriertem Diener, „Pompfüneberern" (Bestattern) und einem prächtigen Leichenwagen. Außer seiner Witwe weinte dem Baron niemand eine Träne nach. Links und rechts von Schaulustigen und Gaffern flankiert, flogen faule Eier und Steine, Spottlieder wurden gesungen und allerlei Kraftausdrücke begleiteten den Verstorbenen auf seinem letzten Weg.

Sothen begann klein, besaß eine Lotteriestelle im Palais Collalto am Platz Am Hof, war ein findiger, jedoch rücksichts- und erbarmungsloser Geschäftsmann, der über Leichen ging. Ein kluger Kopf, der immer wusste, wo ein Gulden zu machen war. So erfand er das Promessenspiel, eine Lotterie, womit er monatlich 20.000 Gulden einstreifte. Sein wirtschaftlicher Aufstieg war nicht zu bremsen, er kaufte um 130.000 Gulden das Gut Cobenzl samt Schloss, später noch die ehemalige Unionsbank, die zum Bankhaus Sothen wurde. Schließlich fehlte dem vielfachen Millionär nur mehr ein Adelstitel und den kaufte er einem sächsischen Großherzog ab. Menschlich jedoch war der neureiche Baron das Allerletzte. Er schikanierte und drangsalierte sein Personal, wie er nur konnte, herrschte am Cobenzl wie ein Despot. Wohl um sein schlechtes Gewissen zu beruhigen, hielt er sich vornehmlich in klerikalen Kreisen auf, gründete eine Stiftung, aus der nach seinem Tod für 15.000 Jahre Seelenmessen für ihn gelesen werden sollten.[1]

Nachdem der nach außen hin so sittenstrenge Baron erfahren hatte, dass sein Förster Eduard Hiettler in wilder Ehe mit einer Frau zusammenlebte und mehrfacher Vater war, setzte er ihn kurzerhand vor die Tür. Hiettler, ohnehin ständig den Quälereien seines Herrn bei spärlichem Lohn ausgesetzt, drehte durch und schoss Sothen mit seinem Jagdgewehr über den Haufen.

Im Prozess verzichtete Hiettler auf seinen einzigen Milderungsgrund. Er hatte zwar vor der Tat ausgiebig getrunken, war aber nicht betrunken. Er sollte am Galgen enden, die Todesstrafe wurde jedoch durch einen kaiserlichen Gnadenakt in eine 15-jährige Haftstrafe umgewandelt. Nie zuvor gab es für einen Mörder eine dermaßen große Solidaritätsbewegung. In öffentlichen Spendenaufrufen wurde für Hiettler gesammelt, der auch im Gefängnis die Mutter seiner Kinder, Juliane Paschinger, heiratete. Wegen guter Führung kam er nach neun Jahren Haft frei. Seine inzwischen erwachsenen Kinder führten untereinander einen heftigen Streit um das Geld, das durch die Spenden zusammengekommen war. Hiettler suchte seinen ehemaligen Verteidiger auf, um ihn um Rat zu fragen. Als er eine Vollmacht unterschreiben sollte, verweigerte er. In der Haft lehrte man ihn, so sagte er, nie etwas zu unterschreiben. Danach verlor sich seine Spur.

Die öffentliche Meinung war eindeutig: Endlich erwischte es den Richtigen.

Ein ebenso übler Zeitgenosse wie Sothen war Baron Joseph von Streinsberg, der am 6. Februar 1882 zusammen mit der

Haushälterin in seinem Haus durch Hackenschläge getötet worden war. Streinsberg lebte ausgezeichnet durch die Not anderer, war er doch ein Wucherer, ein „Saugerl", ein Geldverleiher, der Wucherzinsen verlangte. Konnte jemand nicht seine Schulden begleichen, schreckte er vor nichts zurück und pfändete selbst den Ärmsten das Wenige, das sie noch hatten. Abends war er gern gesehener Freier und sprach auch kräftig dem Alkohol zu. Der Doppelmord konnte nie aufgeklärt werden. Selbst der eigene Bruder weigerte sich, für die Begräbniskosten aufzukommen. Streinsberg wurde in einem Armengrab am Zentralfriedhof verscharrt, niemand folgte dem Sarg.

Die Polizei ist schuld

Die Unsicherheit in der Monarchie war allerorts spürbar und der Sündenbock war die Polizei. Die Journalisten sparten nicht mit Kritik. So schrieb das „Interessante Blatt", eine Wochenzeitschrift, am 6. Dezember 1883: „Die öffentliche Sicherheit lässt in Wien Einiges zu wünschen übrig. Wohl sind die Bemühungen der Polizeibehörde anerkennenswerthe und erfolgreiche, und der große Apparat, mit welchem die Sicherheitsbehörde arbeitet, steht vollständig auf der Höhe, die eine moderne Großstadt beanspruchen darf und muss, allein die Gauner sind nicht müssig und mit der Steigerung der polizeilichen Täthigkeit schärft sich auch ihre Schlauheit und Gewandtheit. Erfahrungsgemäß besitzt jene Stadt, welche sich der bestorganisierten Polizei erfreut, auch die schlauesten und frechsten Gauner, und würde dieser Erfahrungsschatz auf die Wiener Polizei angewendet werden, so müsste man ihr das schönste Zeugniß ausstellen."

Anlass für diese Zeilen waren die zunehmenden „Schaufenster- und Gewölbeeinbrüche", die oft am helllichten Tag ausgeführt wurden. Meist steckte eine Bande dahinter, die sich interessiert vor einem Schaufenster versammelte und die Waren betrachtete, die sogenannten „Mauser“. Im Schutze ihrer Körper schnitt der „Arbeiter“ die Glasscheibe mit einem Diamanten auf. Diese Methode funktionierte allerdings nur bei Schaukästen, die an Wänden montiert waren und hinter denen sich kein Geschäft befand. Nächtliche Einbrüche verübten in der Regel Einzeltäter nach der altbewährten Methode, wobei meist die unzureichende Straßenbeleuchtung von Vorteil war: Glas zertrümmern, Beute krallen und abhauen.

Zwiespalt

Frauen waren oft Opfer und Täterinnen zugleich. Die Gründe für Frauenkriminalität, besonders in den unteren und somit unterprivilegierten Schichten, lagen an ihrem sozialen Status und an der Rechtlosigkeit.

Irene Bauer schreibt 1989 über „Diebinnen und Betrügerinnen in Wien um die Jahrhundertwende“: „Was nun Frauen betrifft, die Eigentumsdelikte begangen haben, so liegt der Gedanke an sozialen Protest nahe. Denn Frauen waren nicht nur an finanziellen Mitteln eigentumslos: Sie verfügten weder über ihre Arbeitskraft, weil sie nicht selbst entscheiden konnten [durften], ob und was sie arbeiten wollten, noch über ihren Körper als Mittel zur Fortpflanzung, weil sie nicht darüber bestimmen konnten [durften], noch über ihre geistigen Kapazitäten, weil ihnen keine Ausbildung zuteil wurde, noch über Produktionsmittel, und waren infolgedessen rechtlos. Betrachten wir die Lage unter diesem Aspekt, so wird der weibliche Angriff auf fremdes Eigentum zu einem protestativen, emanzipatorischen Akt ...“.[2]

Leichtes Spiel hatte da ein Verbrecher vom Schlage eines Hugo Schenk, dem „Blaubart von Wien“, mit seinem Komplizen Karl Schloßarek, der 1883/1884 für Angst und Entsetzen sorgte. Zuerst stand der Chef des Sicherheitsbüros der K. K. Wiener

Polizeidirektion, Polizeirat Breitenfeld, vor einem Rätsel. Wie passten zahlreiche Heiratsannoncen und ebenso viele Abgängigkeitsanzeigen zusammen? Die Spur führte zu Hugo Schenk. Der Sohn eines Kreisgerichtsrates, 1849 in Cech in Mähren geboren, versuchte sich bereits mit 21 Jahren als Heiratsschwindler. Die Masche funktionierte, also machte er weiter, wurde jedoch, nach einem weiteren Heiratsschwindel, gefasst, saß von 1881 bis zu Beginn 1883 in Stein ein. Dort lernte er Karl Schloßarek kennen. Wieder in Freiheit, versuchte es das Duo mit Raubüberfällen. Erfolglos, da sie ihre männlichen Opfer in die Flucht schlugen. Nun mussten Dienstmädchen, bevorzugt ältere mit Ersparnissen, daran glauben. Aus dem Duo wurde ein Trio, Schenks debiler Bruder Karl wurde in die Straftaten mit einbezogen. Wahrscheinlich hatten die Verbrecher weit mehr auf dem Kerbholz, als ihnen schlussendlich bewiesen werden konnte: vier Morde und zwei Mordversuche.

Vor das 34-jährige Stubenmädchen Josefine Timal trat Hugo Schenk als Bahningenieur, konnte den erwünschten Eindruck schinden. Gerne begleitete ihn Josefine in einen Wald bei Mährisch Weißkirchen, wurde betäubt, mit einem Stein beschwert und in einem Tümpel ertränkt. Ihre Tante, die zehn Jahre ältere Köchin Katharina Timal, starb in einem Wald in Krummnußbaum unter den Stichen eines Federmessers, die Leiche wurde in der Donau versenkt. Mit einer weiteren Köchin, Theresia Ketterl, wurde auf der Reisalpe russisches Roulette gespielt. Natürlich verlor sie, weil der Revolver heimlich nachgeladen worden war. Die 33-jährige Rosa Ferenczy, ebenfalls Köchin, starb unter Hackenhieben in den Donauauen bei Pressburg. Selbstverständlich konnte sich das mörderische Trio die Ersparnisse seiner Opfer aneignen. Als Nächste wären das 25-jährige Stubenmädchen Josefine Eder und eine gewisse Emilie Höchsmann an der Reihe gewesen, doch Polizeirat Breitenfeld kam den Mördern rechtzeitig in die Quere, nachdem die Beschreibung des letzten Galans von Katharina Timal auf Hugo

Schenk passte. Am 16. Jänner 1884 wurde er in der Wohnung seines Komplizen Schloßarek in der Sturzgasse 1 im 15. Bezirk verhaftet. Kurz danach gingen auch Schloßarek und Schenks Bruder Karl den Fahndern ins Netz. Bei der Hausdurchsuchung fanden sich etliche Habseligkeiten aus dem Besitz der Opfer. Am 22. April 1884 hingen Hugo Schenk und Karl Schloßarek am Doppelgalgen im Hof des Wiener Landesgerichtes, Hugos geisteskranker Bruder Karl erhielt lebenslange Haft. Schloßarek und seine Komplizen waren die typischen Vertreter eines Verbrechertypus, der keinerlei Skrupel kannte und Mord zu einem wesentlichen Teil seiner Untaten zählte. Keineswegs milieubedingt, sondern von Beginn an darauf ausgerichtet, ihr Ding bis zur letzten Konsequenz durchzuziehen – ein untrügerisches Merkmal für das Vorgehen der Unterwelt.

Das Pulverfass explodiert

Über die Ursachen, die zum Ausbruch des Ersten Weltkrieges geführt haben, sind bereits Tonnen von Papier beschrieben worden. Die wirtschaftliche Konkurrenz unter den großen kapitalistischen Staaten, ein ungezügelter Imperialismus, die Kolonialpolitik und die zunehmende Industrialisierung, das Wettrüsten der europäischen Großmächte in Summe waren schwerwiegende Faktoren, die schließlich zur Explosion unter den ökonomischen und militärischen Konkurrenten führen mussten. Diese rasanten Entwicklungen hinterließen prägende Einschnitte im Leben des Individuums, aber auch ihre Spuren in der Moral und Sittlichkeit.

„Die alte Moral hatte schon vor dem Krieg zu verfallen begonnen, und der Krieg zeigte nur deutlich, wie sehr Ethik und Ideale der herrschenden Klassen sich aufgelöst hatten“, schrieb V. F. Calverton in seinem Buch über den „Bankrott der Ehe“. „Nicht dass der letzte Grund für den Aufstand gegen die alte

Moral im Ersten Weltkrieg zu finden ist – er hatte sich schon vor dem Kriege zu regen begonnen –, aber es bedurfte nur dieser Katastrophe, um ihn in schnellste Bewegung zu setzen."[3]

Jeder Krieg spült die übelsten Charaktere an die Oberfläche. Unsägliches Leid, das schamlos von Kriegsgewinnlern und Profiteuren, jenseits jeglicher Moral und Anständigkeit, für Geschäftemacherei ausgenutzt wird. Durch den jahrzehntelangen Frieden bis zum Ausbruch des Ersten Weltkrieges wurde nicht an kriegswirtschaftliche Vorsorge gedacht, was Wirtschaftsverbrechern und Betrügern hervorragend zugute kam.

Prostitution bildete einen wichtigen Bestandteil für die Aufrechterhaltung der Moral der Truppe. Bereits im Mittelalter war es üblich, dass Dirnen beziehungsweise Marketenderinnen im Tross der Heere mitzogen. Darauf griff die Heeresleitung auch in diesem Krieg zurück und richtete im Hinterland, in der sogenannten Etappe, Kriegsbordelle ein. Streng getrennt für Offiziere, gekennzeichnet durch eine blaue Laterne und für gemeine Soldaten durch rotes Licht.

1915 ging der Bewegungskrieg zunehmend in einen Stellungskrieg über und die zunehmend mehr demoralisierten Soldaten mussten bei Laune gehalten werden. Die Militärbordelle waren in halbwegs intakten Dorfhäusern, Baracken und Eisenbahnwaggons untergebracht, wo zwei bis drei Frauen diesem Job nachgingen, wobei 150 Freier pro Tag durchaus normal waren. Selbstverständlich waren die Liebesdienste nicht gratis. Offiziere bezahlten mehr als ihre Untergebenen, konnten aber auch dafür schönere Frauen bekommen und auch die Koberinnen erhielten ihre Anteile.[4]

In einigen Teilen der Zivilbevölkerung verursachten diese Kriegsbordelle großen Unmut. Dennoch war es eine Notwendigkeit, da die Heeresleitung zu Recht befürchten musste, dass Geschlechtskrankheiten Truppenteile völlig außer Gefecht setzen. Schließlich holten sich die Soldaten, ob freiwillig oder gewaltsam, was sie brauchten.

Nachholbedarf

Der Erste Weltkrieg war verloren, die Österreichisch-Ungarische Monarchie zerfiel, die Habsburger hatten ausgedient und mussten das Land verlassen. Ein brüchiger Frieden setzte ein. In die anfänglich euphorische Stimmung über das Kriegsende mischten sich bald Zukunftsängste vor den unsicheren politischen und wirtschaftlichen Zeiten. Die Heere der Arbeitslosen und Kriegsinvaliden wuchsen ins Unermessliche, die Inflation überstieg sämtliche Grenzen des Vorstellbaren. Das Gros der Bevölkerung wusste nicht, wie es den nächsten Tag überstehen sollte. Die Zeit war reif für einen gewaltigen politischen Umschwung und ein verhinderter Kunstmaler aus Braunau am Inn ernannte sich zum neuen unheilvollen Messias. Der Sündenbock für alle Übel dieser Welt war rasch gefunden: die Juden.

Während sich die einen aus Verzweiflung über die Tristesse und Perspektivlosigkeit an der Flasche mit billigem Fusel anklammerten, tanzten jene, die es sich leisten konnten, auf einem Vulkan rund um das Goldene Kalb. Es waren die „Roaring Twenties", die wilden Zwanzigerjahre mit Charleston, Kintopp, Cabaret, Varieté, Kokain und Morphium für die privilegierten Schichten.

Kriminalität und Verbrechen scherten sich keinen Deut um die unruhigen Zeiten, diese Parallelwelt funktioniert nach anderen Gesetzmäßigkeiten. Am 28. Jänner 1919 erlebte das Wiener Sicherheitsbüro einen einmaligen Kunstgenuss, der sich in der langjährigen Geschichte dieser Polizeiinstitution bis zur Auflösung nicht mehr wiederholte.

Der weltberühmte Geigenvirtuose Bronisław Huberman gastierte in Wien, logierte im Hotel Imperial und ausgerechnet in diesem ehrwürdigen Gemäuer wurde ihm sein Arbeitsgerät, eine wertvolle Stradivari, gestohlen. Die Musikszene war in Aufruhr und es musste rasch ermittelt werden. Für einen Diebstahl kam nur ein Profi in Frage, und der fand sich rasch in Person des international tätigen Gauners und Hochstaplers Josef Baum, einem ehemaligen Handlesergehilfen, also dem Adlatus einer Wahrsagerin. Geschickt hatte er ausbaldowert, wann Huberman in Wien sein würde und was sein Instrument für einen Wert darstellte. Baum konnte gefasst werden und die Geige war in seinem Besitz. Huberman eilte ins Sicherheitsbüro, griff außer sich vor Freude nach seiner Stradivari und gab vor den Nachtdienst schiebenden Kriminalbeamten ein kleines Konzert. Auch Baum, gerade im Verhör, hörte zu, aber ihm waren diese wundervollen Töne mehr als unangenehm.

Josef Breitwieser galt als Spezialist sowohl bei Ein- als auch Ausbrüchen. 1881 in Wien geboren, entschied er sich bereits mit 15, Berufsverbrecher zu werden. Er entwickelte sich rasch zum Experten im „Bärenreißen" – dem Unterweltausdruck für Tresore knacken – und tüftelte ständig, um seine Technik zu verbessern. Bevorzugte Objekte seiner zahlreichen Einbrüche waren Banken und Fabriken. Breitwieser genoss hohes Ansehen in der Wiener Unterwelt, war weit über die Grenzen hinaus bekannt und konnte sich auch der unverhohlenen Sympathie der unteren Schichten erfreuen, da er auch gegen die Staatsgewalt zu kämpfen versuchte. Der „Bärenreißer" galt als extrem gefährlich und unberechenbar, wurde mehrmals verhaftet und ebenso oft schaffte er es, sich aus dem Staub zu machen. Am 27. Dezember 1918 gelang ihm seine letzte Flucht. Kaum einen Monat später, am 19. Jänner 1919, brach er mit seiner Bande in der Patronenfabrik Hirtenberg ein. Die Beute konnte sich sehen lassen: mehr als eine halbe Million Kronen.

Der Kassenschränker und seine Komplizen zogen sich in ihr Hauptquartier, eine Villa in St. Andrä-Wördern in Niederösterreich, zurück. Noch vergingen einige Monate, bis sich die Polizei entschloss, Breitwieser und seine Leute auszuheben. Da seine Gefährlichkeit bekannt war, wurde unauffällig das Anwesen umstellt. Breitwieser hatte vorgesorgt und hätte ohne zu zögern im Keller gelagerte Sauerstoffflaschen in die Luft gejagt, falls ihm die „G'schmierten" (Polizisten) zu nahe kämen.

Er fühlte sich sicher, wurde observiert und am 1. Juni 1919 schwang er sich aufs Fahrrad. Jetzt konnte zugegriffen werden, aber Breitwieser machte seinem Namen alle Ehre, schoss sofort und das Feuer wurde erwidert. Schwer verletzt starb er während der Operation im Wiener Inquisitenspital. Der Unterschlupf der Bande wurde problemlos gestürmt. Bei seinem Begräbnis auf dem Meidlinger Friedhof erwiesen dem Einbrecherkönig an die 20.000 Menschen die letzte Ehre. Noch Jahre später wandten seine Nachfolger bei Tresor- und Kasseneinbrüchen die „Methode Breitwieser" an. Breitwiesers Nachfolger wurde Karl Kopetzky, den am 18. November 1932 in der Grundsteingasse, vor einer sogenannten „Gulaschhütte" in Ottakring, dem 16. Wiener Bezirk, sein Erzrivale Fritz Berger erschoss.

Josef Pecha wollte den Mord an seinem Lehrmeister Kopetzky rächen, lauerte Berger auf, traf zweimal Fensterscheiben, einmal einen Laternenmast und schließlich den Mörder in die Hüfte. Vor Gericht gelang es, Berger als Angreifer darzustellen, worauf Pecha freigesprochen wurde. Fritz Berger fasste 18 Monate aus. Der neue Wiener Unterboss hieß nun Josef Pecha.

Der Tanz auf dem Vulkan

Mit dem Ende des Ersten Weltkrieges, dem Zusammenbruch der Monarchie und einer Neuordnung Europas verschwanden Prüderie und Puritanismus aus der Gesellschaft. Sitte und Moral unterlagen einem grundlegenden Wandel, alte Werte mussten einer neuen, ungezügelten Freizügigkeit weichen. Was noch vor einigen Jahren als unvorstellbar galt, sich in die Niederungen des Pöbels herabzulassen, wurde zur reinen Überlebensfrage.

Ausgediente Heeresoffiziere verdingten sich als Gigolos, als Eintänzer, ließen sich von Damen, oft genug zweifelhafter Herkunft, aushalten. Frau trug Bubikopf, rauchte Zigaretten aus langen Zigarettenspitzen, zeigte Bein und Busen beim Modetanz Charleston.

Die Afroamerikanerin Josephine Baker (1906–1975) wurde zur Ikone dieser Zeit. Als Burlesktänzerin, Schauspielerin und Sängerin trat sie einen Siegeszug um die Welt an. 1928 machte sie Station in Wien und trat im „Ronacher" auf. Halbnackt, nur mit einem „Röckchen" aus Bananen bekleidet.

1925 lagen zwischen 15.000 und 18.000 Prostituierte in den Betten und warteten auf Freier, größtenteils geschlechtskrank. Mit dem Resultat, dass über 100.000 Syphiliskranke in den Wiener Spitälern dahinsiechten.[6]

Justiz und Polizei war das Prostitutionsproblem völlig aus den Händen geglitten. 1921 schilderte das Buch „Der Sumpf von Wien" eindringlich die Zustände: „Ein 17jähriges Mädchen wird für geheime Prostitution zur Höchststrafe, drei Monate Arrest, verurteilt. Mit 14 Jahren aus dem Haus gejagt, stets auf der Straße ergriffen, mehrmals vorbestraft. Immer das gleiche Vergehen. Vergehen? Andere treiben es auch. Aber sie haben eine warme Stube und einen tadellosen Ruf. Das ist kein Verbrechen. Da nennt man es eine freie Lebensauffassung, Flirt, Esprit. Und da gibt es auch keinen Zynismus, sondern die freudig gehörte Stimme der Natur und des Herzens. Was werden drei Monate helfen? Können sie ein Wesen umkrempeln, das unter ordentlichen Umständen eine angejubelte Mondäne von Ruf geworden wäre, eine *Grand cocotte* mit Brillanten und Perlen auf dem Leibe, ein Weib dessen Glorienschein aus demselben Stoff ist, wie das Verbrechen der armen Vagabundin? ... Unserem Recht fehlt noch eine Kleinigkeit. Der Hauch einer besseren Zeit."[7]

Dem ist nichts hinzuzufügen, der Text könnte auch in anderer Formulierung 2009 geschrieben werden, am Beispiel des Stuwerviertels im 2. Bezirk mit der zusätzlichen Verschärfung des Babystrichs in Kombination mit Drogenabhängigkeit, die

die Mehrheit der jugendlichen Prostituierten auf den Strich zwingt. In einem Verzweiflungsakt, anders ist es wohl nicht zu bezeichnen, will die Polizei jeden potenziellen Freier, der in diesem Viertel eine Prostituierte anspricht oder sich ansprechen lässt, anzeigen.

In der Zwischenkriegszeit mit Elend und bitterer Armut hatten viele Frauen kaum eine andere Möglichkeit, als ihre Körper zu verkaufen. Kaum den Kinderschuhen entwachsen, standen die Mädchen am Gürtel und gingen mit jedem für ein paar Münzen mit, während abseits die „Heimkehrer", gestrauchelte Männer – durch den Weltkrieg aus dem Leben gerissen und aus der Gefangenschaft zurückgekehrt – ohne Zukunft, als Zuhälter fungierten. Der Satz eines Zeitgenossen brachte es auf den Punkt: „Das sterbende Wien ist ja so reich an menschlichen Ruinen beider Geschlechter."

Das Prostitutionsproblem lösten erst die Nationalsozialisten auf ihre Weise, indem sie die Huren kurzerhand in die Konzentrationslager abschoben.

Die neue, unbekannte Freizügigkeit ließ die dunkelsten Fantasien und Perversionen ans Tageslicht kommen. Der Gesetzgeber sah stillschweigend über diskrete Salons hinweg, die jede sexuelle Ausrichtung befriedigen konnten, bis im Jänner 1924 die Sprachlehrerin Ida Edith Kadivec im wahrsten Sinne des Wortes zu sehr über die Stränge schlug. In ihrer Wohnung in der Biberstraße 9 hielt sie regelmäßig Sprachkurse für Kinder ab, die ebenso regelmäßig in brutalen, sadistischen Prügelorgien endeten. Noble Herren der feinen Wiener Gesellschaft konnten sich gegen teures Geld an den unschuldigen Kindern vergreifen und austoben. Eine Anzeige brachte Kadivec zu Fall. Ein riesiges Arsenal an Folterwerkzeugen aller Art und umfangreiches pornografisches Material konnten sichergestellt werden. Ihre Strafe fiel relativ milde aus, sechs Jahre schwerer Kerker, wobei sie bereits 1925 im Zuge einer Weihnachtsamnestie ihre Zelle verlassen durfte.

Das Automobil wird zum Komplizen

So einfallslos der Clubname, so erfolglos auch die Mitglieder des Clubs „Geld". Leider übersahen die Nachwuchsgauner eine nicht unwesentliche Kleinigkeit. Das Automobil verschaffte den Gangstern eine neue Mobilität. Allerdings war selbstverständlich auch die Polizei längst motorisiert und das Kapitel der halsbrecherischen Autoverfolgungsjagden konnte eingeläutet werden. Der Zeitungsbericht liest sich wie eine Meldung aus dem Chicago Al Capones zur Prohibitionszeit.

„In der Ferstelgasse", schilderte die „Illustrierte Kronen Zeitung" am 8. November 1929, „nächst der Votivkirche, wird ein Kassenbote, ein alter Herr von den Räubern niedergeschlagen. Sie rasen in einem Auto davon, durchbrechen eine Kette von Polizeibeamten, die Polizisten werfen ihre Säbel gegen das Fahrzeug. Glas splittert ... das Auto rast weiter. Die Wachebeamten nehmen in anderen Automobilen die Verfolgung auf. In rasender Fahrt sausen die Wagen die steile Berggasse hinunter, die Räuber sind nicht einzuholen ... Auf den Trittbrettern der verfolgenden Automobile stehen die Wachebeamten ...".[8]

Die Presse bezeichnete die Bande als „Autobanditen". Nicht nur zahlreiche Zeugenaussagen lagen vor, auch die neuen kriminaltechnischen Methoden wurden den Verbrechern zum Verhängnis. Am Fluchtwagen hatten sie ein primitives Nummernschild aus Karton angebracht. Die Kriminalisten konnten die Herkunft des Pappendeckels eruieren, eine Wiener Druckerei. Ein Setzerlehrling machte sich bald verdächtig und gestand. Dadurch konnten sechs Männer und der Lehrling verhaftet werden. Der Club wollte sich, nach strengen Aufnahmekriterien, ausschließlich auf Raubüberfälle spezialisieren. Bis zu ihrer Verhaftung hatten die Mitglieder einen Kassier in einer Wechselstube am Nordbahnhof um Bares erleichtert, für den Überfall in der Ferstelgasse stahlen sie am 7. November das Fluchtfahrzeug. Danach waren Überfälle auf die Österreichische Sparkasse und die Postsparkasse geplant. Die sieben Männer fassten Kerkerstrafen zwischen zehn Monaten und fünf Jahren aus.

Der eiserne Besen des braunen Terrors

Nachdem Hitler 1933 die Macht in Deutschland übernommen hatte, brachen auch in Österreich härtere Zeiten an, unter denen besonders die Juden zu leiden hatten.

„Wenn wir Deutschland groß machen, haben wir ein Recht auch an uns zu denken. Wir haben es nicht nötig, uns an die bürgerlichen Vorstellungen von Ehre und Reputation zu halten. Mögen die Herren von der ‚Guten Kinderstube' es sich gesagt sein lassen, daß wir das mit gutem Gewissen tun, was sie heimlich tun und mit bösem."[9]

Also sprach der Führer, jedoch nicht öffentlich, sondern im kleinen Kreis bereits 1933. Spätestens nach dem Einmarsch im März 1938 wusste man auch hierzulande Bescheid.

Mit dem Beginn der kurzlebigen „Ostmark" war es auch vorübergehend um die Wiener Unterwelt geschehen.

Leni Riefenstahl trug mit ihren Propagandafilmen wesentlich zu einem sauberen, reinen Image nach außen hin bei. In der Ideologie des Dritten Reiches war kein Platz für Kriminalität.

Natürlich war in der Anfangsphase des „Tausendjährigen Reiches" innerhalb der Verbrechensentwicklung noch kein erkennbarer Unterschied zu der Zeit vor Hitler erkennbar. Reißerische Kriminal- und Prozessberichterstattung wurde aus der gleichgeschalteten Presse verbannt, um der Bevölkerung eine neue Ordnung weiszumachen. Vor Kriegsausbruch erfolgte eine Strafverschärfung für sämtliche nicht politische Delikte. Zwischen März 1938 und April 1945 kam es im Landesgericht Wien allein zu mehr als 1100 Hinrichtungen. In der Zeit von 1874 bis 1918 waren es vergleichsweise 13 Vollstreckungen.

Mit Fortdauer des Krieges drehte sich eine Vielzahl an Vergehen und Verbrechen um die Beschaffung von Lebensmitteln. Im Sommer 1941 flog eine Gruppe von Wilderern im Wienerwald auf, die das Fleisch zu horrenden Preisen auf dem Schwarzmarkt verkauften. Plötzlich waren die kleinen Dinge des täglichen Lebens enorm wichtig geworden, wurden Fahrräder oder Gummimäntel als Objekte der Begierde gestohlen.

In den KZs waren Kriminelle als Insassen eher im Vorteil gegenüber anderen Häftlingen. Die Lagerkommandanten und die SS setzten „Asoziale“ sehr gerne als Kapos in den Baracken ein, die sich dann für Vergünstigungen und Hafterleichterungen gegenüber ihren Mitgefangenen dementsprechend gebärdeten.

Hitler und die Wehrmachtsführung wussten, dass Prostitution auch im Dritten Reich nicht abzuschaffen war. Damit die Moral der Truppen nicht einbrach, sorgte man für den Testosteronabbau der Soldaten, indem Prostituierte gleichsam zu „Staatsdirnen“ wurden, und richtete eigene Wehrmachtsbordelle ein. Drastisch beschreibt Lothar-Günther Buchheim dieses entwürdigende Schauspiel in seinem Roman „Das Boot“: „Die Frauen blieben zwischen den Nummern einfach liegen. Nichts mehr mit Bidethocken, Höschen an, Schöntun, Höschen wieder runter: Ausgeleierte Fleischzylinder, in denen Tag für Tag fünf Dutzend verschiedene Kolben up and down rammelten.“[10]

Neuorientierung der Unterwelt

Mit dem Ende des „Tausendjährigen Reiches“ 1945 musste die Welt neu geordnet werden. Österreich lag in Trümmern und bis zur Zweiten Republik war es ein dornenreicher Weg. Die Nachkriegszeit konfrontierte die Menschen mit großen Problemen, wobei die Hauptlast die Frauen trugen, da ihre Männer entweder gefallen oder in Kriegsgefangenschaft waren. Hinzu kam die Rechtlosigkeit des Landes, das in vier Besatzungszonen eingeteilt war und unter der Kuratel der alliierten Siegermächte stand.

Der ehemalige Boss der Wiener Unterwelt Josef Pecha hatte nach 1938 blitzartig seine Chance erkannt, sich auf die Seite der Nazis geschlagen und Juden denunziert, um sich nach ihrem Abtransport in die Vernichtungslager widerrechtlich deren Eigentum anzueignen. Eigens für diesen Zweck hatte sich der Kriegsgewinnler Pecha in Zwettl ein riesiges Lager angelegt, das nun nach der Befreiung Österreichs von den Alliierten entdeckt wurde. Pecha kam vor Gericht. Allerdings stellte Staatsanwalt Patrovich aus unbekannten Gründen das Verfahren ein und Pecha ging frei. Dafür wurde der Ankläger selbst angeklagt und wanderte hinter Gitter.

Viele Verbrecher, die unter den Nazis inhaftiert worden waren, kamen nun frei und genossen ihr neues Leben. Zwischen 1944 und 1947 trieb die Bande des August Simon, die „Simon-Platte“, die aus rund 70 Schwerverbrechern bestand, ihr Unwesen. Auf ihr Konto gingen 20 Morde und Mordversuche, 48 Einbrüche und 20 Autodiebstähle.

Die großen Zerstörungen, die allgemeine Armut, der permanente Hunger, Arbeitslosigkeit, Invalidität, die anfängliche politische und wirtschaftliche Machtlosigkeit der Zweiten Republik gegenüber den vier Besatzern schürten das Feuer der Kriminalität. Die Mordstatistik war enorm hoch: Zwischen 1945 und 1946 gab es 236 Morde in Wien. In der Sowjetzone waren Frauen und Mädchen Freiwild.

Einige üble Typen suchten auch direkt Unterschlupf bei der Polizei, um im Schutze der Uniform ungehindert ihre kriminelle Energie auszuleben. Nachkriegspolizeipräsident Josef Holaubek musste rigoros durchgreifen, um aus der Polizei wieder einen vertrauenswürdigen Ordnungs- und Sicherheitsapparat zu schaffen.

Die Kaderschmiede für einige der Strizzis, die später in der österreichischen Unterwelt tonangebend waren, ist ein ehemaliger Herrensitz in der Kaiserebersdorfer Straße 297 in Simmering, im 11. Wiener Bezirk. Im Verlauf der wechselvollen Geschichte des alten Schlosses waren die Gemäuer in den nachfolgenden Jahrhunderten Herberge für eine Artilleriekaserne, eine Salpeterfabrik und ein Monturdepot. 1929 wurde die Bundesanstalt für Erziehungsbedürftige und straffällig gewordene Jugendliche eingerichtet. In der Ära des Nationalsozialismus diente das Schloss von 1940 bis 1945 als Jugendgefängnis, danach wieder als Erziehungsanstalt. Ein geflügeltes Wort der Eltern für ihre renitenten Sprösslinge lautete: „Wenn du nicht parierst, kommst du nach Kaiserebersdorf."

Seit 1975 ist das Schloss eine Strafanstalt für Nichtkriminelle, zum Beispiel für schwere Delikte im Straßenverkehr.

Viele, die in dieser Erziehungsanstalt eingesperrt waren, denken mit Schaudern an jene Jahre zurück. Willkür, Gewalt und Züchtigungen wurden stillschweigend toleriert, der Terror der älteren Gefangenen, der Kapos, gegenüber Jüngeren und Schwächeren gebilligt. Bis am 19. November 1952 das Fass am Überlaufen war. 400 Jugendliche begehrten gegen die unmenschlichen Haftbedingungen auf und es kam zur Revolte, die erst in den späteren Abendstunden von der Polizei brutal niedergeschlagen werden konnte. Einer von den fünf verhafteten Rädelsführern war Heinz Karasek, der später in der Wiener Unterwelt bis in die mittlere Führungsebene aufsteigen konnte.

Schleich und Saccharin

Im Resselpark und am Naschmarkt florierte der Schwarzmarkt. Die Schleichhändler schacherten mit Genussmitteln wie Zigaretten, Kaffee und Alkohol, verdienten sich eine goldene Nase und waren ständig auf der Hut vor Kontrollen der „Vier im Jeep".

Orson Wells wurde von Joseph Cotten in Carol Reeds Film „Der Dritte Mann" durch das Wiener Kanalnetz gejagt. Anton Karas' liebliche Zitherklänge konnten nicht die gefährlichen Zeiten übertönen, in denen die Menschen leben mussten. Das Kanalsystem als Spiegelbild der menschlichen Abgründe und Tiefen, denn ein Menschenleben zählte nichts. Der Krieg hatte die Gefühle sterben lassen. Wer den Fronten, den Bomben und den KZs entkommen war, wollte seinen unstillbaren Lebenshunger stillen. Die Art und Weise war egal. Wenn einer dabei draufging, wen kümmerte es. Das Hemd war näher als der Rock.

Den Schwarzmarkt während der Besatzungszeit organisierten emigrierte Wiener Juden in Amerika, aber auch in der Sowjetunion und in Polen. Den Transportschutz und die -überwachung übernahmen Wiener Unterweltler. Fünf große Schmugglerbanden versorgten die Not leidende Bevölkerung mit den wichtigsten Waren.

Alkohol kam aus Polen und der Sowjetunion, Zigaretten und Kaffee aus den USA. Natürlich machten auch die Alliierten damit einen ordentlichen Reibach. Kriegsschiffe brachten die heiße Fracht nach Hamburg, dort warteten bereits Wiener Strizzis und luden die Waren auf Lkws um, fuhren in die Tschechoslowakei, wobei sich die Chauffeure mit sowjetischen Uniformen tarnten, und lagerten das Schmuggelgut in Depots, womit dann der Wiener Schleichhandel versorgt wurde. Schießereien mit österreichischen Zöllnern und der Polizei waren an der Tagesordnung.

Der „Schleich“ blühte in den Zonen untereinander. Die Schieber schacherten, verkauften und tauschten ganze Lkw-Ladungen zwischen den Zonengrenzen.

Amerikanische Zigaretten standen hoch im Kurs. Bei den Sowjets konnte man in den USIA-Läden billig, neben anderen Produkten, auch Zigaretten und Alkohol kaufen, doch die Qualität war schlecht und nicht sonderlich begehrt. USIA wurde 1946 aufgrund der Potsdamer Beschlüsse gegründet und verwaltete das „Deutsche Eigentum“, das die Sowjets beschlagnahmt hatten und als Reparation ansahen.

Rudolf St., aus einer Meidlinger Marktfahrerfamilie, war der Boss einer der größten Schmugglerorganisationen, der im Palais

Rothschild am Währinger Gürtel logierte. Er überwachte die Transporte der russischstämmigen Wiener Juden, deren Lieferungen aus der Sowjetunion und den USA in der Tschechoslowakei eintrafen, und versorgte die Schwarzmärkte in allen großen europäischen Städten. 1947 wurde er, in einer sowjetischen Hauptmannsuniform, von den Sowjets geschnappt. Ohne Prozess lautete das Urteil 16 Jahre Arbeitslager. Doch mit 200.000 Dollar Bestechungsgeld konnte er sich die Freiheit erkaufen.

Schmuggler und Schleichhändler wie beispielsweise die Brüder Sropnik waren in diesen Zeiten hoch angesehen und die Bevölkerung sah in deren Tätigkeiten keinerlei Verbrechen. Zöllner, Polizisten und Besatzungssoldaten galten als Feindbilder, weil sie den Schleich zu unterbinden und zu bekämpfen versuchten, der illegale Handel jedoch zumindest eine gewisse Grundversorgung garantierte.

Ein Deutscher regiert

Die Tage des Wiener Unterweltkönigs Josef Pecha waren gezählt. Ein neuer Herrscher betrat die Bühne. Karl „Klaus" Mzik übernahm das Zepter. Der Pate des „Stoß" – ein illegales Kartenglücksspiel – zog völlig neue Saiten auf, indem er nur mit „Bugln" – bewaffneten Leibwächtern – auftrat. Er krempelte die „Galerie", die Wiener Unterwelt, gründlich um. Der Stoß verteilte sich über die Wiener Bezirke, die unter der Kontrolle von „Klaus" und seinen Leuten standen. Jeder Lokalinhaber, in dessen Hinterzimmer das illegale Kartenspiel lief, musste Schutzgeld zahlen. „Klaus" kontrollierte mit seiner Prater-Partie und schnitt kräftig an jedem Spieltisch mit. Wer nicht spurte, musste mit schweren Repressalien rechnen. Ihm zur Seite stets sein Adjutant, Josef Angerler, genannt der „G'schwinde", da er schnell zur Waffe griff. In Unterweltkreisen legendär ist die Umgangsweise mit Gegnern oder säumigen Zahlern. Karl „Klaus" Mzik spürte in Begleitung

Angerlers den Abtrünnigen auf, ließ ihn niederknien, während ihm der „G'schwinde" den Pistolenlauf in den Nacken presste. Doch kein Schuss fiel. Es folgte die ärgste Demütigung, die einem Unterweltler widerfahren konnte: der „Itzler", ein Tritt mit der Schuhspitze ins Gesäß, verbunden mit lebenslangem Spielverbot in Bezug auf den Stoß.

Josef Pecha, inzwischen 60 Jahre alt, hatte gegen den jüngeren Mzik keine Chance. Im Mai 1957 kam es im Café Pernfuß, einer Stoß-Hochburg, infolge eines Streits zu einer Schießerei zwischen ihm und einem Nachwuchsgangster, die mit einer Schussverletzung an Pechas Bein endete. Vor Gericht bestritt Pecha alles, wusste von nichts – Ganovenehre.

Auch Fritz Berger, Pechas Todfeind, kam wieder aus der Versenkung zum Vorschein, wollte ebenfalls ein Wörtchen um die Vorherrschaft in der Wiener Unterwelt mitreden und scheiterte abermals an seinem Widersacher Pecha. Wieder überlebte Berger seine Schussverletzungen und wie er aufgetaucht war, verschwand er auch wieder. 1966 erhängte er sich an einem Baum in einem Park in München.

Pecha konnte wieder nichts nachgewiesen werden, errang sich dadurch den Ruf eines Notwehrspezialisten. Pecha war nicht nur mit der Pistole schnell, er konnte auch mit dem Messer umgehen. Am 2. Juli 1949 bewies er seine Fertigkeit im Café Titania am Hernalser Gürtel, als es während eines Stoßspiels zu Unregelmäßigkeiten gekommen war. Sein Gegner Josef Turian überlebte die Messerstecherei nicht, Pecha selbst wurde verletzt und blieb am Leben. Sämtliche Zeugen sagten vor Gericht für Josef Pecha aus und er wurde wieder einmal mehr freigesprochen.

Bald wollte ihm ein neuer Notwehrspezialist, Josef Krista, ein Gefolgsmann von Karl „Klaus" Mzik, diesen Rang streitig machen und Pecha sogar übertreffen. Der Mann mit dicker Hornbrille sah aus wie ein biederer Bankangestellter oder Versicherungsvertreter und war brandgefährlich. Siebenmal stand er unter Mordanklage und erhielt sieben Freisprüche.

Schließlich sah Pecha ein, dass er gegen die nachrückende Unterweltgeneration nur mehr verlieren konnte. Außerdem hatte „Klaus“ ein mehr als ernst zu nehmendes Argument. Im Café Corso erschien Karl „Klaus“ Mzik mit seinen Prätorianern und legte als unmissverständliches Zeichen eine Pistole auf den Tisch. Josef Pecha zog sich endgültig aus der Schusslinie zurück.

Tödliche Musik von der Platte

Wertvolle Stützen für die absolutistische Macht von Mziks Gang waren seine beiden Adjutanten Josef „Der G'schwinde“ Angerler und Josef „Notwehr“-Krista. In späteren Jahren werden Angerler und Krista tödlich verfeindet sein. Krista absolvierte die für diese Zeit typische Strizzikarriere: Aufstieg vom kleinen Fahrraddieb bis zum mächtigen „Platten“-Boss. „Platte“ ist ein alter Wiener Unterweltausdruck für eine kriminelle Organisation.

Viele später prominente Unterweltler waren Sprösslinge von Marktfahrer- und Zirkusfamilien.

Krista entstammte einer Wiener Marktfahrerfamilie, die Obst- und Gemüsehandel betrieb, er selbst stieg später in den Großhandel ein und belieferte die Marktstände. Während der Besatzungszeit kam Krista mit dem Schleichhandel in Berührung und wurde als 25-Jähriger von Benno Blum, dem berüchtigten Zigarettenschmuggler, als dessen Chauffeur engagiert. Blum, ein Wiener Jude, schmuggelte ungarische Glimmstängel en gros unter dem Schutz der Sowjets. Eine Zeit lang versuchte er sich, allerdings erfolglos, als sowjetischer Geheimagent. Im April 1950 wurde er unter nie restlos geklärten Umständen in seiner Wohnung in Ottakring von CIA-Agenten erschossen.

Josef Krista konnte sich rasch innerhalb der Blum-Organisation einen Namen schaffen, weil er als rücksichtslos und brutal galt. Nachdem sein Boss getötet worden war, machte er in diesem Geschäft selbst weiter und kooperierte mit Carol Holländer, einem weiteren Zigarettenschmuggler. Doch die Geschichte ging schief und gegen beide wurde ein Prozess angestrengt. In der Besatzungszeit war es nicht schwer, ein österreichisches Gericht auszutricksen. Der Prozess fand im Grauen Haus in der amerikanischen Besatzungszone statt. Krista blieb zu Hause in seiner Wohnung in der Wallensteinstraße im 20. Bezirk, die in der Sowjetzone lag. Da er sich vor den Amis fürchte, könne er nicht erscheinen, teilte er dem Gericht mit, schließlich war er ehemaliges Mitglied der Blum-Organisation, wissend, dass die Sowjets über ihn ihre schützenden Hände hielten. Daraufhin fand der Prozess in Favoriten, im 10. Bezirk, in der sowjetischen Zone statt. Dieses Mal blieb Holländer zu Hause, weil er wiederum von den Amerikanern protegiert wurde und sich vor den Sowjets in Acht nehmen musste. Krista kam dennoch nicht ungeschoren davon. Mehrere Monate saß er in einer Zelle und bekam zusätzlich eine Geldstrafe aufgebrummt.

Nach seiner Entlassung stieg er in die Platte von Karl „Klaus“ Mzik ein, zuerst als Kontrolleur für das Stoß-Spiel und Schuldeneintreiber. Eine beinahe tödliche Auseinandersetzung Ende Oktober 1952 im Café Fichtehof im 1. Bezirk schuf den Grundstein für seinen legendären Ruf als Notwehrspezialist. Zwei „Frankisten“, zwei normale Bürger, wollten unbedingt an einer Partie Stoß teilnehmen, was den „Galeristen“, den spielenden Unterweltlern, überhaupt nicht gefiel. Doch der Autobuschauffeur Rudolf L. und der Bäckergehilfe Franz M. waren unbelehrbar. L. erhielt einen lebensgefährlichen Halsstich. Als die Polizei eintraf, gab es nie eine Kartenrunde und die Ermittler rannten gegen eine Mauer des Schweigens. Selbst Blutspuren im Lokal hatten sich in Luft aufgelöst. Vor Gericht litt das Opfer Rudolf L. an extremen Erinnerungslücken, der Zeuge Franz M. beging in seiner Wohnung Selbstmord mit Leuchtgas, nachdem ihn Kristas Leute massiv unter Druck gesetzt hatten. Krista und weitere Angeklagte gingen mit Freisprüchen in den Taschen nach Hause.

Keine zwei Jahre verstrichen, als sich Josef Krista einmal mehr seiner Haut wehren musste. Am 11. November 1954 traf der tödliche Schuss den 45-jährigen Karl „Siebenweißer" Ludwig im Café Westbahn in der Felberstraße im 15. Bezirk. Ludwig, gerade wegen Totschlags an einem Stoßspieler aus sechsjähriger Haft entlassen, hatte durch den Gefängnisaufenthalt den Anschluss an seine ehemalige Partie verloren und beging letztendlich einen tödlichen Fehler, indem er die „Bank", also das eingenommene Geld, einer fremden Stoßrunde raubte. Leider stand diese Partie unter dem Schutz von Karl „Klaus" Mzik, dessen Unterführer, neben dem „G'schwinden" alias Josef Angerler, Josef Krista war. Ludwig blieb unbeeindruckt, selbst als ihm Krista das eigene Todesurteil ausrichten ließ, und suchte demonstrativ die Herausforderung. In Begleitung von sechs „Bugln" – Leibwächtern – betrat er das Café. Krista wartete gelassen den Showdown ab, entsicherte seine Waffe und steckte sie wieder ein. Erst als ihm Ludwig einen Wangenstich verpasst hatte, feuerte er sein gesamtes Magazin in den Widersacher. Vor Gericht wurde der astreine Mord ein weiteres Mal so hingebogen, dass Krista nur kurzfristig wegen fahrlässiger Tötung und Notwehrüberschreitung einsitzen musste. Damit war sein legendärer Ruf als „Notwehr"-Krista endgültig besiegelt.

Wieder aus der Zelle zurück im Leben, ernannte Mzik ihn und Angerler zu gleichwertigen Geschäftspartnern. Ein schwerer Fehler, den „Klaus" später bitter bereuen sollte …

---

1 vgl. Edelbacher, Seyrl, S. 55

2 ebd.

3 Magnus Hirschfeld, Andreas Gaspar (Hg.), Sittengeschichte des Ersten Weltkrieges. Hanau 1929, S. 28

4 vgl. Thomas Bauer, Kriegsbordelle, in: Der Kriminalbeamte, März 1992, S. 51

5 vgl. Edelbacher, Seyrl, S. 140

6 Mauthner-Weber, S. 74

7 ebd., S. 75 f.

8 vgl. Edelbacher, Seyrl, S. 147

9 ebd., S. 166

10 Hans Peter Bleuel, Das saubere Reich. Die verheimlichte Wahrheit. Eros und Sexualität im Dritten Reich. Bern, München 1972, S. 7

Eine neue Generation räumt auf – Krieg in der Unterwelt

Ein stolzer Bundeskanzler Leopold Figl präsentierte vom Balkon des Schlosses Belvedere einer unübersehbaren jubelnden Menge den Staatsvertrag, das Dokument der neuen wiedererlangten österreichischen Freiheit. Die Kriegsschäden waren zwar noch nicht getilgt, doch das Wirtschaftswunder hatte bereits gegriffen und die Bevölkerung sah verheißungsvoll in die Zukunft.

Die Granden der alten Unterwelt vor dem Zweiten Weltkrieg gab es nicht mehr. Entweder waren sie gefallen, in den Konzentrationslagern getötet worden oder sie räumten nach Kriegsende ihre Plätze, um der nachdrängenden, neuen Generation nicht im Wege zu stehen. Die Nachfolger vergeudeten keine Zeit, wollten sich nicht hochdienen, verzichteten auf solide Ausbildungen in ihrem Gewerbe durch die Spezialisten als Einbrecher und Tresorknacker.

Vor dem Krieg lohnte sich das Berufsverbrechertum tatsächlich, da sich die Kriminellen auf große Sympathie innerhalb der sozial schwachen Schichten verlassen konnten, und das bedeutete, im Ernstfall dichtzuhalten. Niemand sah und hörte etwas. Das große Schweigen, und die Polizei hatte oft genug das Nachsehen. Probleme innerhalb der Unterwelt wurden nicht nach außen getragen und intern gelöst. Für Einbruchs- und Raubbeute fanden sich zahlreiche diskrete Hehler. Falschspiel, illegale Glücksspiele, Betrügereien und Zuhälterei erlebten eine Hochkonjunktur.

Nachdem am 25. Oktober 1955 der letzte alliierte Soldat Österreich endgültig den Rücken gekehrt hatte, konnte wieder an eine Reorganisation der Unterwelt und eine Neuaufteilung der

Reviere gedacht werden. Das Wirtschaftswunder brauchte keinen Schleichhandel mehr und damit fiel ein wesentlicher Geschäftszweig aus.

Der Fleischwolf

Ein spektakulärer Mord im Zusammenhang mit dem Schleich sorgte noch Jahre später für Aufsehen, wildeste Gerüchte und Spekulationen. In der Nacht vom 21. auf den 22. November 1952 wurde in seinem Geschäftslokal in der Alserstraße im 9. Bezirk der als „Cadbury-King" in ganz Wien bekannte Schleichhändler Johann Arthold mit einem Küchengerät, einem Fleischwolf, erschlagen. Fürchterlich zugerichtet wies die Leiche auch zahlreiche Schnittverletzungen im Halsbereich auf. Sein Spitzname leitete sich von der gleichnamigen Schokolade her. Kurz vor seiner Ermordung war er mit einer jungen Frau beim Heurigen gewesen. Mit ihr zusammen war er zuletzt gesehen worden. Die Kriminalisten fanden am Tatort zwei Straßenbahnfahrscheine, konnten die Schaffnerin ausforschen und diese eine Personenbeschreibung einer Frau in einer Pelzjacke in Begleitung des Schiebers abgeben.

Rasch war seine Begleiterin, Adrienne Eckhardt, gefasst und sie gestand vorerst. Später widerrief sie vor dem Untersuchungsrichter, wollte nur Helferin gewesen sein. Den Mord selbst verübte ein gewisser Konstantin Bertini, der auch das Mordopfer mit Rauschgift beliefert haben soll. Sein auffälligstes Merkmal: Er trug stets den damals äußerst beliebten Dufflecoat. Das Resultat: Ganz Wien verfiel in eine ergebnislose Dufflecoat-Hysterie. Das Phantom Bertini konnte nie gefasst werden. Dafür war die Indizienlast gegen Eckhardt umso belastender. In ihrer Wohnung fanden sich Raubbeute und das vermutliche Tatwerkzeug, der Fleischwolf. Im Geschworenenprozess im März 1953 blieb sie dennoch bei ihrer Version, doch man glaubte ihr nicht. „Die Mörderin mit dem Engelsgesicht", wie sie die Zeitungen bezeichneten, erhielt den

„Frack“ – lebenslänglich. Das Urteil wurde später auf 20 Jahre Haft herabgesetzt. Wegen guter Führung bereits 1967 wieder in die Freiheit entlassen, verlor sich ihre Spur. Ihr Geheimnis hat Adrienne Eckhardt nie preisgegeben. Mit hoher Wahrscheinlichkeit hatte bei diesem Mord die Wiener Unterwelt mitgemischt. Die wahren Hintergründe konnten nie geklärt werden.

Der Ehrenkodex gilt nicht mehr

Vor dem Krieg waren in der „Galerie“, der Unterwelt, Schusswaffen nicht nur verpönt, sondern ausdrücklich verboten. Wer dennoch mit dem „Pumperer“ in der Hand ein illegales Geschäft durchziehen wollte, konnte sich sicher sein, von den eigenen Leuten denunziert und ans Messer geliefert zu werden, indem er an die Polizei „verwamst“ wurde. Wer bei einem Coup einen Unbeteiligten tötete, wurde ebenso gnadenlos ausgeliefert.

In der neuen Generation saßen die Waffen locker. Josef Krista, Josef Angerler, Matthias Unger, Heinz Karrer und einige andere beugten sich diesem alten Kodex nicht mehr. Indirekt waren auch die Alliierten, insbesondere die Amerikaner, an diesen bislang unbekannten Gewaltausbrüchen mitschuldig. In ihrem Sog zogen sie US-Gangster großen Stils, wenn auch nur durch Film, Zeitungen und Magazine, wie Al Capone, Frank Costello, Lucky Luciano, Meyer Lansky oder John Dillinger, mit sich, die natürlich in der heimischen Unterwelt nicht unbemerkt bleiben.

Zentrum der aufkeimenden Auseinandersetzungen war die Praterstraße zwischen Nestroyplatz und Praterstern mit dem Tegetthoff-Denkmal im 2. Bezirk. Kaffeehäuser wie das „Alhambra“, „Tosca“, „Dogenhof“ und „Budapest“ bildeten die Stützpunkte, wo der Bauchstich ebenso obligat wie das Glas Wasser zum großen Mokka war. Das Viertel zwischen Franzensbrücken- und Zirkusgasse zählte ebenso wie die Ausstellungsstraße sowie der Prater dazu.

Mit Beginn der 1950er Jahre begann der erste große Bruch innerhalb der Unterwelt. Jetzt rächte sich Karl „Klaus" Mziks Fehler, einst seine Adjutanten, den „G'schwinden" alias Josef Angerler und „Notwehr"-Krista, zu gleichberechtigten Partnern aufsteigen zu lassen. Angerler trennte sich von Mzik, wurde im Milieu bereits als der neue Boss angesehen. Krista, noch ein Freund des „G'schwinden", blieb bei „Klaus". Es war eine perfekt ausgeklügelte Verschwörung gegen Mzik, denn Krista blieb nur zum Schein an der Seite seines Bosses und sollte Angerler rechtzeitig vor eventuellen Maßnahmen gegen ihn warnen. Josef Krista hatte wesentlich dazu beigetragen, dass Mzik sein Imperium ausbauen und vor allem halten konnte. Nun fiel ihm sein Adjutant in den Rücken und provozierte ihn, indem er wochenlang keine Gelder aus den Stoßlokalen an den Boss ablieferte. Am 2. Juli 1959 zitierte ihn Mzik ins Café Zentral in der Mariahilfer Straße. Darauf hatte Josef Krista nur gelauert.

Dieses Kaffeehaus gehörte noch bis vor Kurzem der Konkurrenz, doch „Notwehr"-Krista löste das Problem auf seine Weise. Plötzlich lag einer der Konkurrenten tot am Boden. Angeblich ein unglücklicher Unfall beim Hantieren mit einer Pistole, für den sich Krista niemals verantworten musste. Selbstverständlich brach wieder einmal im Milieu das große Schweigen aus. Nichts gesehen, nichts gehört und nichts ausgesagt.

Karl „Klaus" Mzik, umgeben von seiner Prätorianergarde, machte seinem Adjutanten unmissverständlich klar, wer hier nach wessen Pfeife zu tanzen hatte. Der Streit zwischen den beiden Männern eskalierte und Mzik beging einen zweiten schweren Fehler. Er schlug Krista ins Gesicht und zog seine Pistole. Eine unverzeihliche Demütigung.

„Notwehr"-Krista sauste aus dem Lokal zu seinem Auto und kehrte mit seiner Waffe zurück. Zweimal in den Bauch getroffen, wälzte sich Mzik in seinem Blut. Danach tauchte Krista ein paar Tage unter, um sich dann selbst zu stellen, und wurde wegen Mordversuchs in Untersuchungshaft genommen. Im sechs Monate später folgenden Prozess wurde Josef Krista seinem Ruf als Notwehrspezialist wieder einmal mehr als gerecht. Das milde Urteil: fünf Monate strenger, verschärfter Arrest wegen verbotenen Waffenbesitzes.

Zwar überlebte Karl „Klaus“ Mzik, doch seine Macht hatte er verspielt. Zu seinem Pech wurde er am 14. Mai 1961 im Café Tosca in der Praterstraße in eine neuerliche Schießerei im Streit um eine Prostituierte verwickelt. Dabei schoss er seine Kontrahenten, Johann Adamec und Gottfried Oralek, an und verletzte sie leicht. Vor Gericht das übliche Spiel, großes Schweigen. Doch man erinnerte sich, dass Mzik eigentlich deutscher Staatsbürger war, und schob ihn aus Österreich ab. „Klaus“ verlegte seine illegalen Geschäftsinteressen nach Düsseldorf und vergaß niemals auf seine Goldenen Jahre in der Walzerstadt.

Am 1. August 1962 schrieb der „Expreß“: „Das zweite Leben des Klaus-Karl: Wiener als Bandenchef in Düsseldorf ... Eine Reihe prominenter Wiener Unterweltler ist sozusagen landflüchtig geworden und hat sich Düsseldorf als Refugium und Privatparadies erwählt ... schart sich die österreichische Kolonie in Düsseldorf um den ehemaligen Wiener Unterweltkönig Karl Mzik, 47 ...“.

Wie seinerzeit in Wien gelang Mzik auch in Düsseldorf rasch der Aufstieg zum gefürchteten Boss. Gewisse Verbindungen rissen nicht ab und daher gingen auch bald Wiener Prostituierte für ihn in seinem neuen Revier auf den Strich.

Josef Krista hatte es vorerst geschafft. Vorher war er nur ein Befehlsempfänger und nun, wieder in Freiheit, der Chef seiner eigenen Platte. Doch es reichte ihm nicht. Er wollte Boss der gesamten Wiener Unterwelt werden und für dieses Vorhaben standen ihm zwei Leute im Weg: Josef Angerler und ein aus dem Nichts aufgetauchter Heinz Karrer.

Manchmal besitzen Leute die verhängnisvolle Gabe, zum ungünstigsten Zeitpunkt am falschen Ort zu sein. Nach einer privaten Feier am 21. Juli 1961 erklärte sich der Gastgeber, der 25-jährige Baggerführer Friedrich Oswald aus Aspern im 22. Bezirk, bereit, seine Freunde nach Hause zu chauffieren. Auf seiner Route durch den 2. Bezirk musste er plötzlich in der Heinestraße einem blockierenden Pkw ausweichen. Beim Auto standen drei Männer und unterhielten sich: Josef Krista, sein Leibwächter Matthias „Motzl“ Unger und Helmut S. Oswald pöbelte aus seinem Auto, ohne zu wissen, dass er gerade im Begriff war, sich mit drei gestandenen Unterweltlern anzulegen. Ein Wort gab das andere. Oswald stoppte sein Fahrzeug, stieg aus und die drei wollten ihn zusammenschlagen. Er lief zurück, holte aus dem Wagen ein Montiereisen. Unger stach sofort zu und traf den Baggerführer mitten ins Herz. Oswalds Freunde und seine schwangere Frau wollten zu Hilfe eilen. Mit Stahlruten schlugen Krista und S. Oswalds Gattin und die Freunde brutal zusammen. Friedrich Oswald verstarb wenig später. Im allgemeinen Tohuwabohu tauchten Krista und seine Leute kurzfristig unter.

Vor Gericht bekannte sich Josef Krista erstmals schuldig. Matthias „Motzl“ Unger und Helmut S. fassten sieben Jahre aus. Aus völlig unverständlichen Gründen kam Krista mit lächerlichen zwei Monaten unbedingt wegen leichter Körperverletzung mehr als glimpflich davon. Ob sich der Richter wohl durch die Gefährlichkeit seines inzwischen prominent gewordenen Angeklagten beeinflussen ließ?

Am „Felsen“, dem Unterweltausdruck für die Justizstrafanstalt Stein an der Donau in Niederösterreich, festigte „Motzl“ Unger seinen Ruf als knallharter Kapo, der mit seinen Leuten andere Häftlinge terrorisierte. Einer, der verurteilte Dieb Adolf Schicho, wagte sich Unger zu widersetzen und vertraute auf seine Karatekünste. Doch gegen einen „Zellen-Feitel“, ein selbst gebasteltes Messer, hatte er keine Chance. Ein Schnitt von Unger, und Schichos Halsschlagader war zerfetzt. Blitzschnell wurde ein zweites Messer zum Sterbenden gelegt, um mit Notwehr argumentieren zu können.

Heinz Karrer tanzt aus der Reihe

Nachdem Karl „Klaus“ Mzik gewissermaßen durch die Verschlagenheit seines Adjutanten Josef Krista und mit anschließender gerichtlicher Hilfe aus Wien vertrieben worden war, übernahm Josef „der G’schwinde“ Angerler die Agenden. Als Dank dafür durfte Krista seine eigene Platte führen, doch der Notwehrspezialist führte Größeres im Schilde.

Der „G’schwinde“, Jahrgang 1917, überlebte die Kriegsjahre im KZ wegen angeblicher politischer Vergehen. Zwei Jahre nach dem Ende des Zweiten Weltkrieges, 1947, wurde er zum ersten Mal wegen Falschspiels verurteilt.

Seine Unterweltkarriere sollte nur 20 Jahre, bis 1967, dauern. In dieser Zeit brachte er es auf 35 Vorstrafen auf seiner „Speisekarte“, dem Vorstrafenregister.

Krista und Angerler kannten sich seit den 1940er Jahren. Beide gaben als offizielle Berufsbezeichnung Kaufmann an, Krista auch manchmal kaufmännischer Angestellter. Tatsache blieb, dass Angerler in seinem Leben nie eine legale Arbeit verrichtet hatte und sich stets von seiner Lebensgefährtin, die er später heiratete, aushalten ließ.

1964 eskalierten die Streitereien um die Kontrolle der Wiener Stoßlokale endgültig. Die einzelnen Partien wollten es wissen: Alois und Norbert Schmutzer, die „Schmutzer-Buam“ (Buben); Anton Ö., Oswald Stanka mischten in diesem Machtpoker mit.

Es kam zu Situationen, die heute kaum mehr vorstellbar sind. Am helllichten Tag wurden Cafés im Prater gestürmt, Schießereien fanden auf offener Straße statt. Ein Glück, dass im Grunde schlechte Schützen schossen und somit Unbeteiligte nicht getroffen wurden.

Angerler wollte unbedingt das Café Jo-Jo in der Ausstellungsstraße im 2. Bezirk unter seine Kontrolle bringen, doch der blutjunge 24-jährige Besitzer Heinz Karrer legte sich quer. Das verkraftete der „G'schwinde“ nicht und der offene Krieg war vorprogrammiert.

Karrer hatte mit Angerler noch eine offene Rechnung zu begleichen. 1963 unterlag er ihm in einer Auseinandersetzung und verlor sein Gesicht, weil er sich vor Angerler, der ihn mit gezogener Waffe bedrohte, niederknien musste, um Abbitte zu leisten.

Am 7. Oktober 1964 wollte Karrer sich für die erlittene Schmach rächen. Der junge Heißsporn legte sich vor einem Pratercafé auf die Lauer. Als der „G'schwinde“ auftauchte, schoss Karrer, verfehlte ihn jedoch. Auch Angerler erwiderte das Feuer, ohne zu treffen. Später zählte die Polizei zwölf Patronenhülsen.

Während Karrer flüchten konnte, wurde Angerler geschnappt und gleich wieder freigelassen. Am nächsten Tag kam es zu einer Neuauflage des Duells. Gegen zwei Uhr morgens rückte Angerler mit Krista, Franz A. und weiteren Getreuen an. Ein Freund Karrers beobachtete das Heranrücken des Rollkommandos auf das Café Jo-Jo und wollte ihn warnen. Von der nächsten Telefonzelle aus rief er Karrers Frau an, die im Lokal war. Doch Angerler bemerkte den ungebetenen Anrufer, zerrte ihn heraus und verprügelte ihn.

Angerler und seine Komplizen stürmten das Café, zerlegten die Einrichtung und knöpften sich die Gäste vor. Heinz Karrer schlief in der Wohnung über dem Café. Seine Frau konnte ihn wecken und er stürzte mit gezogener Waffe in sein Lokal. Angerler und Karrer schossen sofort, ohne jedoch einander zu treffen. Nach dem Schusswechsel flüchteten der „G'schwinde“ und seine Kumpane.

Josef Angerler, Josef Krista und ihre Mitstreiter wurden verhaftet, Heinz Karrer war flüchtig. Trotz Hausdurchsuchungen blieben die Waffen wie vom Erdboden verschluckt. Im Verhör versuchte Angerler, die Schuld auf Karrer zu schieben, er gab vor, von ihm angegriffen worden zu sein und er selbst wäre nur mit einem Gasrevolver bewaffnet gewesen. Karrer stellte sich einige Tage später, erzählte seine Version und war mit einem Gasrevolver bewaffnet. Sein und Angerlers Pech: Die am Tatort gefundenen Patronenhülsen stammten von scharfer Munition.

Am 13. März 1965 fielen im Wiener Landesgericht die Urteile. Zwei Jahre schwerer Kerker für Angerler, 18 Monate für Karrer und zehn für Krista, zusätzlich für alle drei die Einweisung ins Arbeitshaus, allerdings bedingt auf drei Jahre.

In den Rücken gefallen

„Notwehr"-Krista, der die geringste Strafe verbüßen musste, kam daher als Erster wieder frei und übernahm die Funktion des Bosses, bis auch Josef Angerler wieder das Gefängnis verlassen durfte. Doch nun wurde aus Freundschaft tödliche Feindschaft, da Krista nicht im Traum daran dachte, wieder in die zweite Reihe zurückzutreten. Im Milieu kursierten wilde Gerüchte. Der „Notwehrspezialist" hätte bereits vor dem Prozess ein Arrangement mit der Polizei getroffen und in der Voruntersuchung gegen seinen Boss ausgesagt.

Permanente Präsenz ist für Führungspersönlichkeiten in der Unterwelt überlebenswichtig. Der Umstand, zwei Jahre von der Außenwelt abgeschnitten zu sein, wurde Angerler zum Verhängnis. Als sich endlich auch für ihn die Gefängnistore wieder öffneten, war es bereits zu spät. Josef Krista war inzwischen zu mächtig geworden, viele von Angerlers Gefolgsleuten hatten das Lager gewechselt. Dennoch setzte der „G'schwinde" seinen ehemaligen Freund und nunmehrigen Todfeind unter Druck. Mehrmals täglich rief er Krista an und stieß wilde Morddrohungen gegen ihn aus. Angerler konnte warten und er wusste, sein Tag der Abrechnung würde kommen. Als einige Leibwächter Kristas verhaftet worden waren, zog der „Notwehrspezialist" die Konsequenzen, überließ den 2. Bezirk wieder Angerler und zog selbst in den 3. Bezirk weiter, wo er im Café Kolonitz sein neues Hauptquartier einrichtete.

Jetzt konnte Angerler dem verhassten Konkurrenten endlich den ersehnten Denkzettel verpassen und zugleich sämtliche Aufstände innerhalb der Unterwelt im Keim ersticken. Am 9. Mai 1968 entschied sich für beide das weitere Schicksal. Josef Krista sah sich im Café Kolonitz einen Fernsehfilm an und verließ kurz danach das Lokal. Nachdem er wieder zurückgekehrt war, steckten ihm seine Leute, dass ihn im Hinterzimmer Besuch erwarte. Furchtlos ging Krista auf den Vorhang zu, der den Gästeraum vom Hinterzimmer trennte. Dahinter warteten Josef Angerler, sein Sohn Friedrich mit seiner Verlobten Hermine Witlaschek und einige weitere Leute. Kaum dass Krista den Vorhang berührt hatte, traf ihn bereits der erste Schuss und zertrümmerte sein rechtes Knie. Angerlers Erzfeind verschoss sein gesamtes Magazin. Ein Projektil erwischte den „G'schwinden" im Rücken, die junge Frau wurde sechsmal getroffen und verstarb. Auch Friedrich Angerler beteiligte sich an der Schießerei.

Später wurde sein Vater im Krankenhaus an der Wirbelsäule operiert, Josef Krista verlor fünf Monate später aufgrund der schweren Verletzung sein rechtes Bein.

Der Prozess am 13. Mai 1970 schaffte es nicht, die verworrenen Umstände zu klären. Immer wieder war die Rede von einem geheimnisvollen Dritten, der aufseiten Kristas mit geschossen haben soll. Die wenigen Augenzeugen verwickelten sich in Widersprüche. Sätze, wie „Ich bin zum Spielen [Stoß, Anm. d. A.] gekommen und nicht zum Leute anschauen" oder, als es krachte, „bin ich sofort auf das Herrenklo geflüchtet", musste sich der Richter anhören, worauf er schmunzelnd konterte, dass es dort sehr eng gewesen sein musste.[1]

---

1 vgl. Geher, S. 148

Diesmal kam Josef Krista mit seiner bewährten Notwehrtaktik nicht mehr durch. Die Geschworenen befanden beide, Angerler und Krista, für schuldig. Der „G'schwinde" erhielt vier Jahre und Krista wegen Mordes zehn Jahre. Krista tobte im Gerichtssaal und konnte nur mit Mühe abgeführt werden. Das Urteil verkraftete er nicht. Wenige Stunden später vergiftete er sich in seiner Zelle. Man nahm an, dass ihm das Gift während des Tumults nach der Urteilsverkündung zugesteckt worden war. Josef Krista wurde 48 Jahre alt. Sein Widersacher Josef Angerler konnte sich an diesem Triumph nicht lange erfreuen. In der Strafanstalt Stein starb der „G'schwinde" wenige Monate später mit 53 Jahren an einem Herzinfarkt.

Mit dem Tod der beiden Doyens der Wiener Unterweltkönige endeten die Plattenkriege in der Wiener Unterwelt. Wieder musste ein würdiger Nachfolger gefunden werden. Heinz Karrer konnte die Krone nicht übernehmen, er war inhaftiert. Eine günstige Gelegenheit für die zweite Reihe in der Unterwelt, die Übernahme des Zepters zu versuchen.

Die Karten werden neu gemischt

Der Erste, der aus der Vorstadt kam und nach oben drängte, war Oswald Stanka. Seine Konkurrenten waren die berüchtigten „Schmutzer-Buam“, die Brüder Alois und Norbert Schmutzer aus Meidling, dem 12. Bezirk. Ihr Hauptquartier war das Café Domingo in der Erlgasse, das ihrer Mutter Hermine Simon gehörte und ein schwer verrufenes Lokal war. Von hier wollten die Schmutzers den Prater erobern.

Die Brüder konnten bereits auf eine lange kriminelle Karriere zurückblicken. Erstmals stand Norbert 1961 vor Gericht und verließ den Gerichtssaal mit einer 18-monatigen Haftstrafe, weil er in der Wiener Innenstadt einen Prostituiertenring aufzuziehen versuchte. Zur gleichen Zeit prozessierte man gegen Alois wegen schwerer Sittlichkeitsdelikte, Zuhälterei und Bandenverbrechen. Ihn erwischte es schwerer: fünf Jahre Haft. In Stein absolvierten die Brüder ihre „Unterweltreifeprüfung“. Norbert Schmutzer lernte am „Felsen“ Karl Kolar, eine weitere große Nummer, kennen. Natürlich setzten die Schmutzer-Buam auch Waffen ein, galten jedoch als schlechte Schützen. Daher verließen sich die gelernten Fleischhauer lieber auf ihre Körperkräfte und waren bald als Schläger gefürchtet.

Ihre Wutausbrüche wurden zur Legende. Bereits mit 17 Jahren bewies Alois, über welche Urkräfte er verfügte, wenn er ausrastete. Die Polizei hielt ihn wegen seines unbeleuchteten Fahrrades an. Im Wachzimmer zeigte er sich äußerst renitent, auch die Polizisten waren nicht zimperlich, bis ihm endgültig der Kragen platzte. Wutschnaubend riss er den gusseisernen Ofen aus seiner Verankerung und drohte den Beamten, sie damit zu erschlagen. Erst die angeforderte Verstärkung konnte den Burschen zur Räson bringen. Sein Bruder Norbert stand ihm um nichts nach. Später fetzte er einmal im Sicherheitsbüro einen kompletten Türstock aus der Wand.

Das Stoßspiel und die Prostitution in Meidling standen unter Kontrolle der Brüder. Im Sommer 1967 versuchten sie sich im Fälschen von Führerscheinen und landeten prompt einmal mehr hinter Gittern. Wieder auf freiem Fuß, wollten die Brüder ihr Revier auf Ottakring, den 16. Bezirk, ausdehnen. Dort regierte der 36-jährige gelernte Automechaniker Oswald Stanka mit einem ellenlangen Vorstrafenregister, dem das überhaupt nicht gefiel. Er galt als ebenso brutal und gewalttätig, ließ sich jedoch mit den Schmutzer-Buam nicht vergleichen, da er auch sehr intelligent war. Sein Tätigkeitsbereich lag in der Bundesrepublik Deutschland, da er dort bessere Profite machte. Daher war Stanka in München, Düsseldorf und Hamburg ebenso bekannt wie in Wien.

Er war einer der wenigen, die es mit den Schmutzers körperlich aufnehmen konnten. So soll er in einem Lokal einen nach dem anderen fürchterlich verprügelt haben.

Meist hielt sich Stanka in Deutschland auf. Seine Wiener Agenden führte sein Freund und Statthalter, der 27-jährige Kellner Anton Ö. „Preludin-Toni“ zählte zur ersten Liga unter Wiens Zuhältern. Zu seinem Spitznamen kam er, da er St. Pauli, den Hamburger Kiez, mit dem Aufputschmittel Preludin versorgte.

Als Stanka zu Ohren kam, dass die Schmutzer-Brüder ihm Stoßspieler abspenstig machen wollten, kehrte er schleunigst nach Wien zurück, um nach dem Rechten zu sehen. Das konnte er sich nicht bieten lassen. Am Silvesterabend 1967/68 fuhr Oswald Stanka zum Café Domingo, dem Hauptquartier der Schmutzer-Buam. Zu Stankas Gefolge zählten auch Anton Ö. und einige deutsche Freunde. Alois und Norbert Schmutzer hatten mit diesem ungebetenen Besuch gerechnet. Auf ihrer Seite standen Karl Kolar und Karl Pekarek. Später kursierte im Milieu das Gerücht, Kolar wäre sich längst nicht mehr so sicher gewesen, tatsächlich auf das richtige Pferd gesetzt zu haben, er soll noch während der Auseinandersetzung die Fronten gewechselt haben und zu Stanka übergelaufen sein, was jedoch nie verifiziert werden konnte. Ebenso hieß es, die Schmutzer-Brüder hätten Kolar gewissermaßen als Kugelfang vorausgeschickt. Als Stanka und Anton Ö. ihm befahlen stehenzubleiben, Kolar aber weiterging, bezahlte er das mit zwei Schüssen in die Beine, die als Warnung gedacht waren.

Drei tödliche Kugeln trafen Oswald Stanka, Anton Ö. erwischte es am Hals und im Kopf. Angeblich schrie Ö. um Hilfe und nach der Polizei. Ein unverzeihlicher Fauxpas, der ihm noch Jahre später schwer zu schaffen machte und unter dem seine Reputation in der Unterwelt schwer gelitten hatte.

Die Schießerei war zu Ende. Stankas deutsche Mitstreiter lösten sich in Luft auf, die Schmutzer-Buam packten ihre verletzten Kämpfer in Autos, deponierten sie vor dem Meidlinger Unfallkrankenhaus, bevor sie selbst untertauchten. 17 Tage dauerte die Fahndung. Danach stellten sie sich in Begleitung eines Anwalts, erklärten, dass sie nur unbewaffnete Zuseher gewesen wären. Das Gegenteil konnte nicht bewiesen werden und sie gingen wieder nach Hause.

Im Prozess gegen Karl Pekarek beschuldigte ihn der Staatsanwalt, die tödlichen Schüsse auf Oswald Stanka abgefeuert zu haben, doch überraschenderweise nahm Karl Kolar die Schuld auf sich. Pekareks Verfahren wurde eingestellt.

High Noon in der Kaiserstraße

Völlig unerwartet sollte ein unbekannter kleiner Ganove die Herrschaft der Schmutzer-Buam, die nach Stankas Tod Oberwasser hatten, brechen. Johann „Pockerl“ Pokorny durfte für die Brüder bei kleineren Stoßpartien die Rolle des „Vorschneiders“, des Bankhalters, übernehmen. Pokorny erwies sich als loyal, war leider jedoch unpünktlich und undiszipliniert. Während die Brüder inhaftiert waren, war er der Verwalter ihrer Spielerlokale. Wieder entlassen, beschlossen die Schmutzers, ihren Statthalter abzulösen. Als Pokorny am 18. Mai 1968 einmal zu spät ins Café Bergheim in der Kaiserstraße im 7. Bezirk kam, hatte bereits ein anderer seinen Job übernommen. Wütend verlangte Pokorny von Norbert Schmutzer Aufklärung. Vor dem Lokal kam es zum Streit, Pokorny schoss fünfmal durch die Hosentasche und traf ebenso oft. Doch Norbert Schmutzer blieb stehen, keiner der fünf Treffer in Brust und Bauch war tödlich. Der Hüne wankte auf die gegenüberliegende Straßenseite, Pokorny eilte ihm nach. Vor den Augen zahlreicher Schaulustiger setzte er Schmutzer die Waffe hinter dem Ohr an und drückte nochmals ab. Der 26-jährige Mörder hatte gegen ein ungeschriebenes Gesetz der Unterwelt verstoßen: niemals einen wehrlosen Gegner zu exekutieren. Pokornys Flucht in die ČSSR war nur von kurzer Dauer. Mit Leuten seines Formats wollte und will die Unterwelt nichts zu tun haben. Daher wurde er verpfiffen. Das Gericht verurteilte Pokorny wegen Mordes zu 15 Jahren Haft.

Bei sämtlichen dieser blutigen und oftmals tödlichen Auseinandersetzungen stellt sich zwangsläufig die Frage: Wo war die Polizei? Was hat sie dagegen unternommen, außer Zaungast zu sein? Die Polizei konnte im Grunde nichts unternehmen, außer abzuwarten, wie sich die Unterweltgranden gegenseitig umlegten. Diese Subkultur war nach außen hin zu sehr abgeschottet und absolute Verschwiegenheit ehernes Gesetz. Sobald eine Uniform oder ein ziviler „Kieberer" auftauchte, waren die Münder versiegelt. Jeder Unterweltler wusste, was ihm von den eigenen Leuten blühte, sollte er sich auf die Polizei einlassen. Die Szene war überschaubar. Jede Seite kannte ihre Pappenheimer. Wenn tatsächlich ein „Zund" (Tipp) an die Polizei erging, dann meist, wie im Fall Pokorny, um einen unliebsamen Störenfried loszuwerden, um selbst wieder die Ruhe in den eigenen Reihen herzustellen.

Ein willkommener Zund

Natürlich konnte das Sicherheitsbüro nicht zufrieden sein, wenn beinahe jede Woche an irgendeiner Ecke in der Stadt die Kugeln pfiffen. Daher kam ihnen ein „Zund“ äußerst gelegen, um wenige Tage vor Norbert Schmutzers Tod die Brüder endlich dingfest machen zu können. Der deutsche Profi-Boxer Gustav Adolph, der im Ring meist nur Fallobst war, überfiel am 5. August 1968 in Wien einen Geldbriefträger und erbeutete 15.000 Schilling (etwa 1400 Euro). Die eher klägliche Beute wurde brüderlich mit vier Mittätern, darunter Alois Schmutzer, geteilt. Der Boxer war ständig pleite, die Schmutzer-Brüder wollten ihm nichts mehr leihen. Alois Schmutzer riet ihm, eine „Brieftaube zu machen“, einen Geldbriefträger zu überfallen. Das sagte Adolph vor der Polizei aus, die ihn in der Wohnung des inzwischen erschossenen Norbert Schmutzer verhaftete. Alois Schmutzers Chauffeur hätte den Boxer zum Tatort gefahren. Die Waffe für den Überfall wäre ebenfalls Alois' Eigentum gewesen. Somit war Alois Schmutzer dran. Noch während der Untersuchungshaft tauchten zwei angebliche Kassiber auf, die ebenfalls Schmutzer geschrieben haben soll. In diesen Schreiben bedrohte er angeblich Adolph, dass er ihn in jedem Gefängnis aufstöbern werde und er Österreich nicht lebend verlasse, wenn er seine Aussagen nicht schleunigst revidiere. Auch seinen Chauffeur soll Schmutzer um diesen Gefallen ersucht haben.

Schriftsachverständige bestätigten in der Gerichtsverhandlung, dass die Kassiber gefälscht waren, sowohl der Boxer als auch der Fahrer gestanden, die Drohungen selbst geschrieben zu haben. Das interessierte das Gericht nicht, es musste unter allen Umständen ein Exempel statuiert werden. Gustav Adolph erhielt zwölf und Alois Schmutzer zehn Jahre.

Schmutzer konnte und wollte sich nicht damit abfinden, kämpfte um eine Wiederaufnahme seines Verfahrens und wehrte sich gegen eine Überstellung nach Stein. Als ihn die Justizwachebeamten mit Gewalt auf den „Felsen“ verfrachten wollten, rastete er aus und die Polizisten flogen reihenweise durch die Luft. Erst das eingesetzte Tränengas zwang ihn zur Aufgabe. Zu den zehn Jahren kamen nochmals 18 Monate hinzu. Schmutzer gab nicht auf und saß seine Haft bis zur letzten Minute ab. Selbst eine eidesstattliche Erklärung, hinterlegt bei einem Notar, in der Schmutzers Chauffeur erklärte, die Polizei hätte ihre Geständnisse erpresst, fruchtete nichts. Adolph durfte nach der getürkten Aussage mit seiner Freundin zusammen sein, bevor es wieder zurück in die Zelle ging, und der Fahrer spuckte im Sicherheitsbüro plötzlich vier Zähne aus.[1]

Lediglich eine Wiederaufnahme des Verfahrens wegen der gefälschten Kassiber fand statt, brachte Alois Schmutzer jedoch keine Strafminderung. Am 20. Mai 1978 verließ er die Haftanstalt als gebrochener Mann. Seine Stoß-Partie existierte nicht mehr. Die letzten Getreuen übersiedelten in den Club Fünfhaus in der Märzstraße im 15. Bezirk.

In den 1990er Jahren war Alois Schmutzer wieder in Stein inhaftiert, dieses Mal wegen Betrugs und des für ihn typischen Widerstands gegen die Staatsgewalt und Beamtenbeleidigung.

Die Schmutzer-Buam waren die letzten Vertreter einer Unterweltära, wo das Faustrecht vor dem Hirn Gültigkeit hatte. Langsam setzte ein Umdenken ein. Krista, Angerler, Stanka und Norbert Schmutzer waren tot. Faust, Stahlrute, Messer und Pistole konnten keine zielführenden Argumente für einen dauerhaften Machterhalt in der Unterwelt sein.

Doch noch war es nicht so weit. Einer, den man fast schon vergessen glaubte, rührte noch einmal kräftig um – Heinz Karrer.

---

1 vgl. Geher, S. 157

Intelligenz ist stärker als Gewalt

Zweimal, 1965 und 1967, gelangen Heinz Karrer Ausbrüche aus dem Arbeitshaus Göllersdorf in Niederösterreich. Beim ersten Mal, nach einer Schießerei mit Josef Angerler zu 18 Monaten verurteilt, und bei der zweiten Flucht ging er zusammen mit vier Komplizen stiften. In den Zeitungsschlagzeilen wurde Karrer als „Ausbrecherkönig" bezeichnet.

Seine dritte Flucht ist bis heute, nach beinahe 40 Jahren, in der Unterwelt unvergessen geblieben und auch die Polizei zollt dem Ausbruchsplan respektvolle Anerkennung.

Heute wäre das mit den gängigen Sicherheitsvorkehrungen bei den Gerichten unmöglich.

Heinz Karrer war wegen Betrugs zu fünf Jahren Haft verurteilt worden. Am 25. Mai 1970 wurde die Berufung verworfen, das Ersturteil bestätigt und Karrer nach Stein überstellt. Von der Zelle aus reichte er die Scheidungsklage gegen seine 24-jährige Frau Anni ein. Jetzt hätten endlich die Alarmglocken bei Polizei und Justiz läuten müssen. War doch Anni Karrers große Liebe, und wegen ihr war er aus Göllersdorf getürmt, da er es ohne sie nicht mehr ausgehalten hatte. Anni soll ihn mit einem anderen betrogen haben, daher die Scheidung.

Am 18. Juni 1970 fand die Scheidungsverhandlung im Wiener Justizpalast statt. Karrer musste beim Versöhnungsversuch, der jeder gerichtlichen Scheidung vorangeht, persönlich anwesend sein. Deshalb überstellte man ihn von der Wachau nach Wien.

Natürlich gab es maßgebliche Sicherheitsvorkehrungen. Heinz Karrer war ein gefürchteter Unterweltgrande. Die Polizei patrouillierte mit Maschinenpistolen. Alle waren nervös und angespannt. Nach einer kurzen Aussprache zog Karrer im Verhandlungssaal völlig unerwartet seine Klage zurück und dafür aus einem Hosenbund eine Pistole, die es ihm trotz der Handschellen gelungen war zu verstecken. Die Justizwachebeamten, die links und rechts neben ihm saßen und ihn bewachten, bemerkten nichts. Auch die restliche Polizei im Gebäude bekam nicht mit, wie und wann ihm die Waffe zugesteckt worden war. Die gesamte Scheidungsgeschichte war fingiert. Karrer hielt das Gericht in Schach, verlangte nach den Schlüsseln für die Handschellen, die ihm seine Frau aufschloss. Danach fesselte er die Beamten mit den „Achtern" (Handschellen), Richter und Schriftführer mit ihren Krawatten an die Heizungskörper.

Der Schriftführer war der junge Jurist Michael Bukowski, der sein Gerichtsjahr absolvierte. Die Richteramtsanwärter wurden von den Gerichten als billige Schriftführer eingesetzt. Heinz Karrer war indirekt mitentscheidend für Bukowskis spätere Karriere. Die vorübergehende Geiselnahme war für ihn schließlich der letzte Stein des Anstoßes, aus diesem Beruf auszusteigen. Michael Bukowski wurde ein erfolgreicher Schauspieler und war bis zu seiner Pensionierung Besetzungschef im ORF. Dennoch sollte ihn das Verbrechen nicht loslassen, wenn auch nur auf dem Bildschirm. Als „Kieberer" spielte er jahrelang in den österreichischen „Tatort"-Folgen an der Seite von Michael Janisch.

Im Gerichtssaal kam es noch zu einer rührseligen Abschiedsszene zwischen Karrer und seiner Anni, bevor er endgültig, ohne jedoch auf die beiden Dienstwaffen der Polizisten zu vergessen, abhauen konnte. Fünf Tage nach seiner aufsehenerregenden Flucht meldete er sich brieflich bei einer Tageszeitung und verriet das Versteck der Polizeipistolen, wie er es noch im Gerichtssaal versprochen hatte. Der Brief war in Venedig aufgegeben worden. Das gab dem Sicherheitsbüro zu denken. Schließlich kannte es dieses Vorgehen bereits. Nach seiner zweiten Flucht aus Göllersdorf schickte er eine nette Grußkarte aus Caorle in Italien nach Wien, gefasst wurde er allerdings in Düsseldorf. Daher mutmaßten die Kriminalbeamten, nur ein Mittelsmann konnte der Postillion sein. In dem Brief nahm Karrer seine Frau Anni in Schutz: „Diese Frau gehört angebetet. Und wenn ich mich vor niemandem beuge, vor dieser Frau knie ich nieder. Das einzige, was mich bedrückt und was ich bereue, daß ich diese Frau nicht glücklich machen kann, so wie sie es verdient. Deshalb trifft es mich auch so hart, wenn man mich als Zuhälter bezeichnet. Die Frauen im allgemeinen sind für mich etwas Besseres, und ich bin ihnen immer mit der ihnen gebührenden Achtung entgegengetreten."[1]

Blieb die wichtigste Frage zu klären: Wie konnte Heinz Karrer in den Besitz einer Waffe kommen? Seine geliebte Anni saß zwar zwei Monate in Untersuchungshaft und war verschwiegen wie ein Grab. Schließlich kam man zu der Erklärung, dass es nur durch ein Fresspaket, das ihm seine Frau nach Stein schickte, möglich gewesen sein konnte. Die Waffe war in einem Rollschinken verpackt, die Patronen in Zuckerlpapier. Schlampige Kontrollen trugen das Übrige dazu bei. Kurzfristig war der Autohändler Franz „Der Oide" A., ein Freund Karrers, in Bedrängnis geraten. Angeblich stammte das Fluchtauto von A.

Anni Karrer konnte nicht das Geringste nachgewiesen werden, daher musste sie freigelassen werden. Obwohl sie von der Polizei observiert wurde, kassierte sie noch seelenruhig ihr ausstehendes Gehalt als Kellnerin in einen Grinzinger Nachtcafé im 19. Bezirk und setzte sich ebenso spurlos wie ihr Mann ab.

Gewinnbringendes Untertauchen

Ein Leben auf der Flucht kostete auch einen Heinz Karrer trotz exzellenter Verbindungen zur deutschen Unterwelt ein Vermögen. Doch er war ein findiger und ideenreicher Kopf. Am 5. Dezember 1970 spazierte er in München in das Kaufhaus „Kaufhof", als Nikolo verkleidet, tätschelte Kinderköpfe und winkte den Kunden freundlich zu. Dann machte er sich am Firmentresor zu schaffen. Keiner bemerkte, was wirklich Sache war. Als er das Kaufhaus wieder verließ, war er um 100.000 DM reicher.

Heinz Karrer fuhr weiter nach Düsseldorf, besuchte seine alten Weggefährten Franz A. und Waldemar „Waldi“ G. Das Trio verband eine gemeinsame Straftat. Nach seiner zweiten Flucht aus Göllersdorf knallte es 1967 im Hamburger Hotel Passat. Dabei wurde der deutsche Zuhälter Alfred Schrieder niedergeschossen. Der Fehler des Deutschen war, die Wiener Partie von der Reeperbahn vertreiben zu wollen. Kurz danach ging Karrer den deutschen Fahndern ins Netz, wurde nach Österreich abgeschoben und wegen Betrugs zu fünf Jahren Haft verurteilt, die er jedoch nicht absaß, da er vorher den genialen Einfall mit der falschen Ehescheidung hatte.

In Düsseldorf war Karrers Unterschlupf das einschlägig bekannte Lokal „Büdchen“ am Lessingplatz. Trotzdem blieb er vorsichtig und verdrückte sich nach Brüssel, wo ihn der damalige französische Staatsfeind Nummer eins, Alphonse Madelaine, versteckte. Madelaine war Karrer noch einen Gefallen schuldig. 1969 überfielen die Franzosen eine Bank am Volkertplatz im 2. Wiener Bezirk und erbeuteten an die 700.000 Schilling (rund 50.000 Euro). Karrer besorgte ihnen nach dem erfolgreichen Coup gefälschte Pässe, damit sie Österreich wieder unbehelligt verlassen konnten.

Heinz Karrer blieb verschollen. Wochen später wurde die Commerzbank in Düsseldorf um rund 500.000 DM erleichtert. Durch einen gegrabenen Tunnel gelangten die Räuber in den Tresorraum. Sofort tippte die Polizei auf Karrer, doch die Tat konnte nie aufgeklärt werden.

Vielleicht hätte er noch länger sein durchaus erfolgreiches Versteckspiel durchziehen können, wäre nicht einer, mit dem kaum jemand mehr gerechnet hatte, zum Verräter geworden. Niemand anderer als Karl „Klaus“ Mzik, der von der Unterwelt vertriebene und gerichtlich aus Österreich abgeschobene, ehemalige deutsche Wiener Boss, verpfiff Karrer. Düsseldorf war für zwei

Wiener gleichen Kalibers zu klein und Mzik fürchtete den „Ausbrecherkönig“ wie der Teufel das Weihwasser.

Am Muttertag, den 8. Mai 1971, wollte Karrer mit zwei Komplizen in das Düsseldorfer KEPA-Kaufhaus einbrechen und wurde bereits von der Polizei erwartet. Fünf zivile Beamte richteten ihre Waffen auf Karrer. Dieser versuchte eine Finte, brüllte um Hilfe, schrie nach der Polizei als Warnung für seine Kumpane. Dann traf ihn der tödliche Kopfschuss eines Polizisten. Angeblich hatte Karrer zuerst gefeuert, als erstklassiger Schütze bewusst daneben gezielt, um selbst dann aus Todessehnsucht erschossen zu werden, weil er für sich keinen anderen Ausweg mehr sah. Später fanden sich in seinem Nachlass diese Zeilen: „Dort hinein [ins Gefängnis; Anm. d. A.] bekommen die mich nicht mehr. Eine Kugel habe ich immer im Lauf, aber nur für mich. ... Lieber sterbe ich, bevor ich auf einen Polizisten schieße.“[2]

Die Zeitungen überschlugen sich mit ihren Schlagzeilen, schrieben von einem wilden Feuergefecht. Das war Unsinn. Die Gerichtsmediziner stellten anhand der Schmauchspuren fest, dass es ein einziger Nahschuss in die Schläfe war. Um den Schein zu wahren, wurde der Beamte, der Karrer erschossen hatte, kurzfristig suspendiert, ein Verfahren gegen ihn eingeleitet und ergebnislos wieder eingestellt.

Über die „Kronen Zeitung“ vom 11. Mai 1971 ließ Franz Weyo, Wirt des berüchtigten Düsseldorfer Unterweltlokals „Büdchen“, ausrichten: „Den kenne ich, der auf Karrer geschossen hat. Das ist einer vom zivilen Sonderkommando. Die fragen nicht lange, und als Polizist geben die sich auch nicht aus.“[3]

Dass besonders die Wiener aufgrund ihrer etwas morbiden Mentalität ein Faible für bombastische Begräbnisse haben, ist bekannt.

Bei Heinz Karrers letztem Weg versammelte sich das „Who is Who“ der österreichischen und deutschen Unterwelt. Selbstverständlich observierte das Sicherheitsbüro mit Argusaugen in angemessenem Abstand die Trauergemeinde und lugte hinter den

Grabsteinen hervor. Der Trauerzug wurde von Karrers Witwe angeführt, die plötzlich wieder aufgetaucht war.

Heinz Karrers Coups brachten in Summe mehrere Millionen in alter Schillingwährung ein. Das Geld blieb bis heute verschwunden. Ein paar Wochen nach dem Begräbnis nahm Anni Karrer den gemeinsamen siebenjährigen Sohn an der Hand. Beide wurden nie wieder gesehen.

---

1 vgl. Geher, S. 160
2 vgl. ebd., S. 162
3 ebd., S. 163

Verkehrte Geschlechterwelt – eine Frau spielt Mann

Männer dominieren in der Unterwelt. Daran hat sich nichts geändert. Frauen spielen eine untergeordnete Rolle entweder als Freundinnen, Geliebte oder Ehefrauen. Oder sie sind Kapital, indem sie in Bordellen arbeiten oder auf den Strich gehen (müssen). Egal ob in Wien, Salzburg, Linz oder über unsere Grenzen hinaus in Frankfurt am Main, auf dem Hamburger Kiez, wo auch immer auf dieser Erde: Wo die Unterwelt regiert, haben Männer das Sagen. Kaum eine Frau – Emanzipation hin oder her, national wie international – schaffte es bisher, in diese Männerwelt einzubrechen. Dennoch gelang es einer Frau in den extrem wilden Jahren der Wiener Unterwelt, in diese Männerdomäne einzudringen und für gehörige Unruhe zu sorgen – Wanda Kuchwalek. In den 1960er und 1970er Jahren war das bislang in Wien nur Wanda Kuchwalek, der einzigen weiblichen Zuhälterin in der Alpenrepublik, vergönnt. Sie hielt die Polizei zeit ihres Lebens schwer auf Trab. Die „Wilde Wanda" konnte sich behaupten, weil sie ebenso wie ihre männlichen Kollegen war: unberechenbar, erbarmungslos, brutal, rücksichtslos, hinterhältig und gewalttätig.

Wanda Kuchwalek schaffte es, den zweifelhaften Ruhm der einzigen österreichischen Zuhälterin von Rang zu erreichen. Für die Presse war die „Wilde Wanda" ein Gottesgeschenk. Kaum eine Woche verging, wo sie nicht für Schlagzeilen sorgte. Von ihrer sexuellen Ausrichtung her lesbisch, gab es für sie nur zwei Arten von Männern: Jene, die für sie Luft waren, und jene, die sie in ihrer Zunft, der Zuhälterei, als ebenbürtig empfand. Kategorisch lehnte sie „Burenhäutlstrizzis" ab, die vielleicht nur ein Pferdchen im Stall hatten und das war nicht sonderlich bei den

Freiern gefragt, sodass sich der Strizzi im übertragenen Sinne von diesen Einnahmen nur eine Burenwurst am Würstelstand leisten konnte.

Ein legendärer Ausspruch von Wanda Kuchwalek ist verbrieft. Auf Fragen, ob sie jemals schwanger war, antwortete sie stets: „Nie. Seit wann gibt es Zungenkinder?“

Doch einen Mann ließ sie in ihrem Leben gelten, ihren Anwalt, der damals erst auf dem Weg zum heutigen Starverteidiger war: Herbert Eichenseder. Und sie sorgte dafür, dass er mit ihr genügend Arbeit hatte. Seine Mandantin war immer für eine Schnurre gut.

Wieder einmal hatte sie Probleme mit dem Gesetz – Mordversuch an einem verfeindeten Zuhälterkollegen. In einem Lokal soll sie auf den Mann geschossen haben, aber nur die über ihm an der Wand hängende Kuckucksuhr getroffen haben. Man unterstellte ihr Mordabsicht, sie bestritt das und sagte aus, absichtlich danebengezielt zu haben. Eichenseder fragte seine Mandantin, ob sie diesen Schuss wiederholen könnte.

Ihre knappe Antwort lautete: „Jederzeit.“

Also beantragte der Anwalt einen Lokalaugenschein. Eine neue Kuckucksuhr hing am alten Platz, ein Kriminalbeamter, dementsprechend geschützt, mimte das Opfer. Wanda Kuchwalek schoss, und dem „Kieberer“ knallte die Uhr auf den Kopf.

Ihr äußeres Erscheinungsbild wurde zu ihrem Markenzeichen: schwarzer Herrenanzug, weißes Hemd mit gestärktem Kragen und eine im Country-Stil gebundene schwarze Schleife.

Die Tochter eines russischen Besatzungssoldaten und einer Wiener Akrobatik- und Schlangentänzerin war gelernte technische Zeichnerin. Bereits seit frühester Jugend fühlte sich das ungeliebte Kind zum eigenen Geschlecht hingezogen. Abgeschoben in die Erziehungsanstalt für weibliche Jugendliche in Wiener Neudorf in Niederösterreich, lebte sie gründlich ihre Neigung und Dominanz aus. Eine weitere Anekdote aus dem reichen Schatz ihres Anwalts Herbert Eichenseder sei hier nacherzählt, da diese Geschichte auch den Umgang der österreichischen Justiz mit der Unterwelt damals widerspiegelt.

Wanda hatte wieder einmal etwas ausgefressen und musste in den Bau. Ihrem seinerzeit noch jungen und unerfahrenen Anwalt übergab sie vor Haftantritt einen Geldbetrag zur Verwahrung. Plötzlich kam die Meldung, sie sei ausgebrochen. Eichenseder war damit ebenfalls etwas in die Bredouille geraten. Hielt er das Geld zurück, könnte er leicht in den Verdacht der Veruntreuung kommen, ließe er ihr es zukommen, wäre er wegen Beihilfe zur Flucht dran. Der Anwalt wandte sich in seiner Not an den damaligen Gerichtspräsidenten und schilderte ihm den Sachverhalt, worauf ihm zu einer typisch österreichischen Lösung geraten wurde: „Wissen's was, gehen's so lang' auf Urlaub, bis's wieder eingefangen ist ..."

Wandas Anwalt musste keinen unfreiwilligen Urlaub in Anspruch nehmen, da sich die Lage rasch klärte. Sie war in einem österreichischen Arbeitshaus – diese Einrichtung existiert im Strafvollzug nicht mehr – inhaftiert und zu Außenarbeiten auf einem Feld abkommandiert worden. Zusammen mit ihren Kolleginnen schmuggelte sie selbst gebrannten Schnaps hinaus. Schließlich war Wanda sturzbesoffen und schlief ihren Rausch in einer Ackerfurche aus. Danach klopfte sie brav an das Gefängnistor und begehrte Einlass.

Auch Johann Schaffer, einer der erfolgreichsten Kriminalbeamten Österreichs und im November 2008 für sein Lebenswerk im Wiener Rathaus von der „Vereinigung österreichischer Kriminalisten" geehrt, kannte Wanda Kuchwalek und ihre enorme Gewaltbereitschaft, die sie auch gegenüber der Polizei rücksichtslos einsetzte. Schaffer erzählte, dieser Frau waren Schmerzen unbekannt und sie konnte enorm viel einstecken.

Mit 24 Jahren nutzte Kuchwalek einen Gefängnisaufenthalt, um für die „St. Pauli Nachrichten" in Hamburg den ersten Teil ihrer Memoiren zu schreiben.

Winnetou und Wanda

Die einschlägigen Kaffeehäuser im 2. Wiener Gemeindebezirk waren ihr Zuhause. Ihre Mädchen behütete sie wie die eigenen Augäpfel. Wer nicht spurte, bekam ihren Zorn körperlich zu spüren. Im Februar 1967 schickte die 19-jährige Wanda die fünf Jahre ältere Inge „Winnetou" A. auf den Strich. Karl Mays Apachenhäuptling musste als Spitzname herhalten, da Inge mit einer mächtigen Hakennase gestraft war. Freier, die sie um den Liebeslohn prellen wollten oder anderweitige Probleme verursachten, bekamen sehr rasch Kuchwaleks Stahlrute zu spüren.

Eines Tages weigerte sich „Winnetou", das Geld an ihre Zuhälterin zu übergeben. Die Folge war ein Messerstich in die rechte Brust. Keine schwere Verletzung, „nur" eine Fleischwunde. Die „Wilde Wanda" machte ihrem Namen alle Ehre. Ein paar Tage später brach sie „Winnetou" das Schlüsselbein. Nun wollte A. weg von Kuchwalek, doch das konnte die Zuhälterin nicht zulassen, wollte sie nicht ihre Reputation verlieren. Zur Bestrafung machte sie A. einen „Fahrer", sie zerschnitt ihr das Gesicht mit einer Rasierklinge. Trotzdem wagte Inge A. den Weg zur Polizei und erstattete Anzeige.

In der darauffolgenden Verhandlung kam ein besonders schmutziges und dunkles Verbrechen heraus. A. hatte eine siebenjährige Tochter, und die Mutter packte aus. Kuchwalek zwang A. zum Sex vor den Augen des Kindes, das schließlich auch in die privaten sexuellen Handlungen der Frauen mit einbezogen wurde. Das einhellige Urteil: zwei Jahre schwerer Kerker für Kuchwalek, 18 Monate für A., die Mutter. Die Anklagepunkte waren Unzucht wider die Natur, Schändung, schwere Körperverletzung und Zuhälterei. Das kleine Mädchen kam in die Obhut der Fürsorge.

Nach Verbüßung der Haft in der Frauenstrafanstalt Schwarzau wandte sich Wanda Kuchwalek wieder ihrem angestammten Metier, dem Zuhältertum, zu. Erneut verteidigte sie ihre Mädchen, mit denen sie Liebesverhältnisse hatte, mit Zähnen und Klauen. Wenn auch selten, manchmal wurde auch der „Wilden Wanda“ Gleiches mit Gleichem vergolten. Im September 1969 ballerte sie mit einer aufgebohrten Gaspistole auf einen Zuhälter, der ihr eines ihrer Mädchen abspenstig machen wollte. Dreimal drückte sie ab, traf aber nicht. Dafür wurde sie von dem Zuhälter gnadenlos verprügelt und da Wanda endlich einmal auf der Erde lag, reagierten sich auch gleich einige Strichmädchen an ihr ab. Wer weiß, wann es diese Gelegenheit wieder gab?

Kuchwalek ging keinem Streit aus dem Wege. Es genügte bereits ein falscher Blick auf eines ihrer Mädchen, und ein Aschenbecher flog sofort in Richtung des Gaffers. Mal demolierte sie mit ihren Mädchen ein Lokal, dann wieder hantierte sie unvorsichtig mit einer Pistole und verpasste dabei ihrer Tante einen Bauchschuss.

Johann Schaffer, ein Urgestein unter den Wiener Kriminalbeamten, hatte am Beginn seiner Laufbahn mehrmals mit Kuchwalek zu tun. Er erzählte mir, dass diese Frau unerschrocken ihren Widersachern begegnet wäre. Natürlich hatte die „Wilde Wanda“ auch keinerlei Scheu, Polizisten anzugreifen. Sie konnte schon auf dem Boden liegen, so Schaffer, und die drei oder vier Mann hatten noch immer größte Mühe, sie zu bändigen.

Der Magnetismus des Milieus

1972, wieder einmal inhaftiert, dieses Mal wegen Diebstahls im Wiener Landesgericht in Untersuchungshaft, sorgt Wanda Kuchwalek für einen gewaltigen Justizskandal. Die Sensationsschlagzeile in der „Kronen Zeitung“ vom 23. August 1972 lautete: „Gab es heißen Sex in kühlen Zellen?“

Tatsächlich gelang es Kuchwalek, zwei Justizwachebeamtinnen zu verführen, die sich für die amourösen Spiele mit Vergünstigungen erkenntlich zeigten, wie besseres Essen und uneingeschränktes Telefonieren. Damit waren die Beamtinnen fällig: Disziplinarverfahren, Suspendierung, Verurteilung, Entlassung. Auch die Anstifterin, die „Wilde Wanda", musste 18 Monate wegen Diebstahls und Amtsmissbrauchs hinter Gitter.

Vor Gericht verzichtete sie dieses Mal auf ihr Markenzeichen, den schwarzen Anzug, und erschien im superkurzen Mini. Doch die Einblicke, die sie selbstverständlich provozierte, beeindruckten den Richter überhaupt nicht. Vielmehr schwebte das Damoklesschwert der Einweisung ins Arbeitshaus über ihrem Kopf. Daher musste sie schnell gegensteuern, und das konnte sie nur, indem sie sich ab sofort in einen Mann verliebte, um nur mehr Ehe- und Hausfrau zu sein. Das auserkorene Opfer wurde der unbescholtene Dachdeckermeister Leopold Veigl. Noch in der Zelle wurde der Bund fürs Leben geschlossen. Konnte den Richter schon der Mini nicht aus der Fassung bringen, glaubte er die wundersame Wandlung Kuchwaleks erst recht nicht. Die „Wilde Wanda" landete im Arbeitshaus. Nach einem Jahr war auch die vorgetäuschte große Liebe zu Ende. Kuchwalek ließ sich scheiden, nicht nur weil ihr die Besuche ihres Gatten auf die Nerven gingen. Schließlich war sie verlobt, und zwar mit der Gattenmörderin Helga Hoffman. Wieder riskierten Justizwachebeamtinnen Kopf und Kragen, indem sie die Verlobungsringe für die beiden Turteltäubchen in die Zellen schmuggelten.

Keinesfalls war Wanda Kuchwalek nur eine gewalttätige, dumpfe Frau. Im Arbeitshaus entdeckte sie Nietzsche und erkor dessen Werk zu ihrer Bibel. Langsam machte sich auch gesundheitlich ihr unsolider Lebenswandel bemerkbar. Natürlich soff sie wie ein Loch und rauchte wie ein Schlot. Fürchterliche Kopfschmerzen quälten sie andauernd. In der Zelle schrieb sie ihre Gedanken nieder. „Immer wenn es regnet, stelle ich mir vor, ich liege unter der Erde, höre den Regen, der alles wegschwemmt, der alles, was war, wegschwemmt."[1]

---

1 vgl. Geher, S. 178

Auch das Arbeitshaus Maria Lankowitz in der Steiermark konnte Wanda Kuchwalek nicht auf Dauer halten. Während Außenarbeiten zur Wiederaufforstung der Hochalm verdrückte sie sich mit zwei Mitgefangenen. Die drei Frauen verloren die Orientierung und irrten tagelang durch die Gegend, bis sie einem Förster vor die Füße fielen. Aufgrund der Anstaltskleidung wusste der Mann sofort Bescheid, wen er vor sich hatte. Trotz aller freizügigen Avancen erwies sich der Förster als immun und eskortierte die Ausbrecherinnen, zusätzlich scharf bewacht von seinem Dackel, zum nächsten Gendarmerieposten.

1974 wieder in Freiheit, nahm Wanda Kuchwalek sofort ihr altes Leben auf. Gewaltausbrüche, Raufereien, mit Rasierklingen zerschnittene Gesichter ihrer Mädchen, wenn sie nicht parierten, gehörten für sie zum Alltag. Mit allen ihr zur Verfügung stehenden Mitteln verteidigte sie ihre Reviere am Wiener Gürtel und in Ottakring. Dazwischen gab es immer wieder Haftaufenthalte.

Auch in der harten Wanda Kuchwalek schlummerte ein weicher Kern. Wieder einmal wurde sie gesucht. Ein alter Revierinspektor saß zufällig in Zivil in einem „Tschocherl" im 20. Bezirk. Darunter versteht man ein kleines, übel beleumdetes Lokal mit den entsprechenden Gästen. Der gestandene Polizist erkannte sie sofort. Nach einiger Zeit verließ sie das Lokal und er folgte, sprach sie an und gab sich zu erkennen. Kuchwalek nickte nur und meinte, jetzt werden sie noch etwas zusammen trinken und danach gehe sie mit. Wieder zurück im Lokal und mit einem Glas versorgt, bat sie den Inspektor um einen Gefallen. Er möge ihr doch „Mona" spielen, ein damals äußerst populärer Schlager. Er erfüllte ihr die Bitte und drückte auf der Musikbox das gewünschte Lied. Während sie dem Lied lauschte, rannen dicke Tränen über ihre Wangen. Danach trank sie aus und ließ sich ohne jeglichen Widerstand abführen.

Ihre Gewaltbereitschaft konnte sie bis zu ihrem Tod anscheinend nie ablegen. Am 4. September 1991 drehte sie in einem Café in der Jedleseerstraße in Floridsdorf im 21. Bezirk durch. Bereits in die Jahre gekommen, glaubte sie, dass sich ein Mann über sie lustig machte. Daraufhin versuchte sie, ihren Bullterrier auf den Spötter zu hetzen, doch der Hund war klüger als sein Frauchen und zupfte nur pro forma am Hosenbein. Daher musste Wanda Kuchwalek selbst die Angelegenheit regeln und verletzte den Stänkerer, zum Glück nur leicht, mit einem Küchenmesser am Hals.

Das war ihre 18. Vorstrafe und kostete sie ein weiteres Jahr Gefängnis. Bis zu ihrem Tod trieb sie sich in der Schwulenszene in der Josefstadt (8. Bezirk) und am Alsergrund (9. Bezirk) herum.

Wanda Kuchwalek starb am 4. September 2004, 57-jährig, friedlich in ihrem Bett. In einem ihrer seltenen Interviews, kurz vor ihrem Tod, sagte sie in der TV-Dokumentation über ihr Leben, als sie darauf angesprochen wurde, warum sie sich für diesen Weg entschieden hatte: „Mit dem Namen und warm [lesbisch beziehungsweise homosexuell], was bleibt dir da anderes übrig?"

Wanda Kuchwalek bezeichnete sich auch niemals selbst als Zuhälterin, sondern als eine Frau, die von Frauen lebte.

Farbe kommt ins Spiel – Friede kehrt ein

Wieder musste in den 1970er Jahren über eine Neuordnung in der Unterwelt nachgedacht werden. Die großen Platten gab es nicht mehr, die Granden hatten sich gegenseitig niedergemetzelt und lagen unter der Erde. Die große und kleine „Galerie“ verstanden, dass Brachialgewalt nur schlecht für das Geschäft sein kann. „Galerie“, der alte Ausdruck für Unterweltler, rührt daher, dass die „Galeristen“ im Verlauf ihrer kriminellen Karrieren irgendwann steckbrieflich und daher mit Fotos gesucht worden waren. Die Großen waren in den Führungsebenen, die Kleinen bildeten die unteren Ränge.

Neben Prostitution ist illegales Glücksspiel, vor allem der Stoß, eines der wichtigsten Standbeine für die Einnahmen. Ein neuer Unterweltkönig war vakant geworden, und diesen Titel nahm der Wiener Heinz B. für sich in Anspruch. B ist bis heute im Geschäft, wenn auch nicht mehr in einer hohen Führungsposition. Eine Zeit lang war er auch im Westen Österreichs hochaktiv.

In den 1970ern trat er in die Fußstapfen seiner berühmt-berüchtigten Vorgänger. Damals liefen in Wien mehrere Stoßpartien, die er schließlich alle unter einen Hut brachte und die Führung übernahm. Ohne Heinz B. ging im Stoßspiel überhaupt nichts. Ausschließlich er bestimmte, wer wann und wo ein Spiel eröffnen durfte oder „einstellen“ (beenden) musste. Die größten Stoßpartien fanden in einem Café in der Wilhelminenstraße in Ottakring, in einem ehemaligen Bordell am Gaudenzdorfer Gürtel, in einem Gasthaus in der Laxenburgerstraße in Favoriten im 10. Bezirk, in einem Etablissement am Lerchenfelder Gürtel in der Josefstadt und im Prater in einem Lokal, das als Philatelistenverein getarnt war, statt. Daneben waren auch etliche kleinere Partien im Gange. Gespielt wurde auch in den Leopoldstädter Cafés „Dogenhof“ und „Nordbahn“ sowie im 14. Bezirk, im „Linzerhof“. Über alle hielt Heinz B. seine Hand.

Stoßspiel, auch als „Naschi-Waschi“ und „Meine Tante, deine Tante“ bezeichnet, ist ein verbotenes Glücksspiel. Es wird daher ausschließlich im Verborgenen, in Hinterzimmern, abgehalten, da in Österreich das Glücksspielmonopol unter staatliche Aufsicht fällt.

Das Kartenspiel selbst ist idiotensicher. Es ist ausschließlich Glückssache, ob gewonnen oder verloren wird. Man kann keinerlei Strategien anwenden und bleibt ausschließlich auf Fortunas Gunst angewiesen.

Das Spiel besteht aus 32 doppeldeutschen Karten. Der „Bankerer“ (Bankhalter) „schneidet“ (mischt) die Karten, sitzt an der Längsseite des Spieltisches, an den anderen Seiten die Spieler, im Regelfall zwischen zehn und fünfzehn. Der Bankerer schneidet die Karten, zeigt eine davon, den „Guck“, einem Spieler, dem „Guckerer“, meist jenem Spieler mit dem höchsten Einsatz. Der Guck wird zurückgeschnitten. Die oberhalb des Beischnitts liegenden Karten werden nun vom Bankhalter nach unten gegeben. Der eingeschnittene Guck liegt daher oben. Nun wird das Kartenpaket umgedreht, dadurch gelangt der Guck nach unten und das Spiel kann beginnen. Jetzt setzen die Spieler ihr Geld. Dafür liegen auf dem Tisch zwei große rechteckige Tafeln. Jede Ecke dieser Tafeln ist jeweils einer Karte der jeweils acht Karten von sieben bis As zugeordnet. An diesen Ecken werden die Geldscheine gesetzt. Nach den Einsätzen zieht der Bankerer zwei Karten ab. Die erste, der „Schuss“, verliert, die zweite, der „Einwenderer“, gewinnt. Wer auf den Schuss gesetzt hat, schaut durch die Finger und der Bankerer streift den vollen Einsatz ein. Jene, die auf den „Einwenderer“ gesetzt haben, erhalten den doppelten Einsatz zurück. Die Wette auf die anderen

Karten bleibt im Spiel. Werden zwei gleiche Karten gezogen, also Schuss und Einwenderer sind gleich, so gewinnt die Bank. Das Kartenpaket ist dann durchgespielt, wenn 14 Kartenpaare abgezogen sind. Die drei untersten Karten, die nicht mit dem Guck gespielt werden, nennt man „Stock“.[1]

Stoß ist ein schnelles Spiel, sodass sehr viele Partien durchgezogen werden können und dadurch dementsprechend die Einnahmen steigen. Es gibt Stoßpartien, die mitunter 48 Stunden am Stück und mehr durchgespielt werden. Doch der Bankerer, also die Bank, ist meist der Gewinner.

Gehörte das Lokal, wo der Stoß im Hinterzimmer lief, nicht der Partie, vermietete der Inhaber die Räumlichkeit damals zum üblichen Satz von 2000 Schilling (zirka 145 Euro) pro Stunde. An dieser Regelung hat sich bis heute nichts geändert, nur die Stundensätze wurden entsprechend angepasst. Das Stoßspiel ist ausschließlich Männern vorbehalten, Frauen dürfen während eines Spiels das Zimmer nicht betreten. „Schlepper“ sorgen dafür, dass zahlungskräftige Spieler, durchwegs „Frankisten“, also unbescholtene Leute, zusammen mit der „Galerie“ an einem Tisch sitzen. Es gibt unzählige bittere Schicksale, wo Menschen binnen Minuten ihre gesamte Existenz verloren haben. In der Glanzzeit des Stoßspiels wurden allein in Wien pro Nacht an die drei Millionen, im Monat rund 100 Millionen Schilling umgesetzt. Eine wichtige Funktion bekleidet der „Saugerl“, der Geldverleiher, der bankrotten Spielern Kredite zu Wucherzinsen gewährt. Die ungefähren Zinssätze waren bei Summen bis 100.000 Schilling rund zehn Prozent pro Tag, darüber 100 Prozent pro Monat. Natürlich gegen Sicherheiten wie das Auto, die Uhr oder ein anderes Schmuckstück als Pfand.

„Saugerln“ spielen in der Regel nicht mit. Das brauchen sie nicht, weil sie durch die Verluste der Spieler trotzdem reich werden. Berühmte Saugerln waren der „Eismann“, der „Grazer“ und

1 vgl. Geher, S. 165 f.

der „Zauberer". Wenn sie aus ihren Wuchergeschäften aussteigen, gelten sie dennoch als topseriöse Geschäftsleute. Beispielsweise eröffnete der „Zauberer" das bis heute weit über die Stadtgrenzen hinaus bekannte „Strandcafé" an der Alten Donau, das für seine vorzüglichen „Spareribs" berühmt ist.

Eine typische Saugerl-Karriere beginnt meist als Zuhälter, später wird auf Hehler umgestiegen und wird dann Geldverleiher. Säumige Zahler bekommen ernsthafte Probleme, erleiden oft schmerzhafte Verletzungen wie Knochenbrüche. Mitunter passiert es auch, dass ein Schuldner überraschend verstirbt.

Sanftere Töne

Heinz B.s Regentschaft endete vorübergehend, als Bernhard Wesely die Kontrolle über die Unterwelt übernahm. Er schaffte das scheinbar Unmögliche, nämlich Frieden zu stiften. Unter seiner Führung brach die wohl friedlichste Zeit in der Wiener Unterwelt an, ohne jegliche Gewalt. Wesely war ein Mann des Konsens, er sprach lieber mit den Leuten, als mit einer Waffe unmissverständlich zu argumentieren. Jeden Donnerstag gab er in einem Café-Espresso am Gürtel Audienz. Die Unterwelt respektierte seine Entscheidungen und hörte auf seinen Rat. Wurde jemand von der Polizei gesucht, riet er ihm, sich zu stellen. Befolgte einer diesen Rat nicht, war er sehr bald weg vom Fenster. Ein gutes Einvernehmen mit der „Heh" (Polizei) war Wesely äußerst wichtig. Nichts ist lästiger und geschäftsstörender als dauernde Razzien, denn sie bringen nur Unruhe, vertreiben Freier und Spieler. Was in internationalen Mafiaorganisationen durchaus üblich ist, führte Wesely auch in der Wiener Unterwelt ein. Er versicherte seine Leute gegen etwaige Haftstrafen. Wer in den „Häfen" musste, wurde für jeden Tag, den er hinter Gittern verbrachte, mit Tagessätzen zwischen 500 und 2000 Schilling, je nach Rang, entschädigt.

Die Unterwelt ist eng mit Kampfsportarten verbunden, vor allem mit Boxen. Einige der Leute der Führungsebene betätigten sich als Boxmanager, wie beispielsweise Peter P. Auch Wesely war in diesem Metier sehr erfolgreich. So holte er den „serbischen Stier", den späteren Europa- und Weltmeister im Halbmittelgewicht, Edip Secovic, nach Wien. Schließlich wurde der Boxer österreichischer Staatsbürger. Am 26. August 2008 fand man Secovic erstochen vor seinem Lokal in der Nähe des Wiener Südbahnhofs auf.

Bernhard Wesely erlebte den gewaltsamen Tod seines Schützlings nicht mehr. Er verstarb mit nur 43 Jahren im Mai 1985 an Leukämie. Wieder erlebte Wien ein pompöses, standesgemäßes Begräbnis für einen großen Boss mit internationaler Beteiligung. Einschlägige Trauergäste aus allen Teilen Österreichs, Deutschlands, Frankreichs und Italiens erwiesen Wesely die letzte Ehre.

Management statt Gewalt

Reinhard Stepanek, unter Wesely für wirtschaftliche Belange zuständig, wurde als legitimer Nachfolger angesehen, musste sich jedoch erst gegen interne Widerstände durchsetzen. Sein verstorbener Chef hatte ein Imperium aufgebaut, bestehend unter anderem aus zahlreichen Liegenschaften, das er von seinem Büro aus im sogenannten „69er"-Haus am Gaudenzdorfer Gürtel geleitet hatte. Die beiden waren ein sehr gutes, eingespieltes Gespann, wobei Stepanek sich eher im Hintergrund hielt. Er ebnete Wesely den Weg aus der Kriminalität in das zumindest halblegale Wirtschaftsleben. Leider besaß Stepanek nicht das gleiche Durchsetzungsvermögen wie Wesely. Nach dem frühen Tod des Chefs musste er sich rasch nach einem neuen Partner umsehen, den er in E. H., einer weiteren einflussreichen und mächtigen Rotlichtgröße, fand. E. H., der sich vorübergehend auf seine Latifundien in einem österreichischen Bundesland zurückgezogen, allerdings das Milieu nie aus den Augen verloren hatte und weiterhin die Strippen zog, war zurückgekehrt.

Das neue Hauptquartier E. H.s wurde das „69er"-Haus, das einer Festung glich. Zumindest in den Augen der Polizei, die drei ergebnislose Razzien durchführte und jedes Mal unverrichteter Dinge wieder abziehen musste.

Reinhard Stepaneks Residenz befand sich am Mariahilfer Gürtel 11, einem Bordell. Später zog in das ehemals sündige Gemäuer ein Nonnenkloster ein. Stepanek war nie der klassische Unterweltler und entsprach nicht den üblichen Klischeevorstellungen. Er war ein raffinierter Geschäftsmann und in weiterer Folge Hausherr, als er eine Marktlücke entdeckte. Eine Prostituierte brachte ihn auf die Königsidee. Sie beklagte sich, dass sie häufig im Clinch mit den Vermietern und Mietern lag, die sich über die hohe Frequenz wechselnder Männerbesuche beschwerten. Daher war sie gezwungen, ständig auf Herbergssuche zu gehen, um ihr horizontales Gewerbe ausüben zu können. Dadurch entstanden stets neue zusätzliche Kosten wie Vermittlungsprovisionen oder Ablösen, sodass sich für sie das Geschäft bald nicht mehr lohnte. Stepanek schaltete blitzschnell und zusammen mit Bernhard Wesely erwarb er das Haus am Mariahilfer Gürtel 11. Die eingesessenen Mieter waren rasch „entmietet", wie es in der Fachsprache der Hausherren heißt. Das gelang mit nicht immer sauberen Methoden wie Licht, Strom oder Gas abdrehen, weil angeblich dringende Reparaturarbeiten zwingend notwendig geworden waren. Eine gängige Praxis, die heute ebenso angewendet wird, war auch, das Haus bewusst verkommen zu lassen, bis der letzte Mieter das Handtuch wirft und auszieht.

Nachdem das Haus leer stand, konnten Stepanek und Wesely ihre Pläne verwirklichen. Die Wohnungen wurden zu Ein-Zimmer-Apartments umgebaut und an Prostituierte selbstverständlich zu weit überhöhten Preisen vermietet. Das stellte für beide Seiten ein lukratives Geschäft dar. Die Hausherren kassierten kräftig ab, ohne einen Finger krumm machen zu müssen. Die Mädchen hatten eine fixe Bleibe und ersparten sich sämtliche Neben- und Zusatzkosten. Später kaufte das Duo Wesely-Stepanek noch die Häuser Lerchenfelder Gürtel 5 und Währinger Gürtel 117. Sicherlich wäre diese Expansion weiter vorangeschritten, doch der Wiener Landtag machte den beiden einen dicken Strich durch die Rechnung. Per Gesetz vom 7. Dezember 1983 war Wohnungsprostitution in der Bundeshauptstadt verboten.

Der frühe Tod Bernhard Weselys veränderte den Status quo grundlegend. Zu guter Letzt nahm E. H. die Fäden in die Hand und Stepanek war aus dem Spiel. Er musste sich schleunigst nach anderen Erwerbsquellen umsehen.

Fünf Schüsse, eine Holzkiste und drei Kugeln

Am 18. Dezember 1989 knallten fünf Schüsse vor einer Wohnung in Sievering im 19. Bezirk. Das Attentat galt dem 46-jährigen Kaufmann Heinz St., der zwar schwer, aber nicht lebensgefährlich verletzt wurde. Da aus nächster Nähe geschossen worden war, konnte es sich um eine Warnung handeln, lauteten die Vermutungen des Sicherheitsbüros, da St. als eine äußerst undurchsichtige Figur galt: offiziell ohne jegliches Vermögen, dennoch in mehreren Kapitalbeteiligungsgesellschaften als Konsulent tätig, bekannt als Finanzjongleur mit exzellenten Unterweltverbindungen.[1] Die Mutmaßungen liefen in die Richtung, St. mische in einem Netzwerk von Scheinfirmen mit, in denen Strohmänner Anteile und Konzessionen halten, deren wahre Eigentümer allerdings Unterweltgrößen seien. St. war in mehrere Pleiten verwickelt, an denen er maßgeblich beteiligt gewesen sein soll, was seinem illustren Kundenkreis natürlich nicht besonders schmeckte.

Dann schloss sich wieder der Kreis. Reinhard Stepanek kam auf die Idee, Stoßspieler über eine Pfandleihe zu versorgen. Johannes St., damals Österreichs größter Vermögensberater, und Heinz St. realisierten dieses Projekt über die „Drei-Kugel-Pfandleihgesellschaft" mit der noblen Adresse Kärntner Straße im 1. Bezirk. Doch es sollte sich rasch zu einem gewaltigen Finanzskandal ausweiten.

17. Oktober 1990, 9.15 Uhr: Ein schwarzer Golf GTI mit einem (alten) dreistelligen Kennzeichen fuhr in die Tiefgarage bei

1 vgl. Wiener, 12/90

der Oper. Als der Fahrer wieder ans Tageslicht kam, krachte es dreimal und der Mann lag schwer verletzt auf dem Asphalt. In einer Holzkiste versteckt waren Schrotladungen abgeschossen worden, die per Funk von einem Unbekannten ausgelöst worden waren. Kaum genesen und nicht einmal ein Jahr nach den fünf Schüssen wälzte sich Heinz St. abermals in seinem Blut. Auch dieses Mal verschwand der Täter spurlos. Auf die Fragen der Polizei reagierte der Kaufmann sehr einsilbig, konnte oder wollte sich keinen Reim darauf machen, wer ihm bereits zum zweiten Mal nach dem Leben getrachtet hatte.

Dies war das Startzeichen für Wirtschaftspolizei und Staatsanwaltschaft, sich näher mit der ominösen Pfandleihanstalt zu beschäftigen und ein gigantisches Finanz-, Firmen- und Personenkonstrukt zu entwirren. Um es gleich vorwegzunehmen: Herausgekommen ist nicht allzu viel. Gegen mehr als 20 involvierte Personen liefen Ermittlungen wegen des Verdachts des schweren Betrugs, der Untreue und fahrlässigen Krida. Dem Trio Infernale – Johannes St., Heinz St. und Reinhard Stepanek – konnte man nichts anhaben.

Nachdem Stepanek von E. H. ausgetrickst worden war, verließ ihn endgültig sein bisheriges Glück. Bevor die Geschichte rund um die Pfandleihanstalt in die Binsen ging, war er auch in einen Anlegerskandal mit der „Gesundheitshotel Stubenberg Gesellschaft“ im März 1988 verwickelt. Wieder ging die Rechnung nicht auf, insgesamt wurden zahllose Anleger um rund 130 Millionen Schilling geprellt, wobei Teile dieser Gelder in einen Bordellausbau und in das heute nicht mehr existierende Hotel Hernalserhof am Gürtel gesteckt worden waren.

Reinhard Stepanek setzte sich nach Paraguay ab, wollte dort bei einem Casino mitmischen und baute abermals auf Sand. Sowohl über Stepanek als auch über Heinz St. gingen die Meinungen im Milieu auseinander. St. dürfte hinter einer Reihe von zahlreichen Immobiliendeals gesteckt haben, sich dadurch ein Heer von Feinden geschaffen haben, und er soll den neuen Unterweltboss E. H. gelinkt haben. Über Stepanek kursierten die wildesten Gerüchte. Man sah ihn in Wien, in Südamerika, auf Bali, manchmal sogar gleichzeitig. Andere aus dem Milieu hatten Stein und Bein geschworen, Stepanek „habe sich selbst gemacht“, also Selbstmord begangen. Die Wahrheit wird wohl irgendwo in der Mitte liegen.

Das letzte Aufbäumen

Götterdämmerungsstimmung in der österreichischen Unterwelt: Noch laufen die Fäden in Wien zusammen. Doch es war nur mehr eine Frage der Zeit, bis ein neuer Wind oder besser ein Sturm hereinbrechen und kein Stein mehr auf dem anderen bleiben würde.

Im großen Buch der Weltgeschichte wurden neue Seiten aufgeschlagen. Plötzlich waren im Westen zwei Begriffe in aller Munde – Perestroika und Glasnost, die Michail Gorbatschow geprägt hatte. Niemand hielt es tatsächlich für möglich, doch das Unmögliche wurde Realität. In Berlin fiel im November 1989 die Mauer, das Symbol der kommunistischen Diktatur und Unterdrückung. Erich Honecker musste klein beigeben, er flüchtete mit seiner Frau Margot ins Exil nach Chile, der rumänische Diktator Nicolae Ceauşescu und seine Gattin Elena wurden exekutiert. Wie Dominosteine fielen die Ostblockländer, die Sowjetunion zerbrach, Hammer und Sichel verschwanden aus der aktuellen Weltgeschichte, der Kommunismus existierte nicht mehr.

Bisher waren Italiens Mafia und Cosa Nostra in den USA die einzigen Syndikate, die man kannte. Unversehens schwappte aus dem ehemaligen Ostblock die Welle der Organisierten Kriminalität über den Westen, womit im Grunde niemand rechnete. Das Schlagwort „Russenmafia“ geisterte durch die Medien, es setzte sich in den Köpfen der Bevölkerung fest und wurde zum neuen Schreckgespenst.

Selbstverständlich blieben diese Entwicklungen der österreichischen Unterwelt nicht verborgen. Noch wähnte man sich auf der sicheren Seite, dachte, die Geschäfte würden laufen wie immer. Ein schwerer Fehler und Irrglauben, wie sich sehr rasch herausstellen sollte. Als die Organisierte Kriminalität aus dem Osten nicht nur Österreich, sondern den gesamten Westen überrollte, war es zu spät.

In der Alpenrepublik wurde nicht nur die Unterwelt überrumpelt, auch die Polizei stand anfänglich auf verlorenem Posten. Johann Schaffer, damals bereits ein versierter, kompetenter und erfolgreicher Wiener Kriminalbeamter, im Kollegenkreis geachtet und geschätzt, manchem Vorgesetzten wegen seiner direkten Art ein Dorn im Auge, erinnert sich: „In meiner OK [Organisierte Kriminalität; Anm. d. A.]-Zeit hat eine Amtshandlung die andere gejagt. Es war nicht einfach. Man wollte von uns, dass wir James Bond spielen, ohne uns darauf vorzubereiten. Und wir haben als erfahrene Kriminalbeamte gewusst, dass wir das nicht dürfen. Es ist uns aber gelungen, den Kollegen zu vermitteln, dass wir eine Servicedienststelle sind, an die man sich wenden kann.“[1] Noch gingen die Dinge in der österreichischen Unterwelt ihren gewohnten Gang, gab es keinerlei Anzeichen für eine historische oder weltpolitische Neuordnung. Europa war in West und Ost, in Gut und Böse geteilt. Der Kalte Krieg war in ein Tauwetter übergegangen, das gegenseitige Wettrüsten gehörte der Vergangenheit an.

Der goldene „Pumperer“

Die Fäden der österreichischen Unterwelt liefen bei Heinz B. zusammen, der sie von Wien aus steuerte. Der gelernte Maler und Anstreicher aus Ottakring blickte noch vor dem Mauerfall auf eine beeindruckende Unterweltkarriere zurück. Offiziell Kaufmann, legte er immer Wert auf biedere Bürgerlichkeit, was ihm jedoch nicht abgenommen wurde und auch nicht tatsächlich nach außen gelang.

Sein Mentor war Ludwig Sedlar, der auf der Flucht aus dem Inquisitenspital von der Polizei erschossen wurde. Es waren jene unruhigen Zeiten, in denen sich Angerler, Krista, Stanka und Norbert Schmutzer blutige Gefechte lieferten. Am Ende lagen alle in ihren Särgen.

Heinz B. war schlau und wusste, die Zeit war sein Verbündeter. Er brauchte bloß abzuwarten, bis seine Stunde schlug. Daher verdiente er sich, gleichsam als Überbrückung, seine Sporen, zusammen mit Franz A., Waldemar G. und Heinz Karrer, in Deutschland. Binnen kürzester Zeit konnte sich Heinz B. der Achtung und des Respekts der deutschen Unterwelt gewiss sein. Seine erstklassige Reputation zwischen München, Düsseldorf, Berlin und Hamburg war besiegelt, als es in Deutschland in einer Bar zu einer Auseinandersetzung mit Persern kam. Schnell suchten die deutschen Ganoven das Weite. Heinz B. und Franz A. blieben sitzen, warteten ab, ihre Sakkos lagen auf den Knien und darunter waren die Waffen verborgen. Später stand in den Akten des BKA Wiesbaden, dass bei der Schießerei Maschinenpistolen eingesetzt wurden und Passanten dachten, es handle sich um Filmdreharbeiten.[2] Danach galten die Österreicher in den 1970er und 1980er Jahren endgültig als ebenbürtige Partner in der deutschen Unterwelt.

Ein legendärer Einbruch in eine Düsseldorfer Pfandleihanstalt sollte Heinz B. später in erhebliche Schwierigkeiten bringen. Die Beute war sehr hoch, rund 800.000 DM und dazu eine goldene Pistole. Sowohl deutsche als auch Wiener Kriminalisten vermuteten, dass Heinz Karrer und Heinz B. dahinterstecken. In der TV-Sendung „Aktenzeichen XY … ungelöst" von Eduard Zimmermann flimmerte eine Fahndung über die Bildschirme. Kurz danach wurde Karrer erschossen. Publicity, auf die Heinz B. liebend gerne verzichtet hätte. Das erbeutete Geld blieb verschwunden. Bald schien Gras über die Sache gewachsen zu sein. Allerdings ermittelte das Wiener Sicherheitsbüro unverdrossen weiter und Kommissar Zufall half mit.

Mitte Jänner 1978 suchte ein Kunde eine CA-Filiale (Creditanstalt-Bankverein) auf, wies sich als Peter P. aus und wollte zu seinem Schließfach. Kriminalbeamte lagen auf der Lauer und nahmen Peter P., der in Wahrheit Heinz B. war, fest.

Die Fahnder verfügten zu diesem Zeitpunkt über zahlreiche Indizien, die auf ein großes Syndikat hinwiesen, in dessen Zentrum immer wieder Heinz B. auftauchte. Allerdings gab es keinen einzigen verwertbaren Beweis. Heinz B. hätte in der Kontrolle des Nachtgeschäftes, dem illegalen Glücksspiel und der Prostitution eine führende Rolle gespielt. Auch in Drogenschmuggel, Hehlerei mit Diamanten und Kunstwerken sowie Steuerhinterziehung wäre er tief verstrickt gewesen.

Der entscheidende Tipp kam direkt aus der CA-Bankfiliale. Im November 1976 war ein Schließfach aufgefallen, wofür seit zwei Jahren keine Miete mehr bezahlt worden war und das auf Peter P. registriert war. Auf richterlichen Beschluss hin wurde das Fach durch die Kriminalpolizei geöffnet und eine vergoldete Pistole blitzte ihr entgegen. Diese Waffe war auch bei einem Banküberfall im deutschen Neuss im Einsatz gewesen, just zu diesem Zeitpunkt hielt sich auch Heinz B. in der Bundesrepublik auf. Das Schließfach enthielt noch andere Schätze: einen weiteren „Pumperer“ mit Schalldämpfer, einen Minisender und Geschäftsunterlagen einer Wiener Firma und ihres polnischen Partners. Ebenso fand sich eine Überweisung der Polen in Höhe von 1400 US-Dollar an Heinz B.

Bei B.s Festnahme entdeckten die Kriminalbeamten den Schlüssel zu einem weiteren Schließfach. Auch dessen Inhalt konnte sich sehen lassen: eine sehr wertvolle antike Uhr und altrömische Münzen. Ein Schriftvergleich bewies, dass zumindest Peter P. und Heinz B. eindeutig ein und dieselbe Person waren.[3]

Eine nicht bezahlte Schließfachmiete, ob aus Schlamperei und/oder Vergesslichkeit, brachte Heinz B. in ein fürchterliches Schlamassel. Bislang gelang es ihm, die Polizei äußerst erfolgreich zu täuschen. Doch nun schien Schluss mit lustig zu sein.

Ein lanciertes Gerücht, die Beute aus dem Einbruch in der Düsseldorfer Pfandleihanstalt sei dem Wiener Hehler Alfred L.

angeboten worden, erwies sich als Flop. Der nächste „Zund" war ebenfalls ein Schlag ins Wasser. Der erbeutete Schmuck wäre in G.s Wohnung zu finden. Die darauffolgende Hausdurchsuchung stellte eine weitere Niederlage dar, denn die Wohnung war sauber. Verständlich, dass G. sauer war und wilde Verwünschungen gegen den unbekannten Verräter ausstieß, die ihm die Justiz wegen gefährlicher Drohung mit neun Monaten bedingter Haft quittierte. Auch gegen den Hehler wurde ein Prozess angestrengt, der mit einem Freispruch mangels an Beweisen endete, da Alfred L. plötzlich an Gedächtnisschwund litt.

In den Printmedien war der charismatische Heinz B. herzlich willkommen. Storys über ihn steigerten die Auflagenstärken enorm. Das war der Stoff, aus dem Legenden erschaffen werden. Er wollte den klein- und spießbürgerlichen Zwängen in Ottakring entrinnen. In seinem erlernten Beruf das Auslangen zu finden, erschien ihm zu wenig. Er strebte nach Höherem. Daher stieg er als Teilhaber in eine Autofirma in Favoriten ein.

Sein Einsatz, immerhin an die 1,7 Millionen Schilling (rund 124.000 Euro), stammte angeblich aus Spielgewinnen. Der „Kurier" behauptete damals, der erfolgreiche Coup in der Düsseldorfer Pfandleihanstalt sei der Grundstein für Heinz B.s späteres Imperium gewesen und habe ihm den Einstieg in das Automatengeschäft ermöglicht.[4]

Ein Hauch von Las Vegas

Die Einarmigen Banditen, in Las Vegas, Reno und anderen Spielermetropolen längst eine erfolgreiche Einnahmequelle, fanden ihren Weg nach Österreich. Es waren mechanische Geräte, die leicht zum Nachteil des Spielers manipuliert werden konnten. Heute sind die Automaten mit Hightech und bester Elektronik ausgestattet, Manipulationen daher kaum oder nur mit erheblichem Aufwand möglich. Außerdem sind die Geräte an strenge gesetzliche Auflagen gebunden und der Fiskus schneidet bei jedem aufgestellten Automaten kräftig mit.

Bei den alten Einarmigen Banditen genügten ein paar Drehungen an bestimmten Schrauben, die Münzen wurden heißhungrig geschluckt und wenig an Gewinnen ausgespuckt. B.s Automaten, hieß es im Milieu, wären besonders anfällig für eingeschränkte Auszahlungen gewesen. Ein Gegenbeweis konnte nie erbracht werden. Bei Razzien liefen die Geräte anstandslos oder waren plötzlich unauffindbar.

Das zweite lukrative Standbein im illegalen Glücksspiel bildete der bewährte Stoß, wo im Prater Heinz B. die Kontrolle nach Karrers Tod übernahm. Seinem Intimus und Vertrauten Karl H. oblag die Aufsicht außerhalb des Praters. Gelegentliche Probleme mit gegnerischen Partien wurden intern und nach Wiener Unterweltart rasch bereinigt. Der dritte Punkt im Einnahmendreieck war die Prostitution in Verbindung mit Straßenstrich und Bordellen. Die Wiener Mädchen wurden auch nach Innsbruck, Salzburg, München und Düsseldorf „exportiert“.

Durch und durch Geschäftsmann, trank Heinz B. keinen Alkohol, wenn er tätig war und erwartete das auch von seinen Mitarbeitern. Als Franz A. infolge übermäßigen Alkoholkonsums und zu vieler Joints aus der Reihe zu tanzen begann, zahlte ihn B. aus und verbannte ihn aus seinem Kreis, bevor größerer Schaden entstehen konnte.

Heinz B. legte auch großen Wert darauf, nicht nur in seinem Umfeld respektiert zu sein. Er strebte auch nach Anerkennung in der bürgerlichen Gesellschaft. So verkehrte er regelmäßig mit dem Autovermieter und -händler Franz K., der später in der Hummelbrunner-Affäre ins Zwielicht geriet, ebenso wie in Schickeriakreisen.

Ein beliebter Treffpunkt war die Pratersauna, wo, einträchtig auf den Holzbänken sitzend, wie Gott sie schuf und vor sich hin schwitzend, Heinz B. neben hochkarätigen „Kieberern“, halbseidenen und seriösen Geschäftsleuten, der „Schmäh lief“. Genau das macht, trotz aller Gewalt und illegaler Tätigkeit, den gewissen Charme der österreichischen Unterwelt aus, wie es nur in diesem Land möglich ist. Jeder weiß, wer der andere ist, was er treibt und dennoch saßen die „Pülcher“ mit der „Heh“ auf der Bank. Selbstverständlich wurden Arrangements und Geschäfte getätigt, die nie an die Öffentlichkeit drangen.

Der Schlaumeier und die „G’schmierten“

Heinz B. war zu seiner Zeit der Mann mit dem goldenen Händchen, mit der Fähigkeit, aus Dreck Geld zu machen. Der Wiener Gürtel war ihm bald zu wenig. Langsam erwachte Wien aus seiner Lethargie und entwickelte sich zur Weltmetropole. Die Innenstadt streifte die Hecken des Dornröschenschlafs ab und zahlreiche neue Lokale eröffneten. Natürlich blieb das Heinz B. nicht verborgen und er streckte seine Fühler, machte diversen Nachtlokalen Angebote, die, aus der Sicht des gesunden Menschenverstandes, nicht abzuschlagen waren. Gewisse Investitionen eigneten sich hervorragend für Geldwäsche, die wiederum eine spätere seriöse, bürgerliche Existenz ermöglichte.

Ein einziger Reinfall passierte ihm im Verlauf seiner Karriere. Der Versuch einer Peepshow im Prater scheiterte. Über einen Strohmann sollte das Projekt durch den behördlichen Instanzenweg getragen werden. Selbstverständlich bekam das Sicherheitsbüro Wind davon und klickte sich in die in Frage kommenden Telefongespräche mit ein. Damit der Amtsschimmel ein bisschen schneller trabte und nicht so laut wieherte, wurde auch der Bestechungsversuch an einem Minister mit 50 „Blauen“ (50.000 Schilling, etwa 3700 Euro) mitgeschnitten. Ein ausgesprochen dummer Zufall, dass ausgerechnet auf diesem Band, als es in der Staatsanwaltschaft eingelangt war, plötzlich nur mehr Rauschen zu hören war. Die Gerüchteküche meldete, möglicherweise hätte dabei ein Kriminalbeamter ein bisschen nachgeholfen. Wer weiß, vielleicht hatte man sich mal in der Pratersauna gegenseitig mit Handtüchern ausgeholfen? Zu allem Übel zog auch noch ein deutscher Reeperbahn-Boss seine Investitionen ab und Heinz B. musste die Peepshow ad acta legen.

Zu dieser Zeit war besonders für Wiener Polizisten neben „G'schmierten" (von korrumpieren, schmieren) „Mistelbacher" ein gängiger Schmähausdruck beziehungsweise eine Beleidigung. Zurückzuführen ist der Begriff auf eine Polizeischule im niederösterreichischen Mistelbach, wo sich einige Absolventen später nicht unbedingt als Ruhmesblatt für ihren Berufsstand erwiesen hatten.

Freilich verfügte die Polizei nicht über die technischen Errungenschaften, die in der Gegenwart zur Verfügung stehen, der Apparat war völlig anders strukturiert als heute und Österreichs krimineller Kosmos klein und überschaubar.

Heinz B. stand ständig im Visier des Sicherheitsbüros, wurde permanent „abgeschmiert" (observiert). Trotzdem blieb B. auf dem längeren Ast sitzen. Man wusste von einem Koffer mit Schmuck im Wert von rund 800.000 DM, den B. im Zusammenhang mit dem gescheiterten Peepshow-Projekt seinem deutschen Partner als Sicherstellung für dessen Investitionen übergeben hatte. Das vermaledeite Gepäcksstück war nicht zu finden. Die Polizei wurde erfolgreich ausgetrickst, die Observationen blieben nicht verborgen. Natürlich besaßen sämtliche Ganoven für damalige technische Verhältnisse scannerähnliche Geräte, womit sich der Polizeifunk problemlos mithören ließ. Die Codenamen für die ZPs (Zielpersonen) waren auch nicht besonders einfallsreich. So hieß Heinz B. der „Indianer" und seine Freundin „Squaw". Funksprüche wie „Indianer verlässt Wigwam seiner Squaw" rauschten durch den Äther. Heinz B. saß in seinem Rolls-Royce, hörte über seinen Scanner mit und amüsierte sich königlich.

Pleiten, Pech und Pannen waren die ständigen Gefährten für das Sicherheitsbüro, wenn es um die Causa Heinz B. ging. Von einer Baustelle aus beobachteten Kriminalbeamte seine Privatwohnung am Handelskai im 2. Bezirk. Es müssen sehr verdutzte Gesichter gewesen sein, als sich plötzlich der Boss persönlich am Fenster zeigte und den Beamten freundlich zurief, dass sie jetzt in sein Zimmer schauen und doch nicht tatsächlich glauben, etwas zu sehen bekommen. Er müsse sie leider enttäuschen, wünschte eine gute Nacht und ließ die Jalousien herunterrasseln.

Der Teflon-Pate

Ganz Österreich kannte inzwischen Heinz B. und er konnte sich der Sympathien sicher sein. Mit jedem Fehler der Polizei stieg seine Popularität. Der Frust der Polizei, ähnlich vergleichbar mit der Situation der Gegenwart in Bezug auf Richard Steiner, war enorm.

Ständig ging ihnen Heinz B. durch die Lappen, war wie Teflon, alles perlte an ihm ab. Sein Status erlaubte ihm, auf ein erstklassiges Netzwerk exzellenter Beziehungen zurückgreifen zu können, die bis in höchste Kreise reichten. Das regelmäßige Schwitzen in der Pratersauna sorgte nicht nur für eine porentiefe Körperreinigung. Dafür hatte die Polizei das Problem, dass Maulwürfe in den Reihen sitzen mussten, die nicht zu entlarven waren.

Plötzlich diese unerwartete Schicksalsfügung für die Polizei in Form der vergoldeten Pistole im CA-Bankschließfach, und endlich konnten Heinz B. die „Achter" angelegt werden. Die Stimmung im heimischen Blätterwald schlug sofort um. Der Boulevard, der Heinz B. noch Tage zuvor als heimlichen Helden gefeiert und augenzwinkernd über seine diversen Geschäfte hinweggesehen, dafür aber die Polizei an den Pranger gestellt hatte, spielte nun heuchlerisch den moralisch Entrüsteten und schrieb von einer gewaltigen Unterweltorganisation – der Begriff Organisierte Kriminalität war noch gänzlich unbekannt – mit allen damit verbundenen Klischeeattributen. Von einer Yacht war die Rede, die als schwimmender Puff eingesetzt war, doch für Drogenschmuggel genutzt wurde. Von einem Ort namens Monfalcone bei Triest würde sie auslaufen, außerhalb der Drei-Meilen-Zone die Ware übernehmen und durch bestochene Zöllner wieder unbehelligt zurückschippern und vor Anker gehen. War alles nur heiße Luft? Beweise gab es nie.

Im Herbst 1978 fand im Wiener Landesgericht der lang ersehnte Prozess gegen Heinz B. und seine rechte Hand, Waldemar G., statt. Die Anklageschrift erhob schwere Anschuldigungen: Erpressung, Hehlerei, öffentliche Gewalttätigkeit, Vergehen gegen das Waffengesetz und Urkundenfälschung; Waldemar G. wegen Erpressung. Die Anklage stand auf tönernen Beinen. Die Staatsanwaltschaft stützte sich ausschließlich auf Indizien ohne konkrete Beweise.

Um zu verhindern, dass die „Galerie" die Zuschauerplätze im Verhandlungssaal okkupierte, mussten 25 Polizeikadetten Publikum mimen. Heinz B. und Waldemar G. blieben gelassen. Das wichtigste Beweisstück, die vergoldete Walther-PPK-Pistole, will Heinz B. von Heinz Karrer bekommen haben. Nur Karrer konnte nicht mehr aussagen und wäre er noch am Leben gewesen, hätte sich B. auf dessen Schweigen blind verlassen können. Schmuckstücke, die B. belasteten und ihn wegen Hehlerei drankriegen sollten, stammten angeblich ebenfalls aus den Nachlässen Verstorbener. Keiner der Anklagepunkte hielt und die Angeklagten erwiesen sich als knallharte Steher. In seiner Verzweiflung kramte der Staatsanwalt uralte Geschichten von 1973 hervor, die zumindest die Gewaltbereitschaft Heinz B.s und seiner Leute untermauern und die Schöffen beeindrucken sollten. Trotzdem reichte es, um beide hinter Gitter zu bringen und von der ursprünglichen Anklage aus gesehen, fiel das Strafmaß ausgesprochen milde aus: zweieinhalb Jahre Haft für Heinz B. und ein Jahr mehr für Waldemar G.

Heinz B. galt als unbescholten, acht Vorstrafen konnten vor Prozessbeginn noch rechtzeitig getilgt werden. Ein Steher gibt nur das zu, was bewiesen werden kann. Daher legte er Teilgeständnisse in Bezug auf Passfälschung und illegalen Waffenbesitz ab, was sich strafmildernd ausgewirkt hatte.

Vom Rotlicht in den Scheinwerferglanz

Trotz der Haftzeit konnte Heinz B. nach seiner Entlassung 1981 seine Herrschaft im Milieu ungebrochen weiterführen. Wieder einmal bewies er seine Intelligenz und Bauernschläue. Offiziell zog er sich aus dem operativen Geschäft zurück, mied sämtliche Etablissements, die mit Rotlicht und illegalem Glücksspiel in enger Verbindung standen, reduzierte sogar die Kontakte zu seinen alten Mitstreitern nur auf geschäftlich Notwendiges, verlor dennoch nie den Überblick und ließ sich durch Adlaten vertreten, die, in seinem Auftrag und mit seinen Befehlen versorgt, das Räderwerk in Schwung hielten.

Er selbst ließ sich dafür immer öfter in der sogenannten feinen Gesellschaft blicken, umgab sich mit klingenden Namen und zog in deren Dunstkreis natürlich auch Unmengen der unvermeidlichen Adabeis mit sich. Man brüstete sich, mit Heinz B. bekannt zu sein. Eng verbunden war Heinz B. auch mit einem damals aufstrebenden Popsternchen, das später zu einem umjubelten Musicalstar wurde. Oft gab es ein Stelldichein im damaligen „Häfen“, einem Wiener Innenstadtlokal.

Sein neues Image wurde von der „Galerie“ nicht unbedingt gutgeheißen. Man warf ihm indirekt vor, seine Wurzeln zu verleugnen, andere meinten, er hätte es endgültig geschafft und zähle nun zur besseren Gesellschaft.

Als er mit einem Bundesminister in dessen Dienstwagen gesehen wurde, hatte der Politiker einigen Erklärungsbedarf. Als dann Heinz B. 1984 auch noch zum Geburtstagsfest des Ministers erschien, machte dieser das in solchen Fällen Übliche: Er dementiert und lässt eine Presseerklärung verfassen. In der damaligen Aussendung hieß es: „Während des feierlichen Anschneidens der Torte wurde der Minister von Heinz B.s Anwesenheit informiert. Er verließ das Fest, ohne ihm die Hand geschüttelt zu haben. Der Minister kennt ihn auch nicht aus dem Café Grünwald.“[5] Abgesehen vom Affront der Unhöflichkeit kam noch eine gehörige Portion Feigheit hinzu.

Nämlich genau dieser besagte Minister hatte sich einige Zeit davor als Ehrengast auf einer Party eingefunden, die Heinz B. zur Eröffnung seines „Vereins der Freunde des Backgammonspiels“ in der Gumpendorfer Straße gab. Logisch, dass der Großteil der illustren Schar aus dem Milieu gestammt hatte.

Im Sommer 1989 feierte Heinz B. seinen 50. Geburtstag im feinen Ambiente des Lusthauses am Ende der Prater Hauptallee. Neben der heimischen Unterweltprominenz waren auch die Größen der europäischen Szene zu Gast und selbstverständlich auch die unvermeidlichen Adabeis. Dieses Fest ist ebenfalls unter der Rubrik „unrühmlich“ in den Wiener Polizeiannalen archiviert. Sonnenklar, dass das historische Gebäude aus der Monarchie beschattet wurde und überall „Kieberer“ ihre Augen offen hielten. Man vermutete, Koks aus Deutschland wäre in rauen Mengen in diesem Gebäude zu finden und nahm daher eine Razzia vor, die zum Gaudium der Gäste völlig danebenging. Alle wurden gefilzt, das Unterste zuoberst gekehrt, die parkenden Autos der Feiernden auseinandergenommen und durchsucht. Das mickrige Ergebnis: ein Revolver und ein „Fisch“ (Springmesser). Die Mengen Kokain, die man glaubte zu finden, gab es nicht. Lediglich eine Packung „Fisherman's Friend“ konnte im Handschuhfach des Autos einer schon damals abgetakelten Wiener Schauspielerin „sichergestellt“ werden. Am Tag darauf verdächtigten die Zeitungen einen Polizeioffizier, der den Einsatzbefehl zu früh gegeben hatte, weil er selbst etwas zu verbergen hatte. Ihm wurde unterstellt, am Stoß Unsummen verspielt zu haben, sich dadurch hoch verschulden musste und schwer in der Tinte saß. Verifiziert konnte dieses Gerücht nie werden, geschweige denn bewiesen werden. Das Schneegestöber mitten im Sommer 1989 war wohl doch nur eine atmosphärische Störung. In den damaligen Zeitungen jagte eine abenteuerliche Story die nächste.

Einer sitzt immer am längeren Ast

Während Heinz B. sich offiziell für die Öffentlichkeit aus dem Geschäft zurückgezogen hatte und vermehrt sich gesellschaftlichen Verpflichtungen widmete, wartete sein Gegenspieler E. H. geduldig auf seine Chance. Sowohl Heinz B. als auch E. H. sind noch heute im Geschäft, wenngleich B. in reduzierter Form. Außer seinem „königlichen Club“ am Gürtel und einer Bar in der Wiener Innenstadt ist ihm nicht viel von seinem einstigen Imperium geblieben.

Heinz B. setzte auf den gewaltfreien Weg, wie ihn Bernhard Wesely vorgezeichnet hatte. Schlagkräftigere Argumente wurden nur eingesetzt, wenn die verbale Überzeugungskraft nicht ausreichte beziehungsweise die Betroffenen sich dagegen immun erwiesen. Seine Devise lautete: Polizei bekämpft man nicht, man wird unweigerlich den Kürzeren ziehen. Daher ist es besser zu versuchen, sie zu kaufen.

Kurzum, man soll Intelligenz und Cleverness einsetzen. Diese kluge Vorgangsweise lässt ihn bis heute vom Respekt und von der Achtung, auch in der Unterwelt anderer europäischer Staaten, zehren. Er machte aus dem Milieu ein Unternehmen, das sich an marktwirtschaftlichen Richtlinien orientierte und sich nach aktuellen Bedürfnissen richtete.

E. H. ist aus anderem Holz geschnitzt. Während Heinz B. sich gerne im Partygetümmel aufhielt, lebt der ehemalige Boxer und Blumenfreund E. H. eher wie ein Eremit, gilt als Eigenbrötler und hasst Journalisten.

Welches Kaliber H. tatsächlich ist, stellte er schon 1965 unter Beweis. In Zuge einer Zuhälterfehde kassierte er einen Herzstich, setzte sich ins Auto und fuhr selbst zur Notoperation ins nächste Krankenhaus. Eine polizeiliche Anzeige erfolgte nie. Wer der Messerstecher war und was aus ihm wurde, weiß H. selbst nicht.

Das Leben treibt oft seltsame Blüten. Während H. im Krankenbett seine Verletzung auskurierte, war sein Zimmergenosse der Soziologe und Universitätsprofessor Roland Girtler. Unterwelt und Wissenschaft fanden zusammen. Es entstand eine Freundschaft, die auch heute noch besteht.

E. H.s große Chance ergab sich durch den unerwarteten, frühen Tod Bernhard Weselys und die neue Gangart war bald klar. Es galt, die überholte Tradition von Angerler, Krista & Co. weiter fortzusetzen.

Reinhard Stepanek, der unerfahrene Milieuquereinsteiger, war zu schwach, um sich gegen H. durchsetzen zu können. Er dachte anfänglich, die Symbiose aus seiner vermeintlichen Intelligenz und der Muskelkraft seines neuen Partners wäre ein ideales Gespann. Dabei übersah er, dass auch Muskeln vom Gehirn gesteuert werden. Nach und nach musste er taten- und hilflos zusehen, wie ein Lokal und ein Etablissement nach dem anderen in H.s Herrschaftsbereich übergingen. Am Ende von H.s Eroberungszug blieb Stepanek ein einziges Haus, jenes am Mariahilfer Gürtel 11, wo er begonnen hatte, und dieses Gebäude hatte er einem seiner Mädchen zu verdanken. Zu ihren Freiern zählte ein distinguierter, kurz vor der Pensionierung stehender Bankdirektor, den sie geschickt zu umgarnen verstand und ihm einen mehr als großzügigen Kredit, mehr jedenfalls als Stepanek gebraucht hatte, mit ihren Reizen und Liebeskünsten herauslockte. Somit konnte sich Stepanek das Haus leisten. Auch der Bankdirektor erwies sich als alter Gauner. Er streifte die Differenz aus tatsächlichem Hauspreis und überhöhtem Kredit ein, versüßte sich mit seiner fürstlichen Pension zusätzlich den Lebensabend.

Später übernahm der Immobilienhai Helmut L. das Haus, um es für einen symbolischen Schilling der Kirche zu schenken. Der ehemalige Sündenpfuhl wurde zu einem geweihten Gemäuer. Warum diese Läuterung? Man weiß es nicht. Sicherlich nicht aus Gewissensgründen oder aus Glaubensfragen. Das Motiv war sicherlich weitaus profaner.

Russische Verträge

Die Methode einer feindlichen Lokalübernahme ist einfach. Man bietet dem Bordellinhaber eine Teilhaberschaft an und als Gegenleistung verbürgt man sich für den Schutz des Etablissements. Wird abgelehnt, dann wünscht sich der Besitzer nur, dass er doch auf das Angebot eingegangen wäre. Die Möglichkeiten, Druck auszuüben, sind nahezu unendlich: Autos können in Flammen aufgehen, Rollkommandos zerlegen das Lokal, Baseballschläger treffen Kniescheiben, Freier und Prostituierte werden verprügelt und so weiter.

Die andere Variante ist ebenso hinterhältig. Man stellt ein Kaufangebot für das Lokal, selbstverständlich weit unter dem tatsächlichen Wert. Wird es angenommen, schreibt man zwar Verluste, doch das weitere Leben bleibt angenehm. Bei Zurückweisung wird der Inhaber permanent massive Probleme haben.

Im Zuge von H.s Machtübernahme sind eine Reihe an unterschiedlichen Vorkommnissen polizeilich aktenkundig geworden. Zu einer Anklage H.s oder gar Verurteilung war es nie gekommen. Einem Wiener Kriminalbeamten der alten Schule und heute in Pension, Johann Böhm, gelang das Kunststück, E. H. – wenn auch nur kurzfristig – zweimal einzulochen.

Die erwähnten Methoden für eine feindliche Übernahme verfeinerten später die Russen, als die Organisierte Kriminalität sich in Österreich breitmachte. Ein Fahnder der inzwischen aufgelösten Sondereinheit EBT (Einsatzgruppe Bekämpfung Terrorismus) erzählte mir die Vorgangsweise, wenn ein Lokal zum Objekt der Begierde wurde. Eines Tages tauchte ein Gast auf, verhielt sich unauffällig, kam in unregelmäßigen Abständen zu unterschiedlichen Zeiten immer wieder, beobachtete. Nach und nach konnte er sich ein Bild über die Gästefrequenz machen und ungefähr den daraus resultierenden Tagesumsatz hochrechnen. Langsam erwarb er sich den Status eines Stammgastes, kam mit dem Besitzer ins Gespräch, freundete sich zusehends an. Natürlich sprach der neue Stammgast ausgezeichnet Deutsch. Mitunter klagte ihm der Inhaber sein Leid: Von früh bis spät stehe er hinter der Theke, langsam reiche es ihm ...

Plötzlich war der Gast verschwunden, ließ sich nicht blicken. Manchmal tauchte er erst Wochen später wieder auf. Große Wiedersehensfreude auf beiden Seiten. Man tauschte sich aus, scherzte. In einer ruhigen Minute zeigte der Gast dem Betreiber einen Aktenkoffer, randvoll mit Geldscheinen gefüllt, sagte, es gehöre ihm und das Lokal würde nun den Besitzer wechseln. Der offerierte Betrag überstieg oftmals den tatsächlichen Wert des Lokals. Manche stiegen darauf ein, überlegten nicht lange, weil sie wussten, dass sie so ein Angebot nicht alle Tage (und obendrein noch mit Gewinn) erhielten. Anderen war es zu heiß und lehnten ab. Wieder verschwand der Gast für einige Tage, kehrte erneut mit einem Aktenkoffer zurück. Darin lagen nunmehr ein wasserdichter Vertrag und eine Pistole. Das überzeugte schließlich in den meisten Fällen. Im Polizeijargon heißt diese Methode „russischer Vertrag“.

Zufällig in eine Faust gerannt

Wer nicht nach E. H.s Pfeife zu tanzen gewillt war, musste fühlen. Ernst M., damaliger Betreiber der „Rotenturmbar“ in der Wiener Innenstadt, wollte nicht und erwachte 1983 wieder im Krankenhaus. Einen Tag nach dem Zwischenfall lief M.s Teilhaber, Richard R., zwar nicht zur Polizei, sondern wollte, völlig atypisch, mit dem Bezirksvorsteher sprechen. Davon erfuhr natürlich H. und überzeugte R. auf seine Weise, was er von dieser

Idee hielt. Nachdem R. das eingesehen hatte, war er zwar nicht mehr Teilhaber, durfte aber für H. den Geschäftsführer in dieser Bar spielen.

E. H. wollte sein Reich weiter ausbauen. Ein Stripteaselokal fand sein besonderes Interesse, doch dann passierte etwas, was ihm noch nie passiert war und auch nachher nie wieder geschah. Der Betreiber Josef „Pepi" St. wagte das Unglaubliche und bot H. die Stirn. H. war bereits Gesellschafter in diesem Betrieb, doch er wollte alles, daher stand St. im Wege.

Josef St. ließ sich nicht einschüchtern, selbst die berüchtigten, handfesten und schmerzvollen Argumente H.s steckte er weg, brach mit allen Regeln und Kodizes, erstattete Anzeige bei der Polizei. E. H. musste tatsächlich für drei Monate in Untersuchungshaft. Im Laufe der Ermittlungen fielen die Zeugen reihenweise um und verloren ihre Sprache. Acht Monate bedingt wegen Körperverletzung, mehr fasste H. nicht aus. In der Causa Ernst M. nahm einer von H.s Gefolgsleuten die Schuld auf sich und saß für seinen Boss mehrere Monate ab.

Bis heute verhält sich E. H. wie die berühmte Romanfigur „Fantômas": für die Öffentlichkeit unsichtbar, für die Polizei, ähnlich wie Heinz B., unantastbar. Das Netzwerk aus Immobilien und Etablissements, ineinander verschachtelt in Gesellschaften, geführt von Strohmännern, Steuerberatern und Buchhaltern, durch permanente Rochaden ständig in Bewegung gehalten, lässt selbst erfahrene Ermittler w. o. geben.

In den 1990er Jahren hatte E. H. die Kontrolle über rund 80 einschlägige Lokale in Österreich. Die Prostitution in der Felberstraße im 15. Bezirk und am Gürtel unterstand ihm. Einmal pro Woche verließ E. H. sein Domizil in einem österreichischen Bundesland, fuhr nach Wien und holte seine Prozente persönlich ab. Da man ihn einmal mit den Umsätzen betrog, setzte er fixe Monatssätze fest, die zwischen 60.000 und 80.000 Schilling lagen. Hochgerechnet an der Anzahl der Lokale lässt sich leicht sein damaliger Monatsverdienst eruieren. Mit Heinz B. traf er ein

Abkommen, manchmal arbeiteten sie bei lukrativen Geschäften zusammen.

Die Bordelleinnahmen flossen allein an H. In den 1990er Jahren betrug das „Standgeld“ zwischen 600 und 800 Schilling täglich. Eine Gebühr, die jede Prostituierte zu entrichten hatte für die Erlaubnis, mit einem Freier auf das Zimmer gehen zu dürfen. Natürlich musste der Freier das Zimmer extra bezahlen. Die Zeche erhöhte sich um die Getränke, die natürlich schwarz, also steuerfrei, ausgeschenkt wurden. Das System ist gleich geblieben, nur die Preise änderten sich.

Im Milieu wird immer eine Geschichte kolportiert, wie H. Prostituierte testete, die für ihn arbeiten wollten. Sie mussten seinen Rottweiler oral befriedigen. Dann soll immer sein Spruch gefallen sein: „Meinem Hund hat es gefallen, mir auch. Also passt es. Du darfst für mich in die Hacken [auf den Strich] gehen.“[6]

Selbstverständlich schnitt H. auch beim Stoß mit. Pro Stunde hieß das zwei „Blaue“ (2000 Schilling) bar für den Spielhalter, wenn in einem von H.s Lokalen der Stoß lief, zusätzlich zu den Schutzgeldern, die er von anderen Lokalinhabern kassierte, damit alles friedlich blieb.

Weilte der König nicht in der Stadt, sorgte sein Adjutant und Statthalter Harald H. mit seinen Leuten für ordnungsgemäße Geschäftsgebarungen. Doch auch der König wird bald Federn lassen müssen. Ein neuer Mann, aus Kroatien stammend, dynamisch, ehrgeizig, hochintelligent und gebildet, wartet ante portas.

---

1 vgl. Kriminalpolizei, Dezember 08/09, S. 38
2 vgl. Geher, S. 244
3 vgl. ebd., S. 245
4 vgl. ebd., S. 246 f.
5 ebd., S. 255
6 vgl. ebd., S. 260

Der Olymp und seine Trabanten

Noch war das Gefüge fest und beständig, keinerlei Risse zeichneten sich ab. Auf dem Olymp der heimischen Unterwelt thronten E. H. und ein Stück weiter unten Heinz B. Im Mittelfeld saß Willibald Sch. fest im Sattel und kontrollierte den Praterstrich. Wer seine Mädchen im 2. Bezirk auf den Strich schicken wollte, klopfte zuerst bei Heinz B. und bei Sch. an, um sich die Erlaubnis einzuholen sowie die Modalitäten abzuklären. Sch. war für sein Understatement bekannt, verzichtete auf jegliche Statussymbole wie protzigen Goldschmuck oder Anzüge aus feinstem Tuch, fuhr jedoch als einzigen öffentlich sichtbaren Luxus einen Rolls-Royce. In den 1990er Jahren überblickte der Pate vom Max-Winter-Platz einen ansehnlichen Versorgungspolster von mehr als 20 Häusern und Etablissements, zuzüglich der Einnahmen aus Prostitution und Stoßspiel.

Bis zum 29. April 1974 war Willibald Sch. Gefolgsmann von Heinz B. In den frühen Morgenstunden lief im Prater-Café „Traude" eine hoch dotierte, unlimitierte Stoßpartie. Franz „der Alte" Altmann war der „Bankerer", der Bankhalter. Sch. wollte auf eine Karte 120.000 Schilling setzen, doch A. verweigerte die Annahme, bezichtigte Sch. des Falschspiels. Ein Mitspieler, Josef Havlicek, bedeutungsloser Angehöriger der „kleinen Galerie", zog seine Waffe, allerdings war Sch. schneller und traf. Havlicek gelang es dennoch, Sch. einen Bauchschuss zu verpassen. Sch. schaffte es, weiter zu feuern, Havlicek ging dabei drauf. Die tödliche Angelegenheit konnte rasch aus der Welt geschafft und geregelt werden. Der Vorfall trübte keinesfalls Sch.s Verhältnis zu Heinz B.

Willibald Sch. ist bis heute im Geschäft und gilt als vielfacher Millionär. In seinem Revier ist er auf Ruhe bedacht, daher gibt es auch keine leidigen Auseinandersetzungen mit der Polizei, obwohl in den letzten Jahren das Stuwerviertel in unmittelbarer Nähe des Max-Winter-Platzes immer wieder durch Razzien in die Schlagzeilen gerät. Die Ursachen dafür haben andere Gründe. Durch die offenen Grenzen überschwemmen zahlreiche Prostituierte aus den osteuropäischen Ländern auch den 2. Bezirk. Mitten im Wohngebiet siedelten sich kleinere Rotlichtlokale an, die im Visier der Fahnder und des Magistrats stehen. Die „Koberer“ (Betreiber) erfinden stets neue Wege, nach einer behördlichen Schließung, ein paar Tage später wieder mit einem Trick das Gesetz zu umgehen. Auch findet sich hier und rund um die Venediger Au der Babystrich, der zu einem hohen Prozentsatz aus drogensüchtigen, oft minderjährigen Mädchen besteht, die sich durch Prostitution ihren nächsten Schuss verdienen (müssen).

Dass Willibald Sch. davon weiß, ist klar, ob er involviert ist, ungewiss. Sozusagen im Verborgenen bäckt Sch. kleinere Brötchen, die jedoch große Gewinne einbringen. So bescherte ihm zu Weihnachten der Fiskus ein Danaergeschenk in Form einer Steuernachzahlung von rund zehn Millionen Schilling. Die Forderung wurde sofort beglichen.

Völlig eigenständig betrieb Helmut B. in den 1990ern seine Geschäfte. Er zählte weder zur sogenannten „Ost-Partie“ noch zur verfeindeten „West-Partie“. Wie die Begriffe unmissverständlich ausdrücken, kontrollierte die eine den Osten, die andere den Westen Österreichs.

Helmut B. verschanzte sich ebenso hinter einem ausgeklügelten System und Netzwerk, denen Strohmänner vorgeschoben waren. Ein Miethaus im 3. Bezirk war ausschließlich für die Prostitution bestimmt, wo 20 Mädchen in Ein-Zimmer-Apartments ihre Freier empfingen. Einnahmen brachten auch zwei Innenstadt-Nachtlokale und drei Bars in der Breitenfurterstraße in Liesing im 23. Bezirk. Anders als andere Unterweltgrößen stammte er aus reichem, gutbürgerlichem Haus, absolvierte das

Gymnasium und maturierte. Trotzdem konnte der Zwei-Meter-Mann seinem Spieltrieb nicht widerstehen. Bereits als Halbwüchsiger verfiel er dem Stoßspiel, worauf, wie bis heute im Milieu gerne erzählt wird, ihn seine Mutter oft an den Ohren vom Tisch wegzerrte und ihm vor aller Augen ein paar saftige „Watschen" (Ohrfeigen) verpasste. Bis zu ihrem Tod kämpfte die Mutter um den verlorenen Sohn und wollte ihn wieder auf den rechten Weg bringen. Bei ihrem Begräbnis erwies ihr die Wiener Unterwelt auf ihre Art Ehrerbietung und Respekt, indem ihr letzter Weg wie der Leichengang eines Bosses gestaltet wurde. Ihr resolutes Auftreten und ihre unerschrockene Art, sich in die Höhle des Löwen zu begeben, um ihren Sohn herauszuholen, beeindruckten die „Galerie".

Helmut B., bekannt als Schürzenjäger und Schwerenöter, hätte das Zeug zu einem der ganz Großen gehabt, und wie oftmals im Milieu, brach manchem eine Frau das Genick. B. genoss Schäferstündchen mit der damaligen „Miss Vienna". Jedoch war das Vergnügen einseitig, da sie nicht wollte, aber dazu gezwungen worden war. Die etwas mysteriöse Vergewaltigungsgeschichte sickerte an die Medien durch und B. stieß sich selbst vom Sockel, obwohl er von der Notzuchtsanklage freigesprochen worden war. Mitangeklagt war auch der ehemalige Jolly L., der einige Zeit in Hans Orsolics' Betreuerstab war und diese ungustiöse Geschichte scheinbar eingefädelt hatte, „Miss Vienna" mit 50.000 Schilling für die Liebesdienste geködert zu haben. R. sagte aus, das Geld wäre für einen Werbevertrag gewesen, der Vertrag sollte in der Wohnung, wo sie vergewaltigt worden war, unterzeichnet werden. Am Ende blieb sie auf der Strecke. Im Geldkuvert befanden sich nur Zeitungsschnipsel. Das Gericht glaubte die Version des Opfers und L. wurde zu knapp 17 Monaten Haft verurteilt. Doch L. ging in die Berufung und war erfolgreich. Von Vergewaltigung war keine Rede mehr, sondern nur mehr von Täuschung der stigmatisierten Schönheitskönigin. Helmut B. konnte danach im Milieu nie wieder Fuß fassen.

Am Alsergrund, dem 9. Bezirk, regierte Johann R. als Betreiber und Pächter von Kaffeehäusern, Gaststätten und Diskotheken. Begonnen hatte er als Türsteher vor einer Bar in der Nußdorferstraße und wechselte als „Bugl“ (Leibwächter) zu E. H. Als Mann fürs Grobe wusste der Boss bald dessen Dienste zu schätzen. Während Bosse vom Schlage eines Heinz B. oder E. H. darauf bedacht waren, ihre Imperien allein, allerdings mithilfe von Adjutanten, zu überwachen und zu kontrollieren, verhielt sich R. völlig anders. Er teilte die Führung mit vier Partnern, die bald als „Big Five“ bekannt wurden und die auch ein gemeinsames Faible zu Harley Davidsons verband. R. betätigte sich auch als „Saugerl“ (Geldverleiher). Als sich ein Schuldner zahlungsunwillig erwies, ging die Sache schief. Die Polizei erfuhr davon und einer seiner Partner, Stanislav P., wurde festgenommen, danach R. Im März 1993 verließ R. wieder die Untersuchungshaft. Es konnte ihm nichts nachgewiesen werden. Anschließend erfuhr R. eine Wandlung, indem er den Buddhismus für sich entdeckte, konvertierte und seinem bisherigen gewalttätigen Leben endgültig abschwor. Zudem wandte er sich dem Extremsport zu und stellte im Fallschirmsprung mehrere Weltrekorde auf. Vor einigen Jahren, bei einem weiteren Versuch, einen neuen Rekord mit dem Fallschirm aus rund 10.000 Metern über der Antarktis aufzustellen, stürzte er tödlich ab.

In der Unterwelt spielen Adjutanten eine wichtige, wenn auch untergeordnete Rolle. Sie sind die rechten Hände der Bosse, deren zusätzliche Augen und Ohren. Daher müssen Adjutanten loyal, verlässlich und treu ergeben sein. Trotzdem, gerade in der österreichischen beziehungsweise Wiener Unterwelt, kam es öfter vor, dass Adjutanten ihren Chefs bei günstiger Gelegenheit in den Rücken fielen. Die Granden sind auf ihre Adjutanten angewiesen. Je größer das Imperium ist, desto schwieriger sind Kontrollen und Überwachungen. Niemand kann gleichzeitig an mehreren Orten sein, um nach dem Rechten zu sehen. Befindet sich der Chef in Haft, übernehmen die Adjutanten die Agenden. Jeder Adjutant ist für seine Leute verantwortlich und diese müssen wieder dem Subboss ihre Loyalität bezeugen.

Adjutanten können sich ebenso legendäre Rufe wie ihre Bosse erwerben. Zu den bekanntesten und wichtigsten zählten Franz A., Karl H., Leopold G., Waldemar G. und Harald H.

Als Franz A. für Heinz B. zu einem Sicherheitsrisiko werden konnte, wurde er in Rente geschickt. Zuvor war er für die Glücksspielverwaltung zuständig. An seine Stelle trat Anton Ö. Leopold „Hombre" G., ein ehemaliger Seemann, steuerte nicht nur B.s Yacht durch sämtliche Untiefen, sondern kontrollierte auch den illegalen Spielbetrieb in Salzburg, in Innsbruck übernahm diese Funktion Waldemar G.

Karl H., unverzichtbar für Heinz B., sorgte für den reibungslosen Spielbetrieb in den Wiener Außenbezirken. H. spielte eine maßgebliche Rolle im bereits beschriebenen Duell 1968 zwischen Angerler und Krista, das in letzter Konsequenz für beide tödlich endete. Dabei wurde immer ein unbekannter Dritter erwähnt, der, hinter einem Vorhang versteckt, Krista Feuerschutz gab. Dieser Schütze war Johannes Supper.

Ferdinand P., ein Freund Karl H.s, übernahm damals die Verantwortung für den Mord an Supper, wurde jedoch wegen Notwehr von der Mordanklage freigesprochen. Das Gerücht wollte nie verstummen, in Wahrheit hätte Karl H. diesen Supper auf dem Gewissen und P. wollte ihn nur decken.

Am 13. Juni 1974 ereilte Ferdinand P. das Schicksal. Karl Kolar, Konkurrent aus der „West-Partie" und Karl H.s Todfeind, schoss P. zusammen, der sein weiteres Leben querschnittgelähmt im Rollstuhl verbringen musste. Nach den kolportierten Zeitungsmeldungen war ein Streit um das künftige Glücksspielautomatengeschäft Anlass für die Schießerei.

Karl H., für den inzwischen der Wiener Boden etwas zu heiß geworden war, wurde nach Linz zur Kontrolle des dortigen

Stoßspiels strafversetzt. Später kapierten sowohl „Ost-“ als auch „West-Partie“, dass es wenig Sinn hatte, sich in einem kleinen Land wie Österreich ständig zu bekriegen. Das störte nur die Geschäfte. Daher setzte man sich an einen Tisch, schloss Frieden und arbeitete wieder zusammen. Auch Karl H. durfte nach Wien zurückkehren und zusammen mit seinem einstigen Todfeind Karl Kolar beaufsichtigten sie einträchtig den Stoß am Gürtel.

Ein Minister und ein gebrochenes Nasenbein

Trotz aller Vorbehalte gegen Kriminalität, Unterwelt und allen damit verbundenen Verbrechen ringen doch gewisse Aktionen dem Außenstehenden zumindest Respekt, wenn auch nicht unbedingt Bewunderung, aber vor allem Schadenfreude ab, besonders wenn es einen von den Mächtigen erwischt, die uns regieren.

Selbstverständlich steht jedem Politiker das Recht zu, wie anderen Staatsbürgern auch, ein Bordell aufzusuchen. Ein ehemaliger österreichischer Innenminister suchte Abwechslung vom ehelichen, politischen und gesellschaftlichen Alltag. Daher ließ er sich in einem Puff in Währing verwöhnen. Der Bordellbetreiber dachte sich, vielleicht ließe sich daraus etwas zusätzliches Kapital schlagen, zumal ein Innenminister nicht unbedingt zu den Stammkunden zu zählen ist. Abgesehen davon, wenn man den Innenminister persönlich in der Hand hätte, wäre doch sicherlich im Rotlichtmilieu einiges einfacher, zumindest so lange der Herr Minister in Amt und Würden ist. Eine Videokamera war schnell zur Hand, ein nettes kompromittierendes Video schnell gedreht, das sich hervorragend für eine Erpressung geeignet hätte. Freilich blieb das dem Minister nicht verborgen. Daher stürmte er wutschnaubend in den Morgenstunden, voll auf seine politische Funktion vertrauend, in das

Etablissement und knöpfte sich die Dame vor, mit der er sich verlustiert hatte. Er wollte das Videoband und da sich das Mädchen dumm stellte, vielleicht auch nichts wusste, ging dabei das Nasenbein zu Bruch. Die ministerielle Faust soll sehr kräftig zugelangt haben.

Wer jetzt annimmt, das Video wäre freiwillig herausgerückt worden, ist auf dem Holzweg. Kein Zuhälter lässt zu, dass sich ein Freier an einer Prostituierten vergreift. Schließlich steht sie unter seinem Schutz und er lebt durch ihren Verdienst. Minister hin oder her. Ein paar Beschützer stürzten sich auf den Politiker, prügelten ihn windelweich, entkleideten ihn bis auf die Unterwäsche und banden ihn gefesselt an eine Halteverbotstafel vor dem Bordell. Danach wurde die Nummer 133 gewählt und ein verdutzter diensthabender Beamter hörte, „sie sollen sich ihren Chef abholen".

Natürlich gab es nie einen Einsatzbericht, dafür musste schon der damalige amtierende Wiener Polizeipräsident sorgen. Interessant wäre zu wissen, was aus der Funkstreifenbesatzung wurde, die an den Einsatzort gerast war. Natürlich sickerte die Geschichte langsam auch an die Journaille durch, doch kein österreichischer Journalist wagte auch nur eine Zeile darüber zu schreiben.

Nur ein einziger mutiger Mann, der österreichische Publizist, Autor und Lucona-Aufdecker Hans Pretterebner, veröffentlichte diese haarsträubende Geschichte in seinem Buch „Das Netzwerk der Macht".[1]

---

1 vgl. Hans Pretterebner, Das Netzwerk der Macht. Wien 1993, S. 440

Unfreiwillige Adressen

Noch vor einigen Jahren galten Tätowierungen in der Gesellschaft als untrügliche Stigmata, dass diesen gezeichneten Menschen nicht über den Weg zu trauen ist, sie bestimmt im „Häfen“ (Gefängnis) gesessen hatten und daher in irgendeiner Verbindung zur Unterwelt stehen mussten. Seefahrer und Matrosen scheiden in einem Binnenland wie Österreich aus.

Heute sind Tattoos längst salonfähig, daher fällt dieses vage und unzulängliche Erkennungsmerkmal weg.

Das Gefängnis – der „Häfen“ – ist untrennbar mit Kriminalität verbunden, daher auch fixer Bestandteil im Leben eines Unterweltlers. Wer sich mit dem Milieu einlässt, hat berechtigte Chance, eines Tages für einen längeren Zeitraum gesiebte Luft atmen zu müssen.

Alfred N., einer der berühmten Stein-Ausbrecher von 1971 und der „kleinen Galerie“ zuzurechnen, saß insgesamt neunzehn Jahre und elf Tage hinter Gittern. Mit der ihm eigenen Philosophie beschreibt er seine Haftzeit so: „Die neunzehn Jahre sind eigentlich schnell vergangen. Nur die elf Tage haben sich gezogen.“

Wäre der Strafvollzug damals bereits so gehandhabt worden wie heute, nie im Leben wäre er straf- beziehungsweise rückfällig geworden, schildert er. Im „Häfen“ baut man einen unbändigen Hass auf alles und jeden auf. Da genügt ein falscher Blick, ein unpassendes Wort zur falschen Zeit, sofort wird zugeschlagen oder zugestochen. Natürlich ist die erzwungene unterdrückte Sexualität ein fürchterliches Problem. „Sobald man auch nur eine Frauenstimme hört“, erinnert sich Alfred N., „dreht man komplett durch.“ Es gibt nur zwei Möglichkeiten: Entweder die sexuelle Ausrichtung zu wechseln und schwul zu werden oder Zähne zusammenzubeißen und durchzuhalten. Daher findet er heute die Möglichkeit, dass sich Häftlinge mit ihren Partnerinnen in österreichischen Gefängnissen unbewacht in eigenen Liebeszellen aufhalten dürfen, durchaus gerechtfertigt.

Natürlich sind im Verlauf der letzten Jahrzehnte im Strafvollzug entscheidende Verbesserungen eingetreten. Alfred N. sagt, hätte er zu seiner Zeit eine berufliche Ausbildung absolvieren dürfen, hätte er nie wieder eine Zelle von innen gesehen.

Trotzdem haben sich die Zustände in Österreichs Haftanstalten eher verschlechtert als verbessert. Die Gewaltbereitschaft ist „Häfen"-Alltag. Jetzt prallen In- und Ausländer aufeinander, verschiedene ethnische Gruppen tragen ihre Konflikte aus. Zusätzlich erschwert das Drogenproblem das Leben hinter Gefängnismauern. Heimlich in Zellen gepantschten oder reingeschmuggelten Alkohol gab und wird es immer geben. Und zu allem Überfluss sind Österreichs Haftanstalten restlos überfüllt, was sich auch in nächster Zukunft nicht ändern wird.

Seit Ende 2008 sitzt Alfred N. wieder in Untersuchungshaft. In einem Lokal in der Lobau im 22. Bezirk soll er im Verlauf eines Streites seinem Widersacher in den Bauch geschossen haben. Erweist sich seine Schuld, wird er wohl kaum mehr aufgrund seines Vorstrafenregisters und seines Alters den letzten Rest seines Lebens in Freiheit verbringen.

Genug vom Milieu

Auch Aussteiger gibt es in der Unterwelt. Eines Tages erwachen sie und finden, dass es reicht. Das Leben muss auch noch andere Seiten bieten. Die bekanntesten Aussteiger sind Heinz Sobota und Heinz Karasek.

Sobota durchlief die typische Karriere eines Wiener Zuhälters, machte sich bald einen Namen als brutaler und gewalttätiger Schläger. In einer Zelle in einem Gefängnis in Marseille beschloss er in den späten 1980er Jahren, dem Milieu den Rücken zu kehren. Noch in der Haft schrieb er ein schonungslos offenes Buch: „Der Minus-Mann“ ist in einer brutalen, dreckigen Sprache verfasst, so wie der Autor selbst einmal war. Das Buch löste ungeheuren Wirbel aus, kletterte in den Bestsellerlisten unaufhaltsam hoch und Sobota wurde zum Liebkind der Medien. Später heiratete er eine Ärztin, doch die Ehe ging in die Brüche. Angeblich soll er in München leben.

Als ich Heinz Karasek kennenlernte, war er bereits ein älterer Herr, vom Typ her ein netter Opa. Nur wenn er seine Ärmel hochschob, konnte man an den Armen anhand der Tätowierungen seine Vergangenheit erahnen. Ungefähr zur gleichen Zeit wie Sobota wendete sich auch Karasek vom Milieu ab. Der Wiener hatte, außer Mord, so ziemlich alles auf dem Kerbholz, was im Strafgesetzbuch verboten ist, und die dementsprechende „Häfen“-Erfahrung. Leider war seine Lebensbeichte „Der Gauner“ nie so erfolgreich wie Sobotas Werk. Karasek schrieb auch Theaterstücke, versuchte sich als Regisseur, bis er sich eines besonderen Talents besann. Er konnte ausgezeichnet malen, egal ob in Öl oder Aquarell, mit Kohle oder Stift. Als Maler schaffte er für kurze Zeit einen gewissen Durchbruch. Dadurch wurde ich auf ihn aufmerksam, produzierte mit ihm einige Geschichten für Radio und Fernsehen.

Ein deutscher Privatsender zeigte Interesse und lud uns nach München für eine TV-Sendung ein. Alles war bereits unter Dach und Fach. Einen Tag vor dem Abflug rief mich Karasek an und teilte mir mit, dass er sich jetzt erst erinnere, in Deutschland Einreiseverbot zu haben, „doch solle ich mir nicht in die Hose machen“, er habe noch einen gefälschten Reisepass. Mit gehangen, mit gefangen. Die ganze Sache abzublasen war nicht mehr möglich. Doch den Sender musste ich informieren und die Sendungsverantwortlichen ersuchen, uns irgendwie zu helfen, wenn es schiefgeht. Von offenen Grenzen und EU im heutigen Sinne war noch lange keine Rede. Mit etwas flauem Gefühl ging ich hinter Karasek durch die Kontrolle am Flughafen in Wien-Schwechat. Alles lief anstandslos über die Bühne, die Sendung war für ihn sicherlich ein Erfolg. Nach Wien zurück sind wir getrennt geflogen. Sicher ist sicher.

Später, wenn ihm Österreich und im Besonderen seine Frau auf die Nerven gingen, schwang er sich aufs Rad und radelte los. Nicht einmal um den Häuserblock, sondern um die Welt. Den Lebensunterhalt verdiente er sich mit seinen Bildern, indem er sich niederließ, wo es ihm gefiel, zu malen begann und seine Werke verkaufte, bis er wieder genügend Geld für die nächste Etappe beisammen hatte. Leider haben wir uns aus den Augen verloren und auch niemand im Milieu weiß genau, was aus Heinz Karasek geworden ist.

Ein frischer Wind weht – eine neue Zeit ist angebrochen

September 2008. Um 19 Uhr ist der Termin in einem Wiener Innenstadtlokal ausgemacht. Ein Treffen, wofür mich zahlreiche Kolleginnen und Kollegen in der Journalistenbranche beneiden, hätte ich es ihnen auf die Nase gebunden.

Meine Gefühle sind gemischt, da ich nicht einschätzen kann, was mich erwartet. Wird der Mann allein kommen, in Begleitung von Leibwächtern und im Schlepptau einen Anwalt, um mir von Beginn an zu zeigen, wo es langgeht? Nichts von alledem. Pünktlich auf die Minute kommt Richard Steiner, allein.

Es gibt Begegnungen zwischen Menschen, wo wenige Augenblicke, ein Händedruck, ein paar Worte genügen, um sofort zu spüren, dass es passt. Natürlich bedarf es gewisser Vorbereitungen, damit ein Gespräch mit ihm überhaupt zustande kommt. Sind diese eingeleitet, ruft man nicht an, man wird angerufen und dann klappt es.

Der neue König der österreichischen Unterwelt, Richard Steiner, der gebürtige Kroate, blickt mit seinen nicht einmal 40 Jahren auf ein bereits äußerst bewegtes Leben zurück. Wären nicht Sauna-Affäre und der daraus resultierende Polizeiskandal rund um Horngacher geschehen, Steiners Namen, seine Existenz und Funktion würden heute nur bestimmte Insider kennen.

Der Pate Österreichs regiert mit seinem Partner im Verborgenen die heimische Unterwelt. Ohne seine Erlaubnis, ohne seine Einwilligung, ohne seine Genehmigung geschieht nichts in sämtlichen Geschäftszweigen innerhalb der Unterwelt. Wer dennoch meint, gegen den Strom schwimmen zu müssen, sollte sich das gut überlegen. Einer wollte es wissen und verlor alles – Harald H., der ehemalige Adjutant von E. H. Seither sieht sich H. als Todfeind Steiners, der jedoch den ehemaligen Adjutanten nicht wirklich ernst nimmt.

Trotz einiger Gesprächsangebote von mir kam es nur zu einem persönlichen Treffen im Café Eiles im Herbst 2008 mit ihm, wo zwei seiner Freunde mit dabei waren, H. jedoch nicht näher auf die ganze Angelegenheit eingehen wollte. Ein paar Tage später folgten nochmals zwei Telefonate mit ihm und eines mit einem seiner Mitarbeiter. Danach kam nichts mehr.

Wer beispielsweise in Österreich ein Animierlokal, Bordell oder einen Club eröffnen will, kann es versuchen. Niemand wird ihn daran hindern, aber Steiner und seine Leute werden ihn nicht aus den Augen lassen. Dann kommt der Tag, an dem man an ihn herantreten wird und sich gemeinsam an einen Tisch setzt, um über die Modalitäten zu verhandeln. Richard Steiner gibt die Regeln vor, kassiert seine Anteile. Wer sich daran hält, hat ein problemloses Leben.

Außerhalb der gängigen Norm

Begegnet man Richard Steiner und weiß nicht, wer er tatsächlich ist, könnte man ihn für eine Führungskraft in der IT-Branche halten, aufgrund seines Aussehens und seines durchtrainierten Körpers auch für ein Model. Zweifellos, der Mann besitzt Charisma und er strahlt Charme aus. Mittelgroß, modischer, beinahe militärischer Kurzhaarschnitt, 37-jährig. Was einem sofort ins Ohr dringt, ist seine kultivierte Ausdrucksweise, keine Spur von der üblichen Milieusprache. Keines der typischen Unterweltklischees trifft auf ihn zu. Trotzdem sieht man Richard Steiner an, dass ihn keine finanziellen Probleme plagen. Es ist dieses gewisse Understatement. Prahlerei ist seine Sache nicht. Das ließe sich auch nicht mit seiner persönlichen Philosophie und Lebenseinstellung vereinbaren.

Überzeugter Veganer – Verzicht auf tierische Produkte jeder Art –, keine Zigaretten, kein Alkohol, sämtliche anderen Drogen und Substanzen sind tabu. Steiner ist strikt dagegen, duldet sie weder bei seinen Leuten noch in seinen Betrieben. Er lebt sehr gesundheits- und körperbewusst, sein Körper spricht eine deutliche Sprache. Steiner hat sich in seiner Freizeit dem Extremsport verschrieben, versucht ständig an seine Grenzen zu gehen.

Der Sohn aus einer kroatischen Politikerfamilie sagt selbst, er war ein ungeliebtes, untergeschobenes Kind, dem es an entsprechender Liebe gefehlt hat. Sicherlich eine Prägung, die für seinen später eingeschlagenen Lebensweg mit entscheidend war. Aufgewachsen bei seiner Großmutter, erhielt er endlich jene Zuneigung, die ihm in seinen ersten Lebensjahren vorenthalten worden war. Trotzdem war er auf sich allein gestellt, lernte früh sich durchzusetzen und da konnte es schon manchmal vorkommen, dass er mit schlagkräftigen Argumenten seinen Willen durchsetzte.

„Feuerquartett" hieß seine erste Bande, vier Jungen, die sich mit dem Verkauf von Leergut über Wasser hielten. In Zagreb sammelten sie leere Flaschen, verkauften sie in der Annahmestelle, warteten kurz ab, stahlen das eben verkaufte Leergut wieder, fuhren in den nächsten Bezirk und das Spiel begann erneut. Eine simple, sehr lukrative Methode. Einmal stehlen, mehrmals verkaufen. Steiner erzählt von Zeiten, wo er am Monatsende, neunjährig, mehr Geld als seine Mutter, immerhin eine Politikerin, mit seiner Leergutstehlerei verdiente. Der Kommunismus ermöglichte diese Art von Geschäften, weil es die Angestellten in den Annahmestellen nicht interessierte, woher die Flaschen stammten. Natürlich durften Jungenstreiche nicht fehlen. Das „Feuerquartett" ballerte mit aufgebohrten Gasrevolvern herum, beschmierte sich mit Kunstblut, schreckte dadurch Passanten, und wenn sie von den Bullen erwischt wurden, gab es einen Satz heiße Ohren. Eine gewisse Gewaltbereitschaft konnte Steiner als Junge nicht leugnen. Einen Kontrahenten stach er mit einem Tauchermesser unterhalb des Kinns.

Die Faszination für Technik und für Autos im Besonderen erfasste ihn sehr früh, brachte ihm den zweifelhaften Ruhm des jüngsten Autodiebes von Jugoslawien ein, als er mit neun Jahren in Rijeka einen Wagen knackte. Er kam allerdings nicht weit, weil er einen Unfall baute und in einem Graben landete. Heute schämt sich Richard Steiner zwar nicht für seine nicht immer ungefährlichen Jugendtorheiten, aber stolz ist er keinesfalls darauf. Sollte sein Sohn versuchen, in die gleiche Kerbe wie der Vater zu schlagen, bekäme er schwere Probleme.

Kroatien wurde Richard Steiner zu eng, er wollte raus – am besten nach Italien mit einem gestohlenen Polizeiboot über das Meer. Natürlich klappte es nicht, er wurde geschnappt und in ein sogenanntes KP-Haus in Rijeka gesteckt, das einem Jugendgefängnis beziehungsweise einer Erziehungsanstalt gleichzusetzen war. Auseinandersetzungen in diesem Umfeld waren unvermeidbar. Steiner wurde zum Putzdienst verdonnert und fürchtete sich vor homosexuellen Übergriffen. Damit es erst gar nicht so weit kommen konnte, griff er sich einen Besenstiel, schlug zu, verschaffte sich auf diese Weise Respekt und hatte seine Ruhe.

Im Februar 1983 verschlug ihn das Schicksal als Zwölfeinhalbjährigen nach Österreich. Er durchlief die klassischen Stationen eines Flüchtlings und Asylanten: Traiskirchen, später Baden und danach St. Georgen im Attergau. Im Mai 1985 strandete Steiner in Haid bei Ansfelden in Oberösterreich. Nach seiner Schilderung hatte diese Gemeinde damals die höchste Verbrechensrate in der Alpenrepublik, weil hier die unterschiedlichsten Nationalitäten untergebracht waren. Doch der Ort profitierte davon, wie Steiner berichtet, und zählt zu den reichsten im Lande. Zu dieser Zeit siedelten sich viele Firmen an, da die Arbeitskräfte billig zu haben waren, und obendrein bezahlt der Staat die Flüchtlinge.

Drei Jahre, von 1985 bis 1988, hielt sich Steiner in Oberösterreich auf und gründete eine Motorradgang, die „Yankees", die für einige Unruhe sorgte. Nachdem es ihn kurzfristig in die Türkei verschlagen hatte, kehrte er wieder zurück. Erstmals mit

Prostitution kam er als 17-Jähriger in Berührung. Eine, wie er sie bezeichnet, Edelprostituierte hatte sich in den feschen Burschen verliebt. Obwohl er keinerlei Forderungen an sie stellte, legte sie ihm dennoch ihren Verdienst täglich auf den Tisch. Das war sein Einstieg, so Richard Steiner, als Zuhälter, doch es entsprach nicht seinen Vorstellungen von der weiteren Zukunft. Heute sieht er diese Episode als dunklen Punkt in seiner Vergangenheit, auf den er alles andere als stolz ist.

Um mit sich selbst ins Reine zu kommen, ging er in die Fremdenlegion, absolvierte die beinharte Grundausbildung als einer der Besten seines Jahrgangs, erlernte das grausame Handwerk des Tötens. In dieser Zeit machte er die Bekanntschaft mit zwei Sizilianern, Söhne einflussreicher und gewichtiger Väter. Unschwer herauszulesen, dass es sich dabei nicht um einfache Pizzabäcker handelte. Der Grundstein für Steiners späteres internationales Netzwerk war gelegt.

Als der Krieg in seiner Heimat ausbrach, desertierte Steiner aus der Legion, ging nach Kroatien zurück, war eine Zeit lang Leibwächter des damaligen Präsidenten, bevor er selbst als Söldner in den Kampf zog. Zweimal erwischte es Steiner schwer. In Turanj traf ihn eine Panzergranate, die ihm den Schädel spaltete, und er trug einige andere Blessuren davon. Später erlitt er öfter die eine oder andere schwere Verletzung, die er ohne bleibende körperliche Schäden überstand. Mit Kriegsende kehrte er wieder nach Österreich zurück, wo auch auf Anraten des kroatischen Geheimdienstes seine Namensänderung – Richard Steiner – erfolgte. Er wurde, wie er versichert, eingehend durchleuchtet und überprüft. Niemals war er an Kriegsverbrechen oder Gräueltaten beteiligt. Im Gegenteil, mit seinen Leuten schützte er die Bevölkerung vor Übergriffen.

Während unseres Gesprächs öffnet sich Steiner immer mehr, gewährt tiefe Einblicke, erzählt von den Jahren 1994 und 1995, wo ihm phasenweise jegliches Maß verloren gegangen war, ein nie gekanntes Gewaltpotenzial aus ihm ausbrach und er Gefahr lief, sich völlig darin zu verlieren und endgültig zu entgleisen. Sicherlich ist das auf eine Fülle traumatischer Kriegserlebnisse zurückzuführen.

Das Milieu, dem er als 17-Jähriger den Rücken zugewandt hatte, ließ ihn nicht los und er kehrte zurück. Ein neues Gesicht, ein Mann, der Machtansprüche stellte. Die Fehden waren vorprogrammiert. Schießereien in Linz und Salzburg, in die Steiner verwickelt war, waren die Folge.

Nach einem Mordversuch 1995, der in der Alpenrepublik eine Großfahndung auslöste, setzte er sich nach Brasilien ab. Doch Interpol war ihm mit internationalem Haftbefehl auf den Fersen. Schließlich wurde er gefasst und in Recife für 210 Tage, bei Reis und Bohnen, in einen Käfig gesperrt. Deshalb, weil man ihn für brandgefährlich hielt und Steiner keinen Wert darauf legte, diese allgemeine Meinung zu revidieren. Nach seiner Auslieferung im März 1996 an Österreich kam es zum Prozess, der im Sande verlief. 60 geladene Zeugen gegen ihn fielen nacheinander um. Entweder erschienen sie nicht, hatten ein lückenhaftes Gedächtnis oder schwiegen. Inklusive der Haft in Brasilien saß Steiner insgesamt 18 Monate in Haft.

Wieder in Freiheit, krempelte er sein bisheriges Leben völlig um, wendete sich vom Dolce Vita ab, stellte komplett seine Ernährung um und ist seit diesem Zeitpunkt, nun bereits mehr als 14 Jahre, überzeugter Veganer. Er entdeckte den Extremsport, lernte sich zu quälen, stellte mehrere Weltrekorde auf. Laufen und Radfahren, wobei Touren mit 150 Kilometern Tagespensum für ihn normal sind, bilden seine Passion. Früher war es Boxen und er war auch im Stall des bekannten deutschen Promotors Willy Sauerland. Nicht nur körperlich vollzog sich eine Wandlung, auch seinem Geist verordnete er neue Perspektiven und Denkweisen, er setzte sich mit fernöstlicher Philosophie, Religionen, den großen Philosophen und mit Geschichte auseinander. Sein geistiger Mentor ist Lao-tse, historisch bewundert er Alexander den Großen.

„Man braucht sein eigenes Gewaltregulativ", sagt Steiner, „sonst geht es mit jedem bergab."

An Steiners Hals hängt ein Medaillon. Eine Originalmünze aus der Zeit Alexanders, weltweit das einzige erhaltene Stück. Steiner erwarb sie für eine ansehnliche Summe von einem israelischen Händler, der auf diese Kulturgüter spezialisiert ist.

Schopenhauer, Nietzsche, Kant und andere große Philosophen hat er im kleinen Finger, ebenso wie er in Literatur bewandert ist und beispielsweise Dostojewski aus dem Stand zitiert. Auch antike Klassiker, wie das Gilgamesch-Epos, sind ihm geläufig. Erstaunlich und bewundernswert, wie sich Richard Steiner mit Hauptschulabschluss und als gelernter Maurer diesen hohen Bildungsgrad als Autodidakt aneignete. Dabei ist er auf dem Teppich geblieben, versucht nicht, mit seinem Wissen zu brillieren oder zu imponieren. Wozu auch? Wissen ist Macht.

Natürlich gilt er damit als Außenseiter im Milieu und als suspekt, weil er vielen geistig überlegen ist. Wie sagte er zu mir: „Sehen Sie sich die Leute an, der Großteil hat doch einen IQ wie die Raumtemperatur."

Während die anderen, erzählt Steiner und meint damit das Milieu, gesoffen oder sich sonst irgendwie vergnügt haben, zog er sich zurück und vergrub sich in seinen Büchern. Das ist seine Stärke: potenzielle Gegner durch Intelligenz, Bildung und Eloquenz zu verunsichern und in die Schranken zu weisen. So gesehen setzt er den begonnenen Weg Bernhard Weselys fort: Hirn statt Faust.

Bei seinen internationalen Geschäften kommt Steiner auch sein ausgeprägtes Sprachentalent zugute. Er spricht Deutsch, Englisch, Polnisch, Spanisch, Portugiesisch, Französisch, Türkisch, Slowakisch und Kroatisch als seine Muttersprache.

Richard Steiner sieht sich als Geschäftsmann und Unternehmer, der neben seinen Betrieben auch im Immobiliengeschäft mitmischt. Der endgültige Einstieg und unaufhaltsame Aufstieg gelang ihm 1996, als er von E. H. unter dessen Fittiche genommen wurde und ihm für den damaligen Boss die Agenden eines Kontrollorgans im Rotlichtmilieu übertragen wurden. Im Mai 2001 kam es in einem Gürtel-Bordell zu einem Streit zwischen E. H. und Josef R., der in einer Schlägerei ausartete, in die Steiner mit seinen Leuten eingriff und die Streithähne trennte.

In polizeilichen Unterlagen ist die Vermutung nachzulesen, dass es möglicherweise zu einer Allianz zwischen Steiner und R. gekommen war. Wörtlich heißt es: „In der Szene war es bis dato undenkbar, dass eine Rotlichtgröße wie E. H. durch den Befehl eines vormals Untergebenen von einem Vorhaben irgendwelcher Art abgehalten wurde."[1]

Im Juli 2002 zeichnete sich, so die Polizei, der Machtwechsel ab, die Rotlichtszene ordnete sich nach und nach Richard Steiner unter. Harald H. wollte sich damit nicht abfinden und versuchte sich dagegenzustellen. Das war nicht besonders klug, H. verlor alles. Steiner gibt selbst zu, diesem Mann seine Existenz geraubt und ihn vernichtet zu haben, belegte ihn mit Gürtelverbot. Das heißt, Harald H. darf das Zentrum der Wiener Rotlichtszene, den Gürtel, nicht mehr betreten, so lange das Verbot aufrecht ist. Während des einmaligen Treffens mit H. im Café Eiles reagierte er, darauf angesprochen, sehr unwirsch, bezeichnete es als lächerlichen Unsinn und als Lüge.

Der Altruist Steiner hält sein Reich mit Intelligenz und eiserner Hand zusammen. Gleichzeitig nimmt man es ihm ab, wenn er sagt, im Grunde mache er sich nichts aus materiellem Reichtum und er helfe jedem, der seine Hilfe in Anspruch nehmen wolle. So unterstützt er eine Reihe von Hilfsprojekten, was er nicht an die große Glocke nach außen hin hängt.

In seinem Leben, sagt er, hatte und habe er genug Angestellte, von denen er sich Loyalität, Achtung, Respekt, Ehrlichkeit, Verlässlichkeit erwartet sowie gewisse Regeln und der Ehrenkodex der Unterwelt eingehalten werden. Damit ist allen gedient. Wer dagegen verstößt, sollte ihm besser nicht in die Quere kommen.

Nach rund drei Stunden beenden wir unsere ausgesprochen angenehme und aufschlussreiche Unterhaltung. Zwei Tage später sitzen wir wieder in einem Restaurant zusammen und Richard Steiner geht noch einen Schritt weiter, indem er Einblicke in sein Privatleben gewährt. Für mich ein Zeichen, dass wir eine solide Vertrauensbasis haben. Fotos dokumentieren die Stationen seines bisherigen Lebens. Bilder von seinen Hilfsprojekten, über sein Engagement im Tierschutz, Korrespondenz mit „Ärzte ohne Grenzen". Dankesbriefe der Organisation, die nur Großspender erhalten und von der Leitung an den Finanzier persönlich gerichtet sind. In der Dominikanischen Republik, wo Steiner einen Wohnsitz unterhält, adoptierte er sieben Kinder, unterstützt sie und sorgt für ihre Ausbildung.

Natürlich gibt es eine unsichtbare, unausgesprochene Grenze für mich, wenn es um seine Geschäfte geht. Das ist legitim, warum sollte er mich allzu tief in seine Karten blicken lassen? Längst ist er saturiert und verdient genügend Geld. Durch ausgetüftelte Finanzierungssysteme werden wohl nie mehr in diesem Leben pekuniäre Flauten auf seinen Konten sein. Zumal er sich mit seinem Partner, den er bedeckt hält, fusioniert hat.

Steiner sagt: „Ich fahre Mercedes. Meine Leute sollen auch Mercedes fahren. Wer Sorgen hat, sind das die Probleme von uns allen."

Bezeichnend ist für mich eine kleine Episode, die sich während unseres ersten Treffens ergeben hatte. Steiner und ich sitzen keine fünf Minuten im Schanigarten des Lokals, als plötzlich eine bekannte ehemalige, heute in anderer Funktion tätige Politikerin heraustritt, ihm freundlich die Hand gibt und ein bisschen Smalltalk betreibt. Jede Wette, genau diese Dame würde, öffentlich durch diese Begegnung kompromittiert, sich sofort in diverse Dementis flüchten und behaupten, diesen Herrn bloß aus der Zeitung zu kennen.

Menschen wie Steiner lösen außerhalb des Milieus ein ambivalentes Verhältnis aus. Natürlich ist klar, wie im Rotlicht enormes Geld verdient wird und eine Reihe unterschiedlicher Mechanismen wie in einem Räderwerk ineinandergreifen müssen, damit das Geschäft funktioniert. Daher schmücken sich manche gerne mit Leuten seines Schlages, um sich selbst den Anstrich des Anrüchigen und Verbotenen zu geben, verhehlen ihre geheime Bewunderung gar nicht, wären gerne selbst ein kleiner Steiner. Reichtum, die hübschesten Frauen, tolle Autos, heute St.-Tropez, morgen Monte Carlo – die üblichen Klischees aus den Hochglanzpostillen über die Schönen und Reichen. Männer wie Steiner müssen januskpöfig sein, um in ihrer Branche sich durchzusetzen und an der Spitze zu halten.

Natürlich blieben in seinem Geschäftsleben Menschen auf der Strecke und Schicksale nahmen ihren Lauf, das wird auch in Zukunft nicht zu ändern sein. Worin liegt der Unterschied zwischen Schattenwirtschaft und legaler Wirtschaft? Eine doppelbödige Moral relativiert und legitimiert aus politischen und gesellschaftspolitischen Gründen viele Vorgehensweisen, jenseits aller Moral, durch Gummiparagrafen gedeckt und durch Schlupflöcher im Gesetzbuch geschmuggelt, die manchem Strizzi nicht einmal im Traum in den Sinn kommen würden.

Richard Steiner kann es egal sein. Er lebt nach seinen eigenen Regeln und Gesetzen, muss sich nicht mit dem Hemmschuh der Bürokratie herumschlagen, braucht keine Rücksichten auf die politische Farbenlehre bei Postenbesetzungen zu nehmen. Sein Rücken bleibt gerade, da er sich nicht in vorauseilendem Gehorsam nach oben hin verbiegen muss und bei seinen Geschäften sich nicht um politische Strömungen zu kümmern braucht. Daher wird der österreichische Don Corleone sein Imperium weiterhin von seinen Wohnsitzen in der Dominikanischen Republik, auf Mallorca, in Kroatien, Sizilien und Bayern aus managen, mit hoher Wahrscheinlichkeit weiterhin erfolgreich bleiben.

„Im Gegensatz zu anderen Milieus“, so seine Meinung, „wie beispielsweise in Hamburg oder Frankfurt, wird in Wien noch immer deutsch gesprochen.“

Gewisse Dinge sind nur in Wien möglich. Hier kann der für Außenstehende unnahbare und unantastbare Unterweltkönig an der Universität am Institut für Soziologie bei Roland Girtler Vorlesungen halten. Natürlich wissen die Studentinnen und Studenten, wer hinter dem Pult vor ihnen steht. Nur ein kleiner, wenn auch wichtiger Aspekt, der unsere heimische Unterwelt von jener in anderen Ländern grundlegend unterscheidet.

Naturgemäß ist auch Steiners Verhältnis zur Polizei und umgekehrt ambivalent. Man muss miteinander leben und auskommen. Er kreidet der Polizei an, dass die Prioritäten falsch gesetzt sind. Wichtiger ist, dass eine Prostituierte im Auto angeschnallt ist, doch die tatsächlichen Probleme interessieren nicht sonderlich, so Steiner. Beispielsweise die zunehmende Gewaltbereitschaft verschiedener Asylantengruppen; Gruppierungen, die kleine Gewerbetreibende unter Druck setzen und Schutzgeld kassieren.

Von langer Hand vorbereitet

Tatsache bleibt, als der Eiserne Vorhang gefallen war, die Berliner Mauer eingerissen wurde und der Kommunismus zu existieren aufgehört hatte, dass sowohl die Polizei als auch die heimische Unterwelt von dem Phänomen Organisierte Kriminalität förmlich überrollt worden waren. Natürlich wusste man, dass es diese gibt, aber niemals bei uns! Wenn es dennoch der Fall sein sollte, haben wir es im Griff, genau unserer österreichischen und besonders der Wiener Mentalität entsprechend. Wir sind in diesen Belangen wahre Beschwichtigungsweltmeister. Vor 1989 war die heimische Unterwelt in sich geschlossen. Keinem Fremden wäre es gelungen, jemals in diesen Kosmos einzudringen. Sicherlich kooperierte man mit anderen, jedoch ein Ausländer war chancenlos, innerhalb der hierarchischen Strukturen aufzusteigen geschweige denn eine Führungsposition einnehmen zu können.

Fremde kamen nur zu Besuch, verbrachten ihre Urlaube hier und fuhren danach wieder nach Hause. Die einzigen Ausländer, die dauerhaft geblieben sind und sich ansiedelten, waren Gastarbeiter. Türken und Jugoslawen, die auch Kriminalität mit sich zogen, versuchten im Milieu Fuß zu fassen. Es gelang ihnen auch. Bereits in den 1970er Jahren kooperierten Heinz B. und E. H. mit türkischen und jugoslawischen Syndikaten. Es klappte hervorragend. Absprachen und Territoriumsgrenzen wurden eingehalten. Niemand versuchte dem anderen in die Suppe zu spucken. Die oft tödlichen Auseinandersetzungen spielten sich nur in der einheimischen Unterwelt ab. Türken und Jugoslawen kontrollierten den Drogenhandel, dealten mit Heroin und Cannabis, später kam LSD hinzu, Kokain vereinzelt und nur für betuchte Kreise bestimmt, da sich der Normalbürger den „Schnee" nicht leisten konnte. Erst in den letzten Jahren rasselte der Kokspreis dermaßen in den Keller, dass Kokain heute für jeden erschwinglich ist.

Damit wollten die einheimischen Strizzis, zumindest nach außen, nichts zu tun haben. Ihnen reichten die Prostitution und der Stoß. Damit konnten sie umgehen und sie kannten sich damit aus. Doch weder das Milieu noch die Polizei bekamen mit, dass die später offen auftretende Organisierte Kriminalität des Ostens längst ihre Vorhut in Wien und in weiterer Folge in gesamt Österreich geschickt getarnt etabliert hatte, die schleichende Unterwanderung voll im Gange war. Russen, Georgier, Rumänen, Polen, Bulgaren, alle erfahrene Berufskriminelle, hatten sich, lange vor dem Fallen der Schlagbäume, ihre Plätze in der ersten Reihe gesichert. Sie ahnten, dass es nur mehr eine Frage der Zeit sein konnte, bis Hammer und Sichel ausgedient hatten. Rechtzeitig verschoben sie ihr Kapital in den Westen, legten es in Immobilien an, eröffneten Handelsgesellschaften mit Import-Export, fielen nicht auf und tätigten im Verborgenen ihre Geschäfte.

Ein heißes Pflaster

Bestes Beispiel ist die Enklave Mexikoplatz im 2. Bezirk, eine eigene, abgeschottete Unterwelt in friedlicher Koexistenz mit dem übrigen Wiener Milieu. Der Mexikoplatz war immer eine eigenständige Welt für sich, konspirativ, undurchsichtig und vor allem tabu. Prostitution war nie ein Thema für die Mexikoplatz-Unterwelt, bis heute nicht. Dafür ist alles andere möglich. Dieser Status, der Rang und Ruf des Mexikoplatzes ist unverändert geblieben. Die heimische Stadtpolitik fasst den Mexikoplatz nicht an, daher sind auch der Polizei Glacéhandschuhe verordnet. Eine Polizei kann immer nur so stark und durchschlagskräftig sein, wie es ihr die Politik erlaubt.

Der Platz ist nicht besonders groß. Stadteinwärts über die Reichsbrücke liegt er linker Hand unübersehbar durch die prächtige Kaiser-Franz-Joseph-Jubiläumskirche, anlässlich des 50. Regierungsjubiläums des Monarchen errichtet. Der Name des Platzes ist eine Würdigung Mexikos, das 1938 als einziges Land offiziell gegen die Annektierung Österreichs durch Hitler protestierte. Die alten Bürgerhäuser rund um den Platz sind teilweise revitalisiert, teilweise Bruchbuden. Neben dem Brunnenmarkt in Ottakring liegt hier der größte multikulturelle Schmelztiegel in der Bundeshauptstadt. Während der Markt im 16. Bezirk eher Tummelplatz für Ausländer größtenteils aus südlicheren Gefilden ist, bildet der Mexikoplatz den Gegenpol für die verschiedensten Nationalitäten aus dem Osten, ein Konglomerat unterschiedlicher ethnischer Gruppen. Ein Ort wie ein Magnet, der seit jeher zwielichtige Gestalten magisch angezogen hat.

Der Mexikoplatz ist Synonym für Schmuggel, heiße Ware, Hehlerei, Geschäfte aller Art weit von der Legalität entfernt. Lästige Fragen sind unerwünscht. Rund um die Uhr treiben sich dubiose Figuren herum, denen man im Ernstfall besser nicht in die Quere kommt. Eine Unzahl winziger, kleiner, größerer Geschäfte, die alle ihren Schnitt machen, und in den meisten Fällen ist es besser, nicht näher nachzuhaken. „Waren aller Art" und „Import-Export" lauten die unverfänglichen Bezeichnungen, hinter denen sich viel verbergen lässt. Strohleute wahren die Fassade nach außen und decken die großen Deals im Hintergrund. Manche Firmenbuchauszüge lesen sich spannender als jeder Krimi.

Hier bekommt der Käufer alles und sollte etwas nicht lagernd sein, wird es binnen kürzester Zeit organisiert. Alles ist eine Frage des Geldes und der richtigen Ansprechpartner. Fragen zu stellen über Herkunft der Waren wäre sinnlos. Wahrscheinlich fiel der Großteil irgendwo von irgendeinem Lkw ...

Für einen „schwarzen Pumperer" oder „Puffer" (nicht registrierte Faustfeuerwaffe) ist der Platz erste Adresse. Jedes Kaliber, jedes Fabrikat mit Munition bis hin zur Kalaschnikow samt Magazinen ist problemlos lieferbar, vorausgesetzt man verfügt über genügend Barschaft.

Die zahlreichen Lokale und Gaststätten in der näheren Umgebung sind nichts für zartbesaitete Gemüter. Im dämmrigen Licht werden Deals abgemacht und unsaubere Geschäfte getätigt. Es wird getuschelt und gemauschelt. Ein fremdes Gesicht fällt sofort auf und wird mit Argwohn beobachtet.

Organisierte Einbrecherbanden, die auf Schmuck spezialisiert sind, benötigen Hehler, um die Beute rasch zu Geld machen zu können. Bei einem bestimmten Juwelier am Mexikoplatz laufen die Fäden zusammen. Geraubter Goldschmuck wird sofort nach Israel geschmuggelt und dort umgehend eingeschmolzen. Danach kehrt das nicht wieder erkennbare Diebsgut als Goldbarren zurück nach Österreich und wird in den legalen Wirtschaftskreislauf eingeschleust, die klassische Form von Geldwäsche.

Der Mexikoplatz ist fest in israelischer Hand, ein Familienclan kontrolliert und hält die Hand darauf. Offiziell wird Handel mit neuen und gebrauchten Handys betrieben. Das Familienoberhaupt fährt trotz Steuerschulden in Höhe einer halben Million Euro einen Luxusschlitten der obersten Preiskategorie. Da sich der Boss als reuiger Sünder gegenüber dem Finanzamt zeigt und brav monatlich sein Minus mit 50 Euro abstottert, ist er nicht greifbar. Unbehelligt führt der Clan seine Geschäfte, beispielsweise Hehlerei im großen Stil mit geschmuggelten Alkoholika und anderer Ware. Doch wie sagte mir ein hochrangiger Wiener Kriminalbeamter: „Hehlerei interessiert unsere Justiz nicht."

Die Globalisierung der Organisierten Kriminalität findet hier seit Jahrzehnten statt, bevor in der Öffentlichkeit Gorbatschow als Türöffner in den Westen bekannt wurde. Nach dem Fall des Eisernen Vorhanges kamen Busladungen voll hoffnungsvoller Menschen aus dem ehemaligen Ostblock angekarrt und das erste Ziel war der Mexikoplatz. Dem Traum vom Goldenen Westen folgte bald die Ernüchterung. Die Wiener Bevölkerung sah erschütternde Bilder. Zu Hunderten waren die Menschen rund um den Platz aufgereiht, selbstverständlich der überwiegende Teil weit von jeglicher Organisierter Kriminalität entfernt. Ihr Wunsch war nur, die neue Freiheit zu genießen und ein bisschen Geld mit den vermeintlich reichen Westbürgern zu verdienen. Alte Frauen hielten angerostete Konservenbüchsen mit undefinierbaren Inhalten bittend in ihren gichtigen, knorrigen, abgearbeiteten Händen zum Verkauf. Andere versuchten Handarbeitswaren, Stickereien und Stoffe anzubieten. Männer probierten für gebrauchtes Werkzeug, teilweise tatsächlich im wahrsten Sinne des Wortes vorsintflutlich, Interessenten zu finden. Kaum in Freiheit und der staatlichen Willkür in den Heimatländern entronnen, standen schon wieder Polizei und Zoll vor diesen Menschen, vertrieben sie höflich, aber bestimmt. Freiheit und den Westen hatten sich die Leute damals ganz anders vorgestellt.

Der Schmuggel und Verkauf von Zigaretten im großen Stil ist ein unverkennbares Merkmal des Mexikoplatzes. Nahe an der Donau gelegen, gelangten zu Ostblockzeiten die Glimmstängel mit Schleppverbänden nach Wien. Heute kommt es ebenso noch vor, doch durch die offenen Grenzen ist auch der Schmuggel per Lkw risikoloser geworden. Die Zigaretten werden in illegalen russischen Fabriken produziert – Kostenpunkt pro Stange zwei Euro. Auf dem Schwarzmarkt am Mexikoplatz wechselt die gefälschte Stange Marlboro für 18 bis 20 Euro den Besitzer. Legal in der Trafik und für echte Marlboro muss der Käufer 43 Euro bezahlen.

Der König des Zigarettenschmuggels am Mexikoplatz ist der 38-jährige Israeli G. D., der eng mit Georgiern kooperiert, die als Straßenverkäufer und Keiler am Platz unterwegs sind. Selbst der Polizei sind nur einige von ihnen bekannt, sie kennt in manchen Fällen lediglich ihre Spitznamen. Die Schmuggler sind extrem clever und raffiniert, benutzen grundsätzlich nur Leihautos. Bei Kontrollen verschanzen sie sich hinter der Verantwortung, falls Zigaretten in den Fahrzeugen gefunden werden, und behaupten, die Wagen so von den Verleihfirmen übernommen zu haben. Natürlich haben die Schmuggler nicht in den Kofferräumen nachgesehen. Die Polizei hat das Nachsehen, das Gegenteil lässt sich nicht beweisen.

Die Georgier bilden eine zentrale Macht am Mexikoplatz und werden von den Israelis als Handlanger benutzt, während Tschetschenen als Schutzgelderpresser auftreten. Viele der Georgier sind drogenabhängig. In der Heimat wurden sie in der Armee bewusst drogensüchtig gemacht, um sie zu gefühllosen Killermaschinen auszubilden. Daher verüben sie Auftragseinbrüche als Form der Beschaffungskriminalität, um Geld für den benötigten Stoff zu verdienen. Auch eine eigene Spedition, in Zusammenarbeit mit einem Paketdienst, wird von ihnen in Wien betrieben, wo regelmäßig Pakete nach Georgien verschickt werden.

Einer der Bosse der georgischen Mafia als Drehscheibe zwischen Georgien und Europa ist „G.“, von dem die Polizei nur seinen Spitznamen kennt. In Österreich wegen Organisierter Kriminalität, Menschenhandels und Schutzgelderpressung inhaftiert, hindert es ihn nicht, von der Zelle aus seine Geschäfte zu managen. Sein Einfluss und die Angst vor ihm müssen gewaltig sein. Seine ehemalige Freundin musste wegen verschiedener Delikte eine geringfügige Haftstrafe absitzen. Dennoch traute ihr „G." nicht und dachte, sie könnte auspacken. Daher ließ er ihr eine Drohung zukommen, die sie vor der nahenden Freiheit zittern ließ, obwohl sie nichts verriet. Lieber wählte sie den Freitod und erhängte sich in ihrer Zelle.

Georgier sind straff organisiert und dieses Prinzip gilt bei ihren Einsätzen für gesamt Europa. Wer zweimal in Österreich inhaftiert gewesen ist, wird nach der Entlassung abgeschoben. Um dem vorzubeugen, werden sie innerhalb der Organisation in gewissen Abständen ausgetauscht. An den „Obschiak", einen gemeinsamen Topf, werden regelmäßig Zahlungen geleistet. Das Geld dient der sozialen Absicherung für die Mitglieder. Wohnungen, Fahrzeuge werden daraus angeschafft und unterhalten, die Anwaltshonorare bezahlt und die Familien der eingebuchteten Mitglieder unterstützt. Das übliche System in Mafiaorganisationen.

Zwar kontrolliert, patrouilliert und ermittelt die Polizei laufend, doch ihr sind die Hände gebunden. Einerseits sind die Gesichter der Exekutivbeamten in diesem Viertel längst wohlbekannt und kaum tauchen sie auf, waschen alle ihre Hände in Unschuld; andererseits werden sie sofort, sobald es heikel zu werden beginnt, von oben zurückgepfiffen. Natürlich wissen die obersten Stellen, wer am Mexikoplatz das Sagen hat. Die Israelische Kultusgemeinde ist reich, mächtig und einflussreich. Hinter vorgehaltener Hand erfährt man, dass sich etliche Häuser in dieser Gegend in ihrem Besitz befinden sollen.

Seilschaften

Am Beispiel Mexikoplatz zeigt sich deutlich, wie die Politik vor der Wirtschaftskriminalität in die Knie zu gehen bereit ist – nur ein Beispiel von vielen.

Ebenfalls längst vor dem Mauerfall haben sich in Österreich die Chinesen etabliert und wo Chinesen in größerer Zahl sich ansiedeln, sind auch die „Triaden", die chinesische Mafia, mit dabei. Keine Verbrecherorganisation ist so alt wie diese. Ihre Wurzeln reichen bis auf das Jahr 25 n. Chr. zurück. Wer, wenn nicht sie, wüsste besser, wie Organisierte Kriminalität funktioniert?

„Verglichen mit den Triaden backen Mafia, Camorra und Cosa Nostra kleine Brötchen", sagt Ian Seabourn, Superintendent der (ehemaligen) Royal Hong Kong Police. Der Privatdetektiv John Leung stößt in ein ähnliches Horn: „Es gibt sie seit zweitausend Jahren, und bisher konnte sie keiner aus dem Verkehr ziehen. Das ist eigentlich alles, was man über die Macht der Triaden wissen muss."[2]

Die Triaden, der Name ist eine Erfindung der Briten aus der Kolonialzeit, überziehen den gesamten Erdball mit einem dichten Spinnennetz und sie sind in beinahe allen Staaten vertreten. Diese total abgeschotteten Syndikate sind mit keiner anderen bekannten Mafiaorganisation auch nur ansatzweise vergleichbar. Triaden weichen keinem Verbrechen aus. Vom Auftragsmord über Menschen- und Drogenhandel bis hin zum Schleusen, dem Organhandel, der Produktpiraterie, Prostitution und Internetkriminalität gibt es keine Kriminalitätsform, an der die chinesische Mafia nicht beteiligt ist. Die Zukunftsprognosen anerkannter Kriminologen und Mafiaexperten sind düster. Es wird noch schlimmer werden.

Triaden-Syndikate wie Wo Shin Wo, Big Circle Gang oder United Bamboo Gang weisen Mitgliederzahlen auf wie Kleinstädte an Einwohnern. Diese Syndikate verfügen über 50.000 und mehr verschwiegene, zu allem bereite Verbrecher. Natürlich sind Triadenangehörige in Österreich sesshaft. Das ist der Polizei auch bekannt, aber es interessiert sie nicht, weil sie mit ihnen keine Arbeit hat. Chinesische Mafiosi bleiben unter sich, regeln ihre Angelegenheiten und Probleme, nichts dringt nach außen. Chinesen passen sich blitzschnell neuen Situationen an, fallen nicht auf. Sie trauen uns Weißen nicht über den Weg. Aus gutem Grund, sie vergessen nicht die historische Kolonial- und Expansionspolitik, wie sie unter der weißen Herrschaft leiden mussten.

Chinatowns in den Weltstädten sind Triadenhochburgen. In den USA sind die Tongs, die amerikanischen Triadenableger, bereits zu einer ernsthaften Konkurrenz für die Cosa Nostra geworden.

In Wien ist das Viertel rund um den Naschmarkt, wo in den letzten Jahren eine Chinatown heranwächst, ein verborgenes Triadenzentrum. Vieles läuft über China-Restaurants, was nicht heißt, dass jedes chinesische Lokal automatisch im Zusammenhang mit der Chinesenmafia steht. China-Restaurants dienen meist der Geldwäsche. In vielen Lokalen stehen Aquarien und der Gast glaubt, sie dienten als optischer Aufputz. Chinesen sind Meister im Tarnen und Täuschen. Untereinander verständigen sie sich in einer eigenen Fingercodesprache. Das Aquarium ist für den Eintreiber der Schutzgeldzahlungen gedacht. Anhand der Anzahl der Fische weiß er sofort, wie viel der Inhaber bezahlen muss, ohne lange herumreden zu müssen. Das ist durchaus kein Ammenmärchen, sondern Realität. Mir erklärte das genau ein „Deputy Special Agent“ der „Hong Kong Police Force“.

Ein geheimes Bankenuntergrundsystem sorgt für die Geldflüsse. Jeder Wok-Stand oder ein Restaurant kann auch eine Bank sein, ohne dass es jemand bemerkt. Triadenmitglieder regeln den Bargeldverkehr. Kein Konto, keine Belege, keine Namen, unauffällig, schnell und diskret mit moderaten Gebühren. Auch Araber verwenden ein ähnliches System, die Hawala, über das unter anderem Terrorgelder gewaschen werden und Terror finanziert wird.

Nicht nur das offizielle China öffnet sich gegenüber dem Westen, auch die Triaden arbeiten längst in gewissen Teilbereichen mit anderen Mafiaorganisationen zusammen, vor allem mit russischen in den Bereichen Frauen-, Menschen- und Drogenhandel, aber auch in der Produktpiraterie.

In Österreich sind diese Tendenzen nicht feststellbar. Dafür sind Markt und Land zu klein, die heimische Unterwelt für Triadenverhältnisse zu bedeutungslos. Doch ausgeschlossen ist es nicht, dass eines Tages auch hier in Teilbereichen Kooperationen entstehen können.

Mit anderen Worten, die Organisierte Kriminalität brach nicht aus heiterem Himmel wie eine Seuche über Österreich herein, die Weichen dafür waren längst vorher dafür gestellt worden. Unterwelt wie Polizei waren anfänglich diesen neuen Entwicklungen geradezu hilflos ausgeliefert. Nur die Politik wusste sich sofort zu arrangieren, ließ dabei die Exekutive und auch die Justiz im Regen stehen. Beispiel: die Firma NORDEX des Grigori Loutchansky, ansässig gewesen in der Prinz-Eugen-Straße im 4. Bezirk. „Onkel Lou", wie er von seinen Mitarbeitern liebevoll genannt wurde, war zwar im Visier sämtlicher europäischer Geheimdienste und ebenso undurchsichtig wie sein Firmengeflecht, doch der Mann wurde in Ruhe gelassen. Sicherlich wurde gegen ihn ermittelt, allerdings erfolglos, und als plötzlich prominente österreichische Politikernamen im NORDEX-Dunstkreis auftauchten, beließ man es, wie es eben war.

Die Überrumpelung

„Ost-Mafia", „Russen-Mafia" und „Organisierte Kriminalität" wurden zu den neuen Lieblingsbegriffen in den Medien, dementsprechend an die Bevölkerung verkauft. Noch war nichts passiert und daher konnte die Politik ihre Beschwichtigungstaktik sehr gut an die Wählerschaft verklickern. Notgedrungen musste die Polizei mitziehen, da, wie bereits erwähnt, die Exekutive immer nur so weit durchgreifen kann, wie es der Auslauf des politischen Gängelbandes zulässt. Natürlich war die Polizei nicht blauäugig oder naiv, konnte sich genau ausrechnen, was in nächster Zeit an Lawinen hereinbrechen wird. Doch selbst Führungskräfte der

Polizei wollten nicht ihren eigenen Leuten Glauben schenken, jenen „Kieberern“, die täglich in den Straßen unterwegs waren und wussten, was tatsächlich Sache ist. Weiterblickende und weiterdenkende Kriminalbeamte machten sich rasch in den Führungsebenen unbeliebt, wenn sie die Fakten auf den Tisch legten. Die oberen Ränge wollten sich nicht mit der Politik anlegen, schließlich könnte die Karriere auf dem Spiel stehen und außerdem galt es noch, weitere Sprossen auf der Leiter zu erklimmen. Man sah die Gründung einer eigenen OK-Gruppe damals für nicht notwendig an. Wenn überhaupt, dann solle man es nebenbei, zusätzlich zum Alltagsgeschäft, betreiben. Selbst dem damaligen Generaldirektor für Öffentliche Sicherheit, Michael Sika, immerhin der ranghöchste Beamte hinter dem Innenminister, schenkte man anfänglich kein Gehör und wischte seine Bedenken einer immer stärker werdenden Bedrohung durch Organisierte Kriminalität vom Tisch.

Plötzlich krachte es. Dreimal hintereinander.

Zuerst erwischte es am 19. September 1994 den russischen Mädchenhändler Hodscha Achmedov in seinem Auto vor seiner Wohnung in Währing. Gegen die Maschinenpistole war er chancenlos. Der Gangster belieferte die Wiener Rotlichtszene mit osteuropäischen Prostituierten und dabei kam es zu Unstimmigkeiten, die ihn das Leben kosteten. Eine russische Rotlichtgröße erteilte den Mordauftrag, was bedeutete, dass inzwischen längst Abkommen zwischen der Ost-Mafia und dem Milieu getroffen worden waren. Für umgerechnet 700 Euro führte ein junger Russe den Mord durch. Er wurde gefasst, die Mordwaffe hatte er in der Alten Donau versenkt.

Osteuropäische Gangster fackeln nicht lange. Die Gerichtsverhandlung gegen den Killer fand am 1. Februar 1996 statt, er wurde zu einer mehrjährigen Haftstrafe verurteilt. Einen Tag später wurde das Dienstfahrzeug der Ermittlergruppe, zu der auch OK-Spezialist Johann Schaffer zählte, mit einer Handgranate in die Luft gesprengt. Ein kleiner Hinweis, sich künftig herauszuhalten.

Wenig später wurde in der Johannisgasse im 1. Bezirk der georgische Mafiapate David „Dato“ Sanikidze auf offener Straße vor Augenzeugen regelrecht exekutiert. Es handelte sich um eine rein georgische Mafiaauseinandersetzung, Wien wurde nur zum zufälligen Schauplatz der Hinrichtung. Weniger zufällig waren Sanikidzes österreichische Verbindungen sowohl in Politik wie auch Wirtschaft. Das Mörderduo konnte in Budapest gefasst und in Wien abgeurteilt werden.

Zum dritten Mal krachten Schüsse im 21. Bezirk, in Floridsdorf. Der Geldverleiher Izrael Laster wurde in seiner Wohnung von einem Mietkiller erschossen. Dieser Mord passte nicht ganz in das Mafiamilieu der vorangegangenen Attentate, weil Laster zumindest in Wien ein eher unbeschriebenes Blatt war, jedoch in der Nähe des Mexikoplatzes ein Geschäft betrieben hatte. Auch sein Mörder konnte geschnappt und verurteilt werden.

Nun war Feuer auf dem Dach und dringender Handlungsbedarf nötig, da sich die Medien dementsprechend an diese drei Fälle klammerten und mit ihrer Berichterstattung die Stimmung in der Bevölkerung angeheizt wurde.

Es war zwar nicht zu spät, doch später als fünf vor zwölf. Der Polizei fehlte es an allem, an personellen Ressourcen, an technischen Möglichkeiten, an finanziellen Mitteln und an ideeller Unterstützung teilweise durch Vorgesetzte, vor allem von politischer Seite. Den osteuropäischen Syndikaten konnte es egal sein, sie hatten alles im Überfluss, vor allem unbegrenzt Geld. Auch der Jugoslawienkrieg und später der Kosovo-Konflikt wirkten sich negativ für Österreich in Bezug auf die Kriminalität aus. Menschenhandel, Menschenschmuggel, Autoschieberei, Geldwäsche, Finanzbetrügereien, ein ausufernder Drogenhandel mit Kokain, Heroin, Cannabis, Amphetaminen, Einbrüche en gros – kurz, plötzlich war die Lawine richtig losgetreten worden. Frauen, besonders die osteuropäischen, wurden zur Handelsware degradiert, unter schlimmsten Bedingungen in die Prostitution gezwungen. Das österreichische Rotlichtmilieu rotierte, weil die

Billigprostitution aus dem Osten zu Dumpingpreisen den heimischen Markt empfindlich störte, Escortservices boomten und im World Wide Web jede Frau, wenn sie es wollte, ohne Zuhälter sich prostituieren konnte (und kann), wenn sie sich in einschlägigen Foren anpreist.

Eine weitere Einnahmequelle der Unterwelt, der Stoß, hatte ausgedient. „Barbut", ein türkisches Würfelspiel, übernahm die Vorreiterrolle, demzufolge auch unter türkischer Kontrolle. Illegales Glücksspiel fand plötzlich auf offener Straße statt. Hütchenspieler nahmen gutgläubige Passanten aus.

Das Internet ermöglichte bislang unbekannte Verbrechensformen. Schließlich explodierte der Drogenhandel akut. Schwarzafrikaner, vor allem Nigerianer, haben inzwischen in beinahe allen österreichischen Landeshauptstädten den Straßenhandel übernommen. Nigerianer stiegen in die Prostitution ein, setzten sich im 2. Bezirk fest. Unter kaum vorstellbaren Umständen werden nigerianische, aber auch andere schwarzafrikanische Frauen und Mädchen nach Europa geschleust. „Madames", weibliche Zuhälterinnen und Landsfrauen, beuten die Frauen aus und versklaven sie. Auch in Wien.

Die verpatzte Radikalkur

Nach der sogenannten Wende, dem Kabinett Wolfgang Schüssel I, blieb kein Stein mehr auf dem anderen. Besonders die Exekutive bekam die Auswirkungen zu spüren. Die über weite Strecken missglückte Polizeireform „Team 04" geht auf das Konto des damaligen eher erfolglosen Innenministers Erwin Strasser. Der heimischen Unterwelt konnte es nur recht sein, sie durfte sich bequem zurücklehnen und zusehen, wie sich die Polizei selbst zu zerfleischen begann. Mit den osteuropäischen Kollegen war man handelseins geworden, hatte Territorien und Geschäftsfelder abgesteckt, gewisse Joint Ventures funktionierten.

Die Polizei war anderwärtig vollauf beschäftigt, sich selbst zu finden und zu definieren, was für die Unterwelt nur gut sein konnte. Kritik an Strasser war nicht erwünscht. Ein kritischer Artikel des damaligen Leiters des Wiener Sicherheitsbüros, Maximilian Edelbacher, für die Fachzeitschrift „Kriminalpolizei" mit dem Titel „Management by Chaos" kostete den Verfasser den Job. Erfahrene Kriminalbeamte, die das Milieu wie ihre Westentasche kannten, waren nicht mehr gefragt. Sie wurden entweder aufs Abstellgleis geschoben oder warfen freiwillig das Handtuch, gingen in Rente. Unter Strasser wurden Managertypen verlangt und Quereinsteiger ins Innenministerium berufen, die vorher mit Polizeiarbeit überhaupt nichts zu tun hatten.

Das Ergebnis: Es herrschte allgemeiner Frust bis hinunter zum einfachen Polizeibeamten, ein gewaltiges Arbeitspensum war zu bewältigen und Überstunden im Übermaß bei eher mäßiger Bezahlung zu leisten. Abgesehen von der täglichen Gefahr, die der Polizeiberuf mit sich bringt.

Der Proporz ist ein typisch österreichisches Phänomen. Bislang verlief noch jede wichtige Postenbesetzung nach einem Regierungswechsel in der Zweiten Republik nach der Farbenlehre der jeweiligen Parlamentsmehrheit.

In der Ära Strasser war davon auch die Exekutive maßgeblich betroffen. Die Folgen: Grabenkämpfe entstanden, einzelne Gruppen konnten nicht mehr miteinander, offene Rechnungen wurden beglichen, das Tagesgeschäft litt. Schließlich fehlten jegliche Motivation und jeder Antrieb. Natürlich kamen diese Umstrukturierungen und Umwälzungen in der Bundeshauptstadt besonders deutlich zum Tragen und übertrugen sich zwangsläufig auf die Landeshauptstädte. Das kurzfristige innenministerielle Gastspiel Günther Platters reichte nicht, um im Positiven etwas zu bewirken.

Wenn es auf der Bundesebene nicht stimmt, färbt das unweigerlich auf die Landesebene ab. Für die Unterwelt hätte „Team 04" ein indirektes Geschenk sein können. Wenn sich die Polizei gegenseitig in den Haaren liegt, kann das Milieu längerfristig nur davon profitieren. Doch die sogenannte „Sauna"-Affäre machte einen gewaltigen Strich durch die Rechnung. Nicht nur im Milieu, die gesamte Exekutive schlitterte dadurch in eine Identitäts- und Imagekrise, deren Schäden noch lange nicht repariert werden konnten. Niemals zuvor wurde so deutlich die Vermischung zwischen Rot- und Blaulicht der Bevölkerung vor Augen geführt. Im Milieu gärte es, die Medien prophezeiten einen drohenden Unterweltkrieg, die Polizei kassierte beinahe täglich schlechte Presse und bald kannte sich keiner mehr aus, weil sich die Meldungen überschlugen. Am 27. März 2006 bestätigte das BIA (Büro für Interne Angelegenheiten im Innenministerium), Untersuchungen über ein mögliches Naheverhältnis zwischen der Rotlichtszene und Mitarbeitern des Öffentlichen Dienstes zu führen.

Zwei Tage später, am 29. März 2006, wurde Ernst Geiger von der BPD (Bundespolizeidirektion) Wien aufgrund der Sauna-Affäre suspendiert. Geiger, Nachfolger Max Edelbachers in der neuen KD 1 (Kriminaldirektion 1) und im Zuge der umstrittenen Polizeireform aus dem alten Wiener Sicherheitsbüro hervorgegangen, soll dem Betreiber der „Goldentime-Sauna" in Simmering im 11. Bezirk eine bevorstehende Razzia gesteckt haben.

Am nächsten Tag, dem 30. März 2006, leitete die Staatsanwaltschaft Wien Vorerhebungen gegen den hochrangigen Kriminalisten ein. Der Saunabetreiber, inzwischen verstorben, und sieben seiner Angestellten wurden am 11. April 2006 wegen grenzüberschreitenden Prostitutionshandels festgenommen. Einige gestanden, der Betreiber wies jegliche Schuld von sich und wurde am 25. Mai 2006 wieder aus der Untersuchungshaft entlassen. Nach den Vorerhebungen und Ermittlungen begann am 30. August 2006 der Prozess gegen Ernst Geiger wegen Amtsmissbrauchs, in dem er sich nicht schuldig bekennt. Einen Tag später wurde er zu drei Monaten bedingter Haft, nicht rechtskräftig, wegen Verletzung eines Amtsgeheimnisses verurteilt. Geiger kämpfte um seine Reputation und in einem neu aufgerollten weiteren Prozess im März 2008 erfolgte der Freispruch. Inzwischen ist Ernst Geiger in der Privatwirtschaft tätig.

Im Zuge der Affäre und ihren Auswirkungen wurden hochrangige Kriminalbeamte suspendiert, eine Klageflut beschäftigte die Gerichte und schlussendlich stürzte der damalige Wiener Landespolizeikommandant Roland Horngacher.

Im Fadenkreuz

Das allgemeine Tohuwabohu versuchte Harald H., Richard Steiners Erzrivale, für seine Zwecke auszunutzen, indem er sich öffentlich über die Wochenzeitung „Falter" (28. März 2007) äußerte, um zwei Fliegen mit einer Klappe zu treffen: gegen eine, in seinen Augen zu Unrecht, verhängte Verurteilung anzukämpfen und gleichzeitig zu versuchen, Richard Steiner ein Bein zu stellen.

Für die Vergewaltigung einer Prostituierten saß H. drei Jahre, 2004–2007, in der Strafanstalt Hirtenberg ab. Zu Unrecht, wie er gegenüber der Zeitung aussagte. Seine Verurteilung wäre erst durch eine Intrige seiner Feinde im Milieu in Zusammenarbeit mit korrupten Polizeibeamten möglich geworden. Außerdem würden sich Kriminalbeamte an Schutzgelderpressungen beteiligen. Namen nannte er gegenüber dem „Falter" nicht, aber er wolle Gerechtigkeit. Wenn er seinen Mund öffne, „dann wird der Staat die Kriminaldirektion 1 zusperren müssen".[3]

Harald H. kämpfte bis heute vergeblich um die Wiederaufnahme seines Verfahrens, um erneut seine Glücksspielautomaten aufstellen zu dürfen. Steiner hatte ihm einen Riegel vorgeschoben und ihm diese Einnahmequelle abgedreht.

Im Milieu ist es sehr schwierig auszuloten, welche Seite wann von der anderen zu profitieren versucht, wie Machtkämpfe zwischen Polizei und Rotlicht verlaufen. Die Grenzen zwischen

Vorwürfen und Fakten sind oft genug schwammig. Wann ist es eine Intrige, wann geht ein notwendiges Naheverhältnis zwischen einem Strizzi und einem Kieberer in Korruption über? Harald H. sagte gegenüber der Zeitung, „er habe das Milieu im Namen der Bevölkerung geführt". Bordelle sind wichtig, sonst „gäbe es Vergewaltigungen, dass die Häfentür nicht mehr zugeht." In seinem Rundumschlag griff er auch verbal über dieses Medium einen verstorbenen Wiener Nachtclubkönig und Liebling der Bussi-Bussi-Gesellschaft an. „Ein Schimanko – Gott hab ihn selig – hat dasselbe getan, nur dass er jede Woche Spenden an Kinder gegeben hat. Dafür war er dann der Saubermann."

Harald H., der Stiefsohn Karl Kollers, einer weiteren respektierten und anerkannten Wiener Unterweltgröße, genoss dessen Schutz, wenn er während seines Aufstiegs wieder einmal zu viel über die Stränge geschlagen hatte.

Allein in Wien sind derzeit rund 1200 registrierte und rund 3500 illegale Prostituierte beschäftigt, vorwiegend aus osteuropäischen Ländern. Im Zuge der Sauna-Affäre flog auch ein Mädchenhändlerring auf, wofür 2006 Franz „Franky" H. zu neun Jahren Gefängnis verurteilt wurde. Er hatte die Frauen als Ware betrachtet, ihnen Unterwäsche verboten und sie regelmäßig auf Intimrasur untersucht.

Harald H. bestritt jegliche Gewalt gegenüber den Frauen, als er noch seine Betriebe führte, bevor er sie verkaufte und sich dem Glücksspielautomatengeschäft zuwandte.

Die internen Polizeimachtkämpfe blieben nicht ohne Auswirkungen auf das Milieu. In der Öffentlichkeit war das Image der Polizei schwer angekratzt, das Vertrauen in sie stark angeschlagen, daher waren Ermittlungsergebnisse und Fahndungserfolge enorm wichtig, um nach außen zu beweisen, dass trotz aller innerbetrieblichen Probleme die Arbeit nicht darunter gelitten hatte.

Daher ist die Polizei auf das Milieu angewiesen, hier vereinigen sich die unterschiedlichen Stränge wie Frauen- und Drogenhandel und illegales Glücksspiel. Das Rotlicht braucht wieder das Blaulicht, da mit dem entscheidenden „Zund“ zur richtigen Zeit ein unliebsamer Konkurrent aus dem Weg geräumt werden kann, ohne sich selbst die Hände schmutzig machen zu müssen und der Frieden gewahrt bleibt. Diese Situation war damals während des Höhepunkts im Polizeiskandal nicht anders als heute. Harald H. sah sich als Opfer der Affäre, deren Auswirkungen er im Geschäft zu spüren bekam. Als „Franky“ H.s Mädchenhändlerring gesprengt wurde, war seitens der Polizei Aktion scharf angesagt. In der ihm eigenen Diktion schilderte Harald H. gegenüber dem „Falter“: „Dann hat man uns für etwas bestraft, das wir nie gemacht haben. Wir sollen Mädchen gezwungen haben, was aber überhaupt nicht stimmt. Die sind freiwillig gekommen. In meinen Lokalen sind Mädchen behandelt worden wie Königinnen. Das sind ja auch Menschen. Was braucht eine Frau auch von einem Penis Angst haben? Wir haben ja vor einer Muschi auch keine Angst! Ist das was Schlechtes, wenn sie drei, vier oder fünf Penisse pro Nacht hat und dafür noch Geld bekommt?“

Harald H. und andere Milieugrößen stellen sich gerne als friedvolle Philanthropen dar, die sich besonders gegenüber den Frauen, die für sie arbeiten, ritterlich verhalten und sie hofieren. In der Praxis sieht es doch etwas anders aus. Viele dieser Frauen stammen aus osteuropäischen Staaten. Bis sie in österreichischen Bordellen landen, hat der Großteil bereits unvorstellbare Martyrien erdulden müssen, um sie gefügig zu machen und ihren Willen zu brechen. Daher findet diese brutale Gewalt ihnen gegenüber oft schon außerhalb der österreichischen Grenzen statt. Sind die Frauen erstmal in einem einheimischen Etablissement zwischen Samt und Plüsch gefangen, wagen sie gar nicht mehr aufzubegehren. Zusätzlich haben sie Sprachprobleme, können sich nicht verständigen, kennen hier niemanden, was den Zuhältern die Sache ungemein erleichtert, das Abhängigkeitsverhältnis zusätzlich intensiviert, und die Mädchen haben keinerlei Kenntnisse über ihre Rechte.

Während die Polizeireform „Team 04“ auf allen Ebenen rigoros durchgepeitscht wurde, forderte der neue starke Mann an der Spitze der Polizei, Roland Horngacher, eindringlich Ermittlungserfolge ein. Neben dem Durchgreifen in der Wiener Drogenszene stand das Rotlichtmilieu an oberster Stelle seiner Prioritätenliste. Begonnen wurde mit dem Lokal „No Name“ in der Webgasse, das einem Freund Harald H.s gehörte. Danach war die gesamte Gürtelpartie dran. Plötzlich war von sogenannten „Sperrlisten“ der Polizei die Rede. Darunter verstand man die Auflistung der verschiedenen Rotlichtlokale mit dem Hintergrund, dass in gewissen Etablissements keine Razzien durchgeführt werden sollten, wenn dort gerade andere Ermittler undercover am Werk waren. Schließlich wäre das äußerst kontraproduktiv gewesen. Angeblich waren bis zu 300 Lokale auf diesen Sperrlisten registriert und dabei soll dieses System bald außer Kontrolle geraten sein.

Mit der Aktion „Namenlos“ nahm im Jänner 2004 die Polizei die Gürtelszene auseinander. Im Zuge der Großrazzia landeten Richard Steiner, Harald H. und einige andere Personen in der Untersuchungshaft. Steiner ging rasch wieder frei, nichts von den Anschuldigungen gegen ihn war auch nur im Geringsten beweisbar. H. hatte weniger Glück. Er wurde mit dem Vorwurf der Vergewaltigung konfrontiert, er habe zwei Prostituierte zum Analverkehr gezwungen. Aus der Beschuldigung wurden am Ende drei Jahre Haft.

Für Harald H. blieb es eine eingefädelte Intrige. Seine Version gegenüber der Wochenzeitung „Falter“ lautete, verschiedene Kriminalbeamte hätten nur darauf gelauert, ihm endlich etwas anhängen zu können. „Zwanzig Jahre waren die aus verschiedenen Gründen hinter mir her. Keine einzige Prostituierte von Hunderten hat jemals gesagt, dass ich sie vergewaltigt, bedroht oder sonst etwas habe.“

Polizisten, so H., übten Druck auf bestimmte Personen im Milieu aus, darunter auch auf einen Spitzel mit dem Spitznamen „Repic“ (auf serbisch „Zopf“), der später wegen Drogendelikte und Schutzgelderpressungen verurteilt wurde. Laut „Falter“ tauchten später Zeugenaussagen aus dem Milieu auf, dass in diese Erpressungen nicht nur Steiners Leute, sondern auch Kriminalbeamte verstrickt gewesen wären. Wer angeblich bezahlte, bekam seinen Eintrag auf den Sperrlisten und die Polizei machte einen Bogen um diese Lokale. Bis heute ist kein einziger lupenreiner Beweis für diese schweren Anschuldigungen, weder gegen Richard Steiner noch gegen Kriminalbeamte, erbracht worden.

„Rocky“, einer von Steiners Leuten, meinte dazu im „Falter“: „H. zieht momentan alle Leute zusammen, die anderswo ausgeschissen haben.“ Als „Rockys“ Hochzeitsvideo, worauf auch der Kriminalbeamte Franz P. zu sehen ist, öffentlich gemacht wurde, war das Maß voll. Dahinter steckte, laut „Rocky“, ein gewisser „Tommy“, auch als „Versace“ im Milieu bekannt. „Tommy ist mein Trauzeuge. Das ist ein echter Vertrauensbruch. Für einen Jugo sind in dieser Reihenfolge am wichtigsten: Gott, Trauzeuge, dann erst kommt der Bruder.“

Für den Frontwechsel „Versaces“ zu Harald H. lieferte ein weiterer Mitarbeiter Richard Steiners, Peter A., eine logische Erklärung: „Zuerst wollte er [„Versace“; Anm. d. A.] eines unserer Mädchen zu ihm auf den Straßenstrich abziehen. Dann hat er bei uns im Lokal eine geschlagen. Da habe ich ihn an den Ohren hochgehoben, ihm ins Gesicht gespuckt und mit einem Spitz in den Hintern vor die Tür gesetzt. Gewalt gegen Mädchen tolerieren wir nämlich nicht.“[4]

Angeblich ist „Versace“ ausgestiegen und will mit dem Milieu nichts mehr zu tun haben, als sein Auto plötzlich lichterloh brannte. Im Dezember 2008 ging auch die Innenstadtwohnung seines Anwalts Werner Tomanek, der gerade auf Schiurlaub war, in Flammen auf. Naheliegend anzunehmen, dass gewisse Zusammenhänge bestehen könnten. Doch nach Informationen von höchster Stelle im Milieu ist denkbar, dass es sich möglicherweise völlig anders darstellt. Über die Ermittlungen bezüglich der beiden Brände herrscht Stillschweigen.

Nicht nur Richard Steiner hat sich Harald H. zum Feind gemacht, auch die Polizei ist nach wie vor nicht gut auf ihn zu sprechen. Ein anonymer Ermittler äußerte sich gegenüber dem „Falter" in Bezug auf die Operation „Namenlos" vom Jänner 2004: „wir haben damals gewusst, wenn wir gegen H. vorgehen, dann müssen wir uns warm anziehen ... Es kann einfach nicht sein, dass die Polizei vor einem Kriminellen in die Knie geht." Nach den Aussagen des Kriminalbeamten behinderte Harald H. die Polizeiarbeit, indem er das BIA (Büro für Interne Angelegenheiten im Innenministerium) auf seine Seite zu ziehen versuchte. „Sobald aber das BIA von einem Korruptionsvorwurf erfährt, zieht es in der Regel den Beamten vom laufenden Verfahren ab. Wir haben dann jeden Ermittlungsschritt genauestens dokumentiert und mit der Staatsanwaltschaft abgesprochen. Ich habe mir bewusst jeden für die Aussage ins Amt geholt, damit mir nachher niemand etwas anhängen kann ... Wenn der H. ein ehrenwerter ‚Pülcher' wäre, dann hätte er die drei Jahre genommen [Verurteilung wegen erwähnter Vergewaltigung; Anm. d. A.] und dazu Danke gesagt. Für die ganz anderen Geschichten, wegen derer man ihn nicht drangekriegt hat."

Nachdem Harald H. seine Lokale verkauft hatte, widmete er sich dem Automatengeschäft. Trotzdem vermuteten die Fahnder, hätte er weiterhin die Gürteletablissements kontrolliert. Angeblich auf seine Art, indem er den Betreibern nahelegte, einen seiner Automaten aufzustellen und H. am Lokalumsatz zu beteiligen. Stimmten die vereinbarten Einnahmen nicht, hatte der Inhaber die Differenz zu begleichen. Wurde nicht bezahlt, gab es ernste Probleme.

Zum ehemaligen Umfeld Harald H.s zählten auch Gerhard H. und die Brüder Besim und Musa C. Leute, die im Milieu keine große Rolle spielten, jedoch die Rotlichtszene mit Drogen in größeren Mengen belieferten. Die C.-Brüder betrieben in der Baumgasse im 3. Bezirk die Kantine eines Fußballclubs und waren im Drogengeschäft fix etabliert.

Harald H.s Lokale kaufte der spielsüchtige Alfred K. und führte sie umgehend in die roten Zahlen, worauf Richard Steiner die Gelegenheit am Schopf packte und zugriff. Ein Tiefschlag für H., ausgerechnet sein Erzrivale ist nun Besitzer seiner ehemaligen Betriebe. Dementsprechend wütend rastete er verbal im „Falter" aus: „Jetzt ist es so. Kommt ein Schwammerl auf die Welt, ist es schon dazu verurteilt, den Platz für das nächste freizumachen. Und das ist in meinem Fall der Herr Steiner. Der hat aber keine Vergangenheit. Das ist ein Jugo, der sich in Österreich integriert hat und der jetzt ein Identitätsproblem hat. Natürlich hat der Herr Steiner, um sein Territorium zu verteidigen, markieren müssen. So wie in der Natur. Wer den stärkeren Urin hat, ist der Sieger. Jetzt muss er natürlich seine Person darstellen. Erzählt jedem, er war Fremdenlegionär, was er nie war. Erzählt jedem, er macht sechshundert Klimmzüge. Spricht nur von Lao-tse und hat von dem in Wahrheit keine Ahnung. Und ein Rabbi hat ihm prophezeit, er gewinnt jeden Krieg. Ich habe Spielautomaten in diversen Peepshows gehabt, die sehr lukrativ waren. Weil viele Leute, die auf ein Mädchen warten, spielen. Das ist ja eine super Sache. Und der Steiner wollte mich endgültig weghaben."

Fakt ist, dass mir Richard Steiner etliche Fotos gezeigt hat, die eindeutig beweisen, dass er bei der Fremdenlegion war, und weitere Bilder, die ihn als Söldner in Kroatien zeigen, was auch von Harald H. entschieden bestritten wird. Tatsache bleibt auch, dass H.s Glaubwürdigkeit angekratzt ist. Geht er wirklich den geraden und sauberen Weg im Milieu, den er behauptet und sich als Saubermann darstellt, dann passt nicht ganz zusammen, dass er Ende des Jahres 2008 mit illegal aufgestellten Containern, die als Laufhaus dienen sollten, aufgeflogen ist.

2007 erschien ein 147 Seiten starkes Büchlein mit dem eher platten Titel „Huren, Strizzis und Ganoven. Drei Tage in der Wiener Unterwelt", als Roman ausgewiesen und von einem Autor namens Walter Gerhard Piranty. In der Eigendarstellung des Verfassers heißt es am Buchumschlag: „Nach Volksschule und vier

Jahren Gymnasium ging er mit 17 freiwillig zum Bundesheer und arbeitete danach als Aufpasser im Linzerhof beim Stoßspiel. Drei Jahre war er als Hallenaufsicht im Spielcasino KNY im Wiener Prater tätig und ein Jahr als Aufpasser in der Peep 69 am Gürtel. Er verbüßte zwei langjährige Haftstrafen, die er beide Male ohne Bewährung voll absaß. Zwei Jahre lebt er auf den Philippinen. Seit 2005 ist er Inhaber eines Lokals im Stuwerviertel, das zu den berühmtesten im Stuwerviertel gehört."

Ob Willibald Sch., als Platzhirsch vom Max-Winter-Platz, dieser Umstand bekannt ist? Natürlich fragte ich auch Richard Steiner, ob er Walter Gerhard Piranty kenne. Kopfschütteln.

Verlegt wurde das Büchlein vom Österreichischen Miliz-Verlag in Salzburg. Im Verlauf des Textes wird Harald H. vom Autor in Schutz genommen und als Bauernopfer bezeichnet.[5]

Im Gegensatz zu Harald H. konnte bislang Richard Steiner, seit er in der österreichischen Unterwelt das Sagen hat, nicht das Geringste nachgewiesen werden, und seit er regiert, ist wieder Frieden eingekehrt. Wenn auch einige Kriminalisten behaupten, am Gürtel gäbe es schon lange keinen Kapo mehr, dann entspricht das nicht der Realität.

Hunde und Polizisten müssen draußen bleiben

Ermittlungen in der Rotlichtszene gestalten sich wie ein Puzzle, das jedoch nie beendet werden kann. Kaum ist eine weitere Ecke zusammengefügt, fehlen für eine Fortsetzung die passenden Steine. Besonders heikel werden Nachforschungen, wenn es sich um Tabuzonen, Edelbordelle, handelt, die zwar dem Rotlicht angehören, allerdings mit einem normalen, traditionellen Puff am Gürtel nichts gemein haben. Abgesehen von den exorbitant hohen Preisen, die sich nur eine elitäre Klientel leisten kann und dazu noch streng ausgewählt wird, wer hinein darf und wer nicht, sind die Prostituierten dem erlauchten Kundenkreis dementsprechend angepasst. In diesen Lokalitäten trifft sich das männliche „Who is Who" der Gesellschaft. Politiker, Industrielle und Wirtschaftstreibende, Kulturschaffende, Künstler, Musiker und Sportler feiern einträchtig miteinander, lassen die Puppen tanzen. Ebenso verkehren osteuropäische Mafiosi, Oligarchen und Staranwälte. Vor einem zittern die Mädchen besonders wegen seiner Abartigkeiten und Perversionen.

Selbstredend, wenn Ermittler in diesem illustren Kreis recherchieren wollen, ist anzunehmen, dass die Interventionswahrscheinlichkeit von höchsten Stellen enorm hoch ist und die Fahnder umgehend abgezogen werden.

Manchmal lässt es sich beim besten Willen dennoch nicht vermeiden, dass ein nobles Bordell ins Gerede und in die Schlagzeilen gerät. Hätte Roland Horngacher seine Eskapaden woanders und nicht in „Nina's Bar" im 1. Bezirk abgehalten, wäre das Lokal weiterhin nur Insidern bekannt gewesen.

Während „Nina's Bar" eher als harmlos und unauffällig einzustufen ist, kann das, ein paar Straßenzüge weiter im 1. Bezirk, vom „Babylon" nicht behauptet werden. Gerade in den letzten Wochen des noch jungen Jahres 2009 kochte die Gerüchteküche. Zuerst hieß es, Peter K., Inhaber der noblen Bordellkette „Babylon" mit Ablegern in Klagenfurt und Salzburg, möchte in Wien zusperren beziehungsweise verkaufen. In einer Wiener Tageszeitung vom 9. Februar 2009 wurde die Summe von 7,5 Millionen Euro kolportiert, die Peter Pühringer, Besitzer des benachbarten Palais Coburg, zu zahlen bereit wäre. Aus dem Edelbordell sollte ein Finanzcenter werden.[6]

Was kann es für einen Bordellbesitzer Schöneres geben, als dass die Kunden für ihren Puff auf die Barrikaden gehen? Auf „Facebook", einer Kommunikationsplattform im Internet, schlossen sich 344 Männer in einer Petition zusammen und beklagten sich, wie sie wohl in Zukunft ihr überschüssiges Testosteron abbauen sollen, wenn das „Babylon" tatsächlich seine Pforten schließt. So berichtet es Silvia Jelincic im Wochenmagazin.[7]

Die Autorin des Buches „Die nackte Elite“ über die sexuellen Gepflogenheiten der heimischen Managerprominenz ist dadurch zu einer „Babylon“-Insiderin geworden.

Peter B. hat Mitleid mit den Nöten seiner zahlungskräftigen Kundschaft und wird angeblich nur die Adresse wechseln. Alles bleibt wie gehabt, nur wird von der Seilerstätte/Liebenberggasse ein paar Schritte weiter in die Johannesgasse gewechselt. Das Haus, in dem das alte/neue „Babylon“ einziehen soll, gehört der A.V. Maximus Holding AG, deren Eigentümer der ehemalige kasachische Botschafter in Wien, Rakhat Aliyev, ist. 2008 musste der Diplomat Polizeischutz anfordern, da man ihm von seiner Heimat aus nach dem Leben trachtet.

Trotzdem verkleinert Peter B. sein Reich und schließt den Standort Klagenfurt. Nach dem Unfalltod Jörg Haiders ist eine schützende Hand ausgefallen. Salzburg hingegen bleibt weiterhin geöffnet, da die Klientel hauptsächlich aus München herüberfährt.[8]

Das Wiener „Babylon“ gilt als gewaltiger Störfaktor in der gesamten Rotlichtszene schon seit seiner Eröffnung 1993/94. Sämtliche Versuche, das Lokal in Gürteloberhoheit zu bringen, scheiterten. K. setzte von Beginn als Rückendeckung auf prominente Kunden, die im Bedarfsfall zum Telefon greifen und imstande sind, die nötigen Schritte zu veranlassen.

Auch die Polizei beißt sich am „Babylon“ seit Jahren die Zähne aus. Hinter B. steht der Münchner Walter D., eine gewichtige deutsche Rotlichtgröße, der zuletzt mit schweren Straftaten 2002 den Behörden in seinem Heimatland, in den USA und in Österreich aufgefallen war. In Kufstein, Tirol, versuchte D. einen Nobelclub zu eröffnen, worauf sich B. offiziell von D. distanzierte.

Dem „Babylon“ in Wien war in den Anfangsjahren die Fa. T. GesmbH als Strohfirma vorgeschoben. Von Beginn an stand das Lokal unter Polizeibeobachtung, doch wurden sämtliche Aktionen bereits im Vorfeld verraten. Immer wieder wurde das Bordell mit Menschen- und Suchtgifthandel in Zusammenhang gebracht. Das „Babylon“ bildet mit dem angrenzenden „Beverly Hills“, einer Go-Go-Bar, eine Einheit.

Ebenfalls dazu gehören in unmittelbarem Bereich das „Big Apple“ und die nicht mehr existente „Schwimmende Pyramide“.

Aus einem geheimen Gedächtnisprotokoll vom 4. August 1994, angefertigt von Kriminalisten des damaligen Sicherheitsbüros mit einer Informantin, geht eindeutig hervor, wie das Geschäft ablief. Fritz T. war der geschäftsführende Strohmann für das „Beverly Hills“. Hinter ihm stand der Vorbesitzer Horst M., der auch eine Go-Go-Bar in Athen betrieb und über gute Kontakte in Griechenland verfügte, in Florida Immobilien besaß und als sehr vermögend galt. Norbert H. führte die Agenden bei Peter K.s Abwesenheit und wusste, dass im Lokal Kokain im Umlauf war. Die Informantin gab auch zu Protokoll, dass ein damaliger hochrangiger Wiener Kriminalist angeblich einem weiteren Mädchen, das im Lokal arbeitete, eine in Kürze stattfindende Polizeiaktion gesteckt habe.

Das „Babylon“ und „Beverley Hills“ sind ein beliebter Treffpunkt für Russen. Auch in den Anfangszeiten war es nicht anders gewesen. Sie wohnten meist im Mariott-Hotel. Die Informantin sprach gegenüber den Beamten, dass sie öfter gehört hatte, wie über Waffenschmuggel, Uranschmuggel und Geldwäsche gesprochen wurde. Selbstverständlich war die Informantin der russischen Sprache mächtig. Häufig waren auch die Geschäftspartner der Russen dabei, so auch ein Inder. Seinen Namen kannte sie nicht. Eine zentrale Figur der Russen war ein Landsmann und hoher UNO-Beamter in Wien, der die Informantin als seine Mata Hari benutzte, indem sie für ihn die Russen belauschen musste und dafür von ihm bezahlt wurde.

Obwohl die Polizei von diesen Vorgängen wusste, durfte sie nicht einschreiten, womit sich einmal mehr bestätigt, dass es nur möglich ist, wenn die entsprechende Rückendeckung vorhanden ist. Heute schreiben wir 2009 und die Zustände sind unverändert.

Die Politik und niemand anderer hätte die Möglichkeit, die Voraussetzungen zu schaffen, dass die Polizei das notwendige Beauvoir erhält. Sie unterlässt es geflissentlich, sonst fliegt der in den Jahren gewachsene und ständig dickere Filz zwischen Politik und Organisierter Kriminalität auf. Inzwischen sind so viele Abhängigkeitsverhältnisse und Seilschaften, stillschweigende Abkommen getroffen worden, dass ein Enttarnen nahezu unmöglich geworden ist. Es können nur kleinere punktuelle Siege mehr errungen werden, große Triumphe gegen die Organisierte Kriminalität erringen zu wollen, sind Illusionen, da der kleinste Ansatz dafür im Keim erstickt wird. Das ist auch von der Politik so gewollt. Die österreichische Unterwelt spielt dabei nur mehr eine untergeordnete Rolle im großen Spiel um die Macht. Einfluss, Unterwanderung und Machtansprüche der Organisierten Kriminalität sind nicht mehr einzudämmen, geschweige denn lahmzulegen. Der Kuchen ist zu groß, die Profite sind zu gigantisch und Geld ist nun einmal der Antriebsmotor dieser Welt.

---

1 Unterlagen liegen dem Autor vor.

2 Günther Zäuner, Kokoschanskys Drache, Pfalzfeld 2008, S. 4

3 Falter vom 28. März 2007

4 ebd.

5 Walter Gerhard Piranty, Huren, Strizzis und Ganoven. Drei Tage in der Wiener Unterwelt. Salzburg 2007, S. 28

6 Heute vom 9. Februar 2009

7 Format 6/09, S. 35

8 http://diegalerie.wordpress.com/category/rotlicht/

Epilog
Quo vadis?

Niemanden interessiert, wie sie zu ihren krösushaften Reichtümern gelangten. Sie schwimmen in Geld, und nur das zählt. Noch sind wir nicht das Mafialand wie bereits in großen Bereichen unser Nachbar Deutschland. Nicht von ungefähr nannte Jürgen Roth sein jüngst erschienenes Buch „Mafialand Deutschland". Wir sind auf dem besten Wege dazu.

Russische Oligarchen genießen in unserem Staat Narrenfreiheit. Industrielle holen sich russische Magnaten ins Boot. „Steinreiche russische Oligarchen wie Oleg Deripaska", schreibt der deutsche Enthüllungsautor Jürgen Roth, „werden in der Anklageschrift der Stuttgarter Staatsanwaltschaft vom 15. März 2007 im Zusammenhang mit der Ismailovskaja [russische Mafiaorganisation; Anm. d. A.] genannt, oder sie feiern wie der Oligarch Wiktor Wekselberg in einem Berliner Luxushotel den Geburtstag eines großen mutmaßlichen Drogenhändlers."[1]

Oleg Deripaska hat in der österreichischen STRABAG ein gewichtiges Wort mitzureden.

Wenn auch durch die weltweite Banken- und Wirtschaftskrise die unvorstellbaren Vermögen von Deripaska, Abramovich, Elena Baturina & Co. etwas geschrumpft sind, wird es sie nicht aus den Sätteln werfen. Politiker sehen tatenlos zu, wie die Organisierte Kriminalität sich täglich mehr in Österreich im Verborgenen breitmacht, wittern nur das große Geld und wollen über Hintergründe nichts wissen. Es ist logisch, dass die alpenländischen Fremdenverkehrsregionen freudig ihre Tore öffnen, sobald dicke Geldbündel durch die Gegend flattern. Am Beispiel Kitzbühel, das mehr und mehr russisch wird, ist das genau nachzuvollziehen.

Jedes Jahr findet in der Walzerstadt Wien ein russischer Ball unter dem Ehrenschutz des Wiener Bürgermeisters statt. Es ist anzunehmen, dass ein sehr hoher Prozentsatz der russischen Ballgäste seinen Lebensunterhalt nicht ausschließlich nur mit Babuschka-Puppen verdient.

Unsere eigene Unterwelt spielt in einer anderen Liga. Mag der Vergleich auch hinken, das heimische Milieu ist gegen die Organisierte Kriminalität so chancenlos, wie Österreich in den kommenden Jahren Fußballweltmeister werden wird.

Die Geschichte der österreichischen Unterwelt ist mit Gewalt, Blut und Tod geschrieben wie in anderen Ländern auch. Dennoch spielte sich die Unterwelt in einem überschaubaren Kosmos ab, zog sie bei ihren Fehden keine Unbeteiligten mit hinein.

In der Geschichte der internationalen Organisierten Kriminalität, die Österreich betrifft, sind erst die Anfangskapitel geschrieben. Es ist bereits fünf *nach* zwölf. Österreichs zentrale Lage in Europa und im Herzen der EU prädestiniert das Land geradezu als ideales Transitland. Im internationalen Drogenschmuggel und im Menschenhandel spielen wir eine essenzielle Rolle. Die offenen Grenzen erlauben vieles, was vor dem Zerfall des Kommunismus unmöglich war. Für die Organisierte Kriminalität ist die EU ein geeignetes Betätigungsfeld, wo es sich auch lohnt, Fördergelder abzuzweigen.

Nachkommende Generationen werden uns später ebenso vorwerfen, wie wir unsere Großväter und Väter zur Rede stellten, warum sie nichts gegen Hitler unternommen hatten, weshalb wir nicht die Vorzeichen der Organisierten Kriminalität frühzeitig erkannt haben.

Letztere wird in den kommenden Jahrzehnten zu einem gewaltigen Problem ausarten, doch sie wird davon profitieren, da sie sich auf einen ebenbürtigen Verbündeten stützen kann, der sie schützt und behütet – die Politik.

„Heutzutage“, sagt Roberto Scarpinato, leitender Oberstaatsanwalt in Palermo, „kann sich überhaupt niemand mehr in seinem eigenen Land oder der Heimat vor den Gefahren der Mafiastrukturen sicher fühlen, weil zwischen der globalen und legalen und illegalen Marktwirtschaft keine Grenzen existieren.“[2]

Was kann der Einzelne dagegen tun, wie dagegen ankämpfen? Nichts. Der Zug ist längst abgefahren. Oder sich anpassen und die Fronten wechseln.

---

1 Jürgen Roth, Mafialand Deutschland. Frankfurt am Main 2009, S. 11
2 ebd., S. 13

Bibliografie

Philippe Ariès, Georges Duby (Hg.), Geschichte des privaten Lebens. Vom Römischen Imperium zum Byzantinischen Reich. Band 1, Augsburg 1999

Irene Bauer, Diebinnen und Betrügerinnen in Wien zur Jahrhundertwende. Zur Sozialgeschichte der Frauenkriminalität, in: Studien zur Wiener Geschichte. Jahrbuch des Vereins für Geschichte der Stadt Wien. Wien 1989

Viktor Bibl, Die Wiener Polizei. Eine kulturhistorische Studie. Leipzig, Wien, New York 1927

Hans Peter Bleuel, Das saubere Reich. Die verheimlichte Wahrheit. Eros und Sexualität im Dritten Reich. Bern, München 1972

Norbert Borrmann, Das Große Lexikon des Verbrechens. Täter, Motive und Hintergründe. Berlin 2005

Friedrich Dahm, Manfred Koller, Die Wiener Spinnerin am Kreuz. Forschungen und Beiträge zur Wiener Stadtgeschichte. Publikationsreihe des Vereins für Geschichte der Stadt Wien (Hg. Felix Czeike), Band 21, Wien 1991

F. S. Pierre Dufour, Weltgeschichte der Prostitution. Von den Anfängen bis zum Beginn des 20. Jahrhunderts. Band 1 und 2, Frankfurt am Main 1995

Max Edelbacher, Harald Seyrl, Wiener Kriminalchronik. Wien 1993

Max Edelbacher, Polizei inside. Was läuft falsch? Analyse und die spektakulärsten Kriminalfälle. Wien 2008

Max Edelbacher, Peter Steinbach, Die letzten fünf Meter grüner Stoff. Schwechat 2006

Marcel Feige, Das Lexikon der Prostitution. Das ganze ABC der Ware Lust – Die käufliche Liebe in Kultur, Gesellschaft und Politik. Berlin 2003

Robert Geher, Wiener Blut oder Die Ehre der Strizzis. Eine Geschichte der Wiener Unterwelt nach 1945. Wien 1993

Robert Geher, Die Galgenvögel oder Die im Dunkeln sieht man nicht. Wien 1994

Roland Girtler, Rotwelsch. Die alte Sprache der Gauner, Dirnen und Vagabunden. Wien, Köln, Weimar 1998

Roland Girtler, Der Strich. Erkundungen in Wien. Wien 1985

Roland Girtler, Der Adler und die drei Punkte. Die gescheiterte kriminelle Karriere des ehemaligen Ganoven Pepi Taschner. Wien 2007

Misha Glenny, McMafia. Die grenzenlose Welt des organisierten Verbrechens. München 2008

Alex Goldfarb, Marina Litwinenko, Tod eines Dissidenten. Warum Alexander Litwinenko sterben musste. Hamburg 2007
Martin Haidinger, Von der Guillotine zur Giftspritze. Die Geschichte der Todesstrafe. Fakten – Fälle – Fehlurteile. Salzburg 2007
Magnus Hirschfeld, Andreas Gaspar (Hg.), Sittengeschichte des Ersten Weltkrieges. Hanau 1929
Magnus Hirschfeld, Sittengeschichte des Zweiten Weltkrieges. Die tausend Jahre von 1933–1945. Hanau o. J.
Clemens M. Hutter, Hexenwahn und Aberglaube. Damals und Heute. Salzburg 2007
Andrej Illesch, Die roten Paten. Organisiertes Verbrechen in der Sowjetunion. Berlin 1991
Günther Jontes, Österreichisches Schimpfwörter-Lexikon. Graz 1998
Heinz Karasek, Der Ganove (Asozial). Wien 1982
Walter Kleindel, Österreich. Daten zur Geschichte und Kultur. Wien, Heidelberg 1978
Joël Kotek, Pierre Rigoulot, Das Jahrhundert der Lager. Gefangenschaft, Zwangsarbeit, Vernichtung. München 2001
Mary Kreutzer, Corinna Milborn, Ware Frau. Auf den Spuren moderner Sklaverei von Afrika nach Europa. Salzburg 2008
Wolfgang Kudrnofsky, Gassner, Gufler & Co., Kriminalfälle der Zweiten Republik. Wien 1991
Wolfgang Kudrnofsky, Schandl, Schubirsch & Co., Kriminalfälle der Zweiten Republik. Wien 1994
Valentin N. J. Landmann, Der Reiz des Verbrechens und der Halbwelt. Zürich 2007
Thomas Lenz, Kurt Mason, Die schutzlose Gesellschaft. Die Ohnmacht der Polizei im Kampf gegen das internationale Verbrechen am Fall Österreich. München 1992
Sylvia Mattl-Wurm, Wien vom Barock bis zur Aufklärung. Wien 1999
Susanne Mauthner-Weber, Venuswege. Ein erotischer Führer durch das alte Wien. Wien 1995
Thomas Müller, Bestie Mensch. Tarnung, Lüge, Strategie. Salzburg 2004
Loretta Napoleoni, Die Zuhälter der Globalisierung. Über Oligarchen, Hedge Fonds, Ndrangheta, Drogenkartelle und andere parasitäre Systeme. München 2008
Walter Öhlinger, Wien zwischen den Türkenkriegen. Geschichte Wiens. Wien 1998
Walter Öhlinger, Wien im Aufbruch zur Moderne. Geschichte Wiens. Wien 1999
Werner Olscher, Lebenslänglich. Wien 1972

Ferdinand Opll, Karl Fischer (Hg.), Studien zur Wiener Geschichte. Jahrbuch des Vereins für Geschichte der Stadt Wien, Band 56, Wien 2000
Arno Pilgram, Kriminalität in Österreich. Studien zur Soziologie der Kriminalitätsentwicklung. Wien 1980
Walter Gerhard Piranty, Huren, Strizzis und Ganoven. Drei Tage in der Wiener Unterwelt. Salzburg 2007
Peter Pleyel, Das römische Österreich. Geschichte Österreichs. Wien 2002
Reinhard Pohanka, Wien im Mittelalter. Geschichte Wiens. Wien 1998
Reinhard Pohanka, Räuber, Mörder, Kindsverderber. Eine Kriminalgeschichte Wiens. Wien 1991
Georg Potyka, Vielbeschimpftes Österreich. Die Intellektuellen und ihre Probleme – ein Lösungsvorschlag. Wien 2002
Hans Pretterebner, Das Netzwerk der Macht. Wien 1993
Werner Raith, Das neue Mafia-Kartell. Wie die Syndikate den Osten erobern. Berlin 1994
Petra Reski, Mafia. Von Paten, Pizzerien und falschen Priestern. München 2008
Jürgen Roth, Mafialand Deutschland. Frankfurt am Main 2009
Roman Sandgruber, Ökonomie und Politik. Österreichische Wirtschaftsgeschichte vom Mittelalter bis zur Gegenwart. Österreichische Geschichte (Hg. Herwig Wolfram). Wien 1995
Michael Sika, Mein Protokoll. Innenansichten einer Republik. St. Pölten, Wien, Linz 2000
E. Benjamin Skinner, Menschenhandel. Sklaverei im 21. Jahrhundert. Bergisch-Gladbach 2008
Heinz Sobota, Der Minus-Mann. Köln 1978
David Southwell, Geschichte des organisierten Verbrechens. Köln 2007
Carolin Tener, Tina Ring, Auf dem Strich. Mädchenprostitution in Wien. Wien 2006
Berndt Georg Thamm, Drachen bedrohen die Welt. Chinesische Organisierte Kriminalität, Triaden. Hildenheim/Rheinland 1996
J. K. v. Train, Wörterbuch der Gauner- und Diebessprache. Reprint der Originalausgabe von 1833, o. J.
Günther Zäuner, Drogenreport Österreich. Eine Bestandsaufnahme. Wien 1994
Günther Zäuner, Drogenreport Österreich. H, Koks, Ecstasy, Gras – Falsche Träume. Wien 2007
Günther Zäuner, Kokoschanskys Drache. Pfalzfeld 2008

Erschütternde Einzelschicksale, Tatsachenberichte und Reportagen.

Langbein, Kurt
„VERSCHLUSSSACHE MEDIZIN“
252 Seiten, EUR 19,95
ISBN: 978-3-902404-73-2

»Wer in ein Spital am Land eingeliefert wird, muss mit dem Schlimmsten rechnen. Ein neues Buch warnt vor ungeübten, übermüdeten und depressiven Ärzten in Österreich.«

profil

Vertuscht und verleugnet: In Österreichs Krankenhäusern sterben jährlich 2500 Menschen an den Folgen von Behandlungsfehlern.
Lebensgefährlich: Nach einem Nachtdienst machen Chirurgen doppelt so viele Fehler wie ausgeruht.
Alarmierend: Jeder Zehnte landet nur deshalb im Spital, weil Arzneimittel falsch eingesetzt wurden.
Geschäftstüchtig: Während zwischen 1997 und 2005 die Arzthonorare und Krankenhauskosten um 34 Prozent stiegen, katapultierten Pharmaindustrie und ärztliche Verschreibungen die Kassenausgaben für Medikamente auf ein Plus von 70 Prozent.
Unmoralisch: Das zentrale Rangabzeichen der Abteilungschefs der feudalen Hierarchien ist das „Liquidationsrecht“: der Freibrief, Honorare privat abzukassieren. Damit ist der Korruption und der Zweiklassenmedizin Tür und Tor geöffnet. Und die Privatversicherten riskieren, unnötig operiert zu werden.
Rekordverdächtig: In Österreich landen mit 3 von 10 Einwohnern pro Jahr mehr Menschen im Spital als überall sonst auf der Welt – die Hälfte der Klinikaufenthalte ist unnötig.

Bestellt. Verkauft. Ausgebeutet.

Kreutzer, Mary /
Milborn, Corinna
„WARE FRAU“
Vorwort von Inge Bell
240 Seiten, EUR 19,95
ISBN: 978-3-902404-57-2

Spannender Einblick in eine geheimnisvolle Welt aus erster Hand!

Kraus, Michael (Hg.)
„DIE FREIMAURER“
200 Seiten, EUR 22,00
ISBN: 978-3-902404-40-4

Das Enthüllungsbuch über die skandalösen Praktiken der Spitzengastronomie.

Gnaiger, Peter /
Hoffmann, Wolfgang
„IN DIE SUPPE
GESPUCKT“
280 Seiten, EUR 19,95
ISBN: 978-3-902404-36-7